Albrecht Ritter

Cevennen

Stevensonweg GR 70

und Gorges du Tarn GR 736

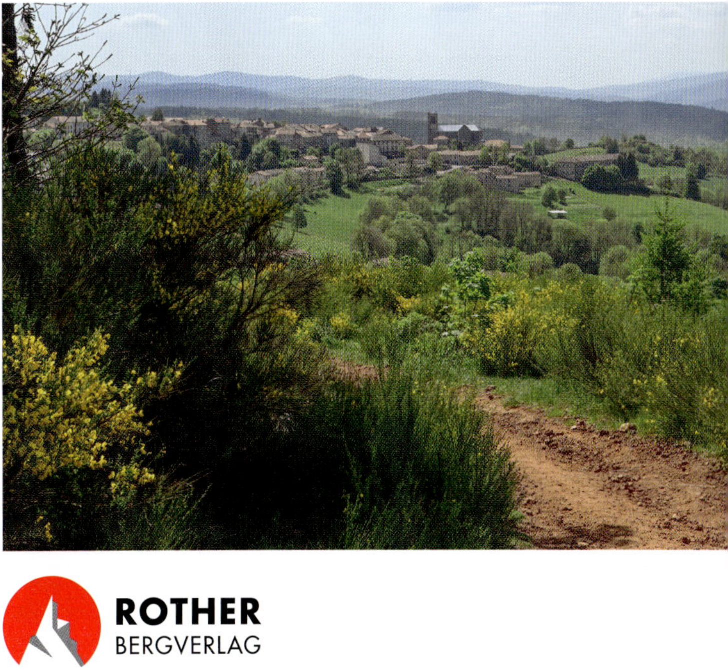

ROTHER BERGVERLAG

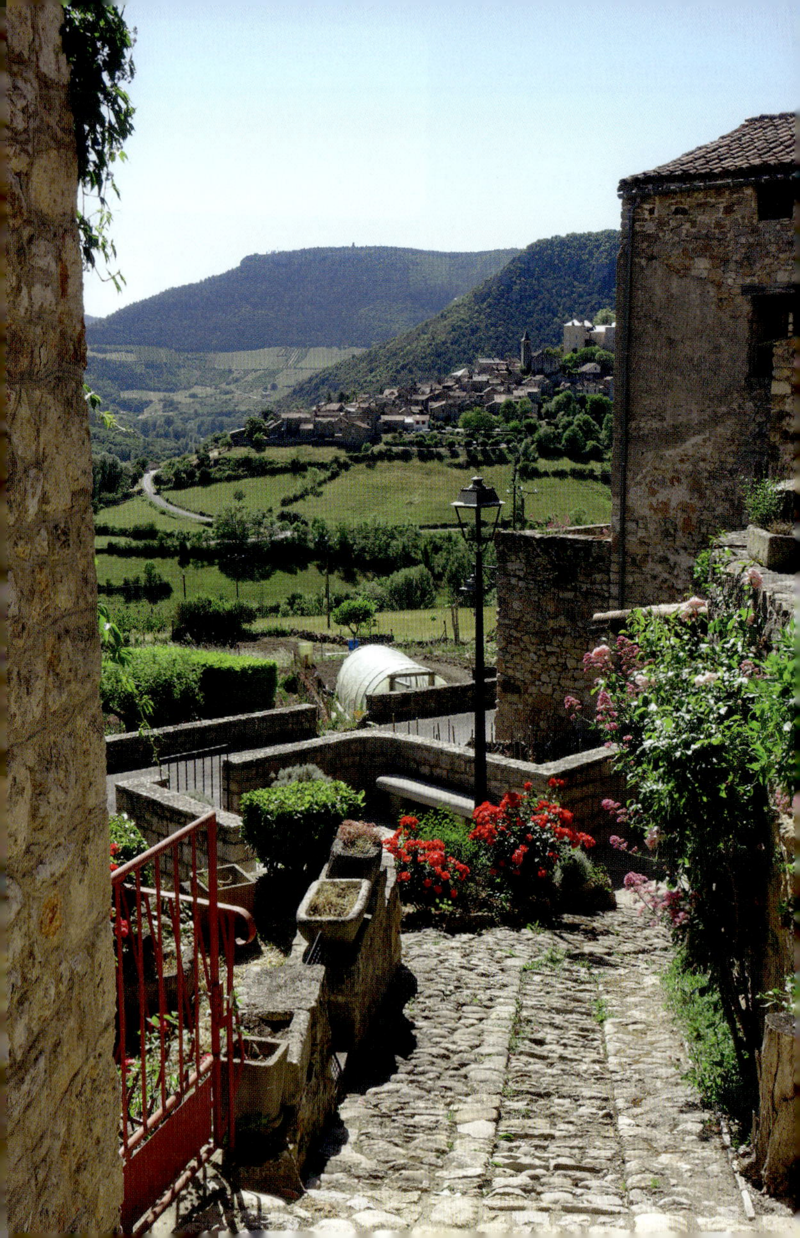

VORWORT

Im verregneten September des Jahres 1878 begann der von Liebeskummer geplagte, später weltberühmte Schriftsteller R. L. Stevenson eine zwölftägige abenteuerliche Wandertour mit seiner Eseldame Modestine. Von den Vulkanhügeln des Velay, an den Flusstälern von Loire und Allier, zog er über das bergige und einsame Gévaudan zur höchsten Erhebung der südlichen Cevennen, dem Mont Lozère in rund 1700 m Höhe. Seine Aufzeichnungen unter dem Titel »Reise mit dem Esel durch die Cevennen« waren die Grundlage für einen der abwechslungsreichsten Wanderwege Frankreichs. In Le Puy-en-Velay beginnt der Stevensonweg, auf dem Wanderer mit Esel ein vertrautes Bild sind. Die früher als stur verrufenen Vierbeiner sind heute auf der Route zwischen Loire, Tarn und Gardon beliebte und viel beschäftigte Begleiter. Auch wir machten bei der Buch-Recherche die Erfahrung mit einem liebenswürdigen, aber anfangs störrischen Esel. Erst nachdem er Vertrauen gefasst hatte, trabte er fortan ohne Murren in stoischer Ruhe neben uns her und beförderte unser Gepäck über Stock und Stein. An dieser Stelle möchte ich meiner Lebenspartnerin Christine für ihre geduldige Hilfe danken. Dank gilt auch der herzlichen Eselverleiherin Marie-Ange, die uns einfühlsam mit der Eseldame Craquotte vertraut gemacht hat.
Der hervorragend beschilderte Stevensonweg mitten durch den Nationalpark der Cevennen zählt als GR 70 inzwischen zu den beliebtesten französischen Fernwanderwegen. Mit oder ohne Esel durchwandert man in zwei Wochen auf 272 km eine herrliche, oft unberührte und vielfältige Landschaft. In den heimeligen Dörfern, deren schiefergedeckte Cevennenhäuser sich häufig um einen Brunnen drängen, fühlt man sich zuweilen in die Vergangenheit zurückversetzt. Dennoch ist alles Nötige vorhanden für den Spass am Wandern und zum Eintauchen in französische Kultur und Landleben.
Etwa auf halber Strecke, im Kleinstädtchen Florac, bietet sich eine Variante an, die am Ausgang der Tarnschlucht in Millau endet. Statt auf dem Stevensonweg durchquert man auf 95 km Länge die spektakuläre Gorges du Tarn und wandert unter bis zu 500 m hohen Felswänden entlang des Flusses. Auf dem linksseitigen Wanderweg GR 736 folgt man dem Fluss entweder am Ufer oder in einiger Höhe mit grandiosen Aussichten. Malerische Orte, am Fels klebende Höhlenhäuser, Schlösser, Klöster und Ruinen sorgen für reichhaltige Abwechslung in der einmaligen Landschaft.
Liebe Leser, lassen sie sich vom amüsanten Reisebericht des R. L. Stevenson animieren und wandern Sie auf seinen Spuren durch einen zauberhaften Landstrich im Herzen des französischen Zentralmassivs. Ich wünsche Ihnen anregende und nachhaltige Wandertage.

Dossenheim, Frühling 2024 Albrecht Ritter

Im zauberhaften Bergdorf Liaucous in den Gorges du Tarn.

INHALTSVERZEICHNIS

KLEINER SPRACHFÜHRER FRANZÖSISCH

Allgemeines

Guten Tag	bonjour
Auf Wiedersehen	au revoir
Morgen	matin
Nachmittag	après-midi
Abend	soir
Nacht	nuit
heute	aujourd'hui
gestern	hier
morgen	demain
Können Sie bitte wiederholen?	Pourriez-vous répéter ?
Sprechen Sie englisch?	Parlez-vous anglais ?
Ich verstehe nicht.	Je ne comprends pas.
wo/wo ist?	où/où est ?
wie	combien
wann	quand
rechtse	à droit
links	à gauche
geradeaus t	tout droi
verboten	interdit
geöffnet	ouvert
geschlossen	fermé
Hilfe!	aider, au secours !
Blase	ampoule
Tablette	comprimé
Arzt	médicin
Bauchschmerzen	mal de ventre
Zahnschmerzen	mal de dents

Übernachtung

Haben Sie?	Avez-vous ?
ein freies Zimmer?	une chambre libre ?
für eine Person	pour une personne
für zwei Personen	pour deux personnes
Bett	lit
Doppelbett	grand lit
Reservierung	réservation
Zelt	tente
Wie viel kostet es?	C'est combien ?
Frühstück	petit déjeuner
Mittagessen	déjeuner
Abendessen	repas

Essen, Trinken, Einkaufen

ich hätte gerne	je voudrais bien
Bäckerei	boulangerie
Lebensmittelladen	épicerie
Brot	pain
Fisch	poisson
Kartoffel	pomme de terre
Eier	œufs
Obst	fruits
Apfel	pomme
Rotwein	vin rouge
Weißwein	vin blanc
Flasche	bouteille
Glas	verre
Butter	beurre
Metzgerei	boucherie
Fleisch	viande
Schinken	jambon
Wurst	saucisson
Markt	marché
bezahlen	payer
Rechnung	addition
Speisekarte	carte
Vorspeise	entrée

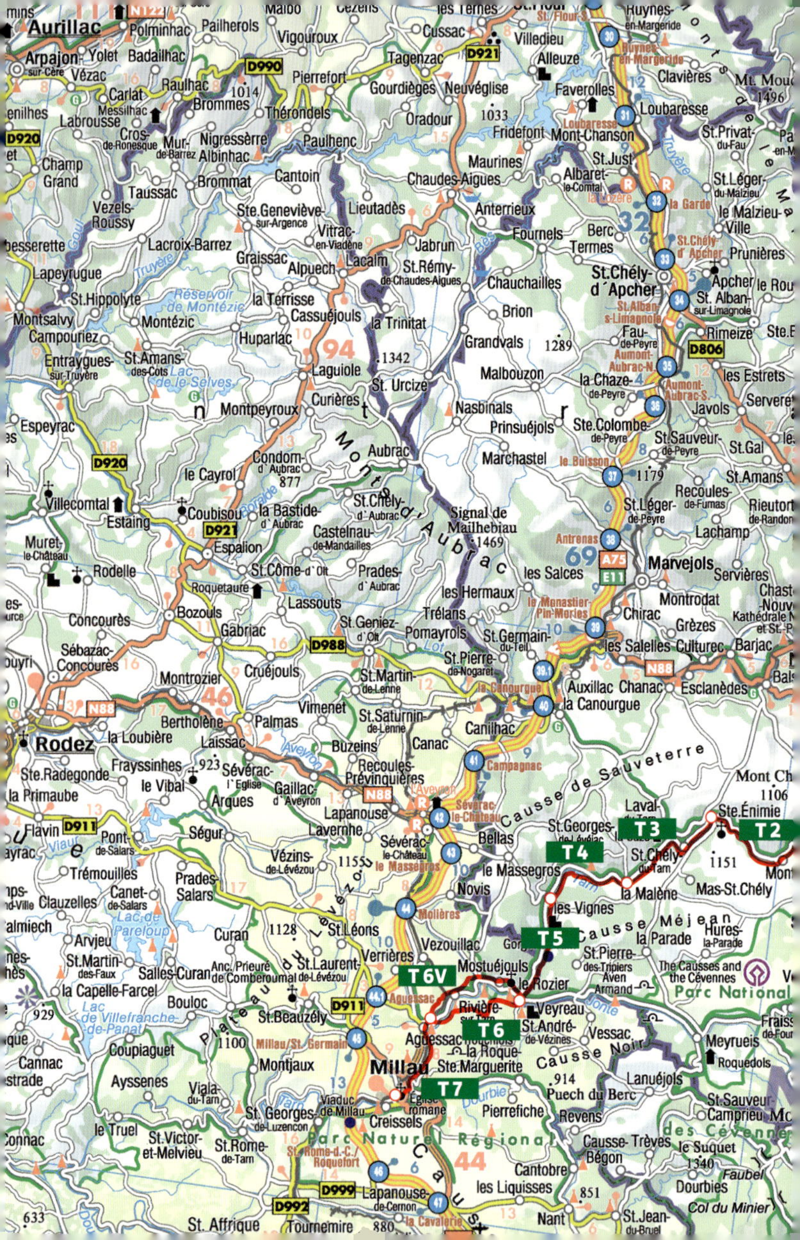

Aurillac
Polminhac
Pailherols
Vigouroux
Cussac
Villedieu
Ruynes-en-Margeride
Arpajon-sur-Cère
Yolet
Badailhac
D990
Tagenzac
D921
Alleuze
Vézac
Carlat
Raulhac
Pierrefort
Gourdièges
Neuvéglise
Faverolles
Clavières
Mt. Mouchet
1496
Messilhac
Brommes
1014
Thérondels
Oradour
1033
Loubaresse
Labrousse
Cros-de-Ronesque
Mur-de-Barrez
Nigressèrre
Albinhac
Paulhenc
Fridefont
Mont-Chanson
St.Privat-du-Fau
D920
Champ Grand
Taussac
Brommat
Cantoin
Maurines
Chaudes-Aigues
St.Just
Albaret-le-Comtal
la Lozère
St.Léger-du-Malzieu
Vezels-Roussy
Ste.Geneviève-sur-Argence
Lieutadès
Anterrieux
la Garde
le Malzieu-Ville
Vitrac-en-Viadène
Jabrun
Fournels
Berc
Termes
St.Chély-d'Apcher
Prunières
Lacroix-Barrez
Graissac
Alpuech
Lacalm
St.Rémy-de-Chaudes-Aigues
Chauchailles
Apcher
Lapeyrugue
St.Hippolyte
Réservoir de Montézic
la Terrisse
Cassuéjouls
Brion
St.Alban-sur-Limagnole
Montsalvy
Montézic
la Trinitat
Campouriez
Huparlac
Grandvals
1289
Fau-de-Peyre
Rimeize
Aumont-Aubrac-N.
D806
Entraygues-sur-Truyère
St.Amans-des-Cots
Lac de Selves
94
1342
Laguiole
Malbouzon
la Chaze-de-Peyre
Aumont-Aubrac-S.
les Estrets
St. Urcize
Curières
Nasbinals
Javols
Serverette
Espeyrac
Montpeyroux
Prinsuéjols
Ste.Colombe-de-Peyre
St.Sauveur-de-Peyre
St.Gal
Monts d'Aubrac
Aubrac
Marchastel
Condom-d'Aubrac
877
le Buisson
1179
St.Amans
D920
le Cayrol
Recoules-de-Fumas
Villecomtal
Coubisou
la Bastide-d'Aubrac
St.Chély-d'Aubrac
Signal de Mailhebiau
1469
St.Léger-de-Peyre
Rieutort-de-Randon
Estaing
D921
Castelnau-de-Mandailles
Lachamp
Espalion
Antrenas
A75
69
Muret-le-Château
St.Côme-d'Olt
Prades-d'Aubrac
Marvejols
E11
Rodelle
les Salces
Servières
Roquetaure
les Hermaux
le Monastier-Pin-Mories
Montrodat
Lassouts
Chirac
Concourès
Bozouls
Trélans
Grèzes
Gabriac
St.Geniez-d'Olt
Pomayrols
St.Germain-du-Teil
les Salelles
Culturec
Barjac
Sébazac-Concourès
D988
St.Pierre-de-Nogaret
N88
Montrozier
Cruéjouls
St.Martin-de-Lenne
la Canourgue
Auxillac
Chanac
Esclanèdes
46
N88
Vimenet
Bertholène
Palmas
St.Saturnin-de-Lenne
Canilhac
Rodez
la Loubière
Laissac
Canac
Buzeins
Campagnac
Causse de Sauveterre
Mont Chaubert
1106
Frayssinhes
923
Sévérac-l'Eglise
Recoules-Prévinquières
Ste.Radegonde
le Vibal
Gaillac-d'Aveyron
N88
Sévérac-le-Château
Laval-du-Tarn
Ste.Énimie
la Primaube
Arques
Lapanouse
St.Georges-de-Lévéjac
T3
T2
Flavin
D911
Ségur
Lavernhe
Bellas
T4
St.Chély-du-Tarn
1151
Pont-de-Salars
Vézins-de-Lévézou
1155
Sévérac-le-Château
le Massegros
la Malène
Mas-St.Chély
Trémouilles
Prades-Salars
Novis
Canet-de-Salars
les Vignes
Clauzelles
Lac de Pareloup
Molières
Causse Méjean
1128
St.Léons
Hures-la-Parade
Curan
T5
la Parade
Arvieu
Vezouillac
St.Martin-des-Faux
Salles-Curan
Anc. Prieuré de Comberoumal
St.Laurent-de-Lévézou
Verrières
Mostuéjouls
St.Pierre-des-Tripiers
Aven Armand
The Causses and the Cévennes
T6V
le Rozier
Parc National
la Capelle-Farcel
Bouloc
Aguessac
Rivière-sur-Tarn
Veyreau
D911
929
Lac de Villefranche-de-Panat
St.Beauzély
T6
St.André-de-Vézines
Vessac
Fraissinet-de-Fourques
Plateau du Lévézou
Aguessac
Meyrueis
1100
Millau/St. Germain
la Roque-Ste.Marguerite
Causse Noir
Roquedols
Coupiaguet
Cannac
Montjaux
Millau
T7
914
Lanuéjols
Ayssenes
Viala-du-Tarn
Puech du Berc
St.Sauveur-Camprieu
Eglise romane
Pierrefiche
St.Georges-de-Luzencon
Viaduc de Millau
Revens
Dourbie
le Truel
Creissels
Parc Naturel Régional des Causses
St.Victor-et-Melvieu
St.Rome-de-Tarn
Causse-Trèves
Bégon
le Suquet
1340
St.Rome-d.-C./Roquefort
44
Faubel
Cantobre
les Liquisses
Dourbies
D999
Lapanouse-de-Cernon
851
D992
Col du Minier
633
St. Affrique
Tournemire
880
la Cavalerie
Nant
St.Jean-du-Bruel

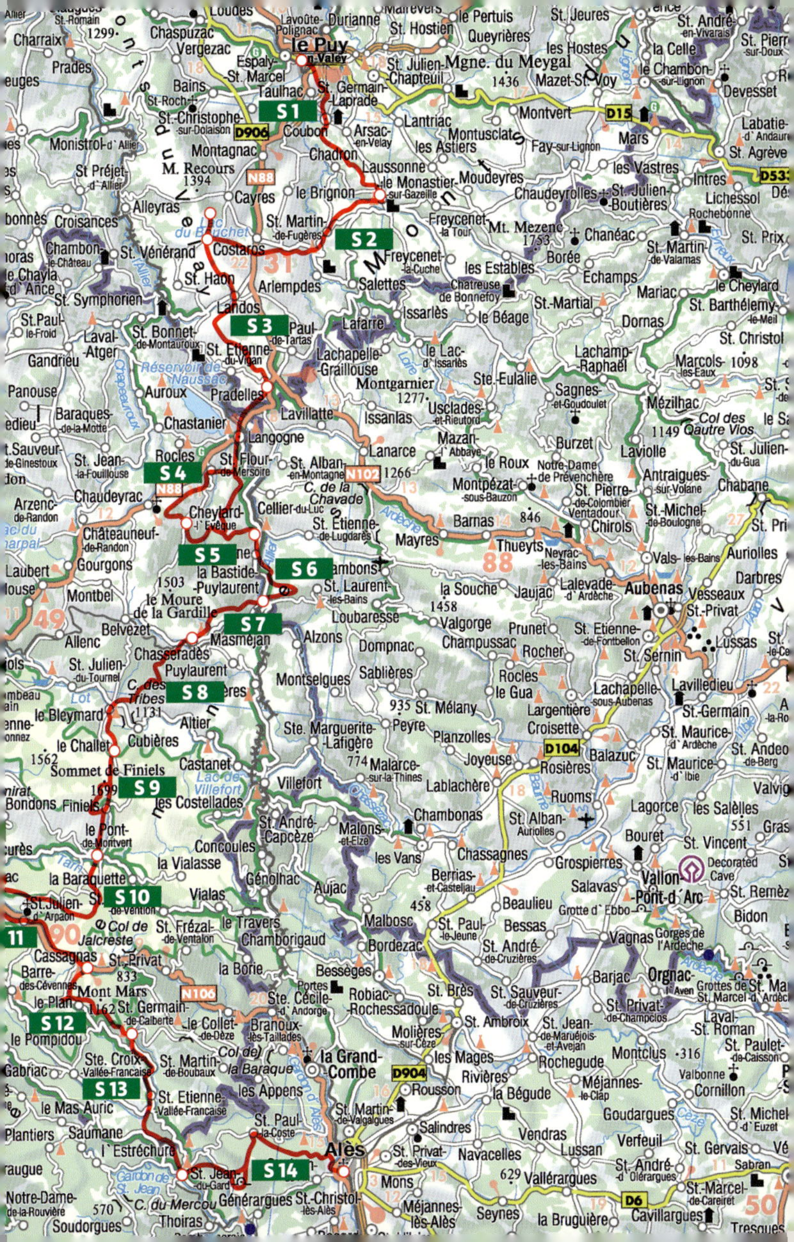

S1
S2
S3
S4
S5
S6
S7
S8
S9
S10
11
S12
S13
S14
le Puy
Espaly-St. Marcel
Taulhac
St. Christophe-sur-Dolaison
Coubon
Arsac-en-Velay
Chadron
Lantriac
Laussonne
le Monastier-sur-Gazeille
Montagnac
M. Recours
1394
Cayres
le Brignon
Alleyras
St. Martin-de-Fugères
Lac du Bouchet
Costaros
Freycenet-la-Tour
Mt. Mezenc
1753
Freycenet-la-Cuche
Les Estables
St. Haon
Arlempdes
Salettes
Landos
Paul-de-Tartas
Lafarre
St. Etienne-du-Vigan
Réservoir de Naussac
Pradelles
Lachapelle-Graillouse
Lavillatte
Langogne
Chastanier
Rocles
St. Flour-de-Mercoire
St. Alban-en-Montagne
C. de la Chavade
Cellier-du-Luc
Cheylard-l'Evêque
St. Etienne-de-Lugdarès
La Bastide-Puylaurent
Chambons
St. Laurent-les-Bains
le Moure de la Gardille
1503
Belvezet
Masméjan
Chasseradès
Puylaurent
C. des Tribes
1131
le Bleymard
Altier
Cubières
le Chalet
1562
Sommet de Finiels
1699
Finiels
Villefort
Lac de Villefort
les Costellades
le Pont-de-Montvert
Concoules
la Vialasse
la Baraquette
St. Julien-d'Arpaon
Col de Jalcreste
Vialas
St. Frézal-de-Ventalon
Génolhac
Cassagnas
St. Privat
833
Barre-des-Cévennes
Mont Mars
1162
le Plan
St. Germain-de-Calberte
le Pompidou
Ste. Croix-Vallée-Française
St. Martin-de-Boubaux
St. Etienne-Vallée-Française
le Mas Auric
Saumane
l'Estréchure
St. Jean-du-Gard
St. Paul-la-Coste
Alès
Générargues
St. Christol-lès-Alès
la Grand-Combe
Aubenas
Vallon-Pont-d'Arc
Mézilhac
Col des Quatre Vios
Thueyts
Mayres
Barnas
Les Vans
Bessèges
Langogne
N88
N102
N106
D906
D15
D104
D904
D6

WICHTIGE HINWEISE FÜR UNTERWEGS

Unterkünfte und Herbergen

Auf den französischen Fernwanderwegen gibt es diverse Unterkunftsmöglichkeiten für Wanderer. Wie auf den Jakobswegen bieten sich auch auf dem Stevensonweg sogenannte **Gîte d'Étape** als Unterkunft an. Es gibt städtisch betriebene, meist günstige **Gîte d'Étape communal** und private **Gîte d'Étape privé**. In der Regel handelt es sich um einfach ausgestattete Herbergen mit Mehrbett-Schlafsälen (dortoir). Wer die Gesellschaft sucht und sich mit Gleichgesinnten treffen möchte, ist hier gut aufgehoben. Um in der Gîte d'Étape zu übernachten, sollte man einen Schlafsack im Gepäck haben. Ein Kopfkissen und zusätzliche Decken für kältere Nächte sind in der Regel vorhanden. Eine Kochmöglichkeit gibt es in dieser Unterkunftsart ebenfalls fast immer. Die Preise bewegen sich zwischen 20 und 25 Euro.
Klöster (franz. **Monastère**) gibt es nur noch wenige am GR 70. Sie bieten ebenfalls Unterkunftsmöglichkeiten, meist mit Frühstück oder Halbpension, an. Sofern kein Preis verlangt wird, ist eine Spende erwünscht. Hier sollte man sich vorab nach den Öffnungszeiten der Pforte erkundigen. Neben **Hotels** gibt es noch viele private **Chambre d'Hôtes** (im Herbergsverzeichnis mit CdH abgekürzt) mit höherem Komfort. Nicht selten handelt es sich hier um engagierte private Förderer des Tourismus in den Cevennen, die gerne das Gespräch mit dem Wanderer suchen.
Auch Campingplätze bieten oft Übernachtungsmöglichkeiten auf günstiger Basis an. Gewöhnlich befinden sich die Betten in fest installierten Caravans

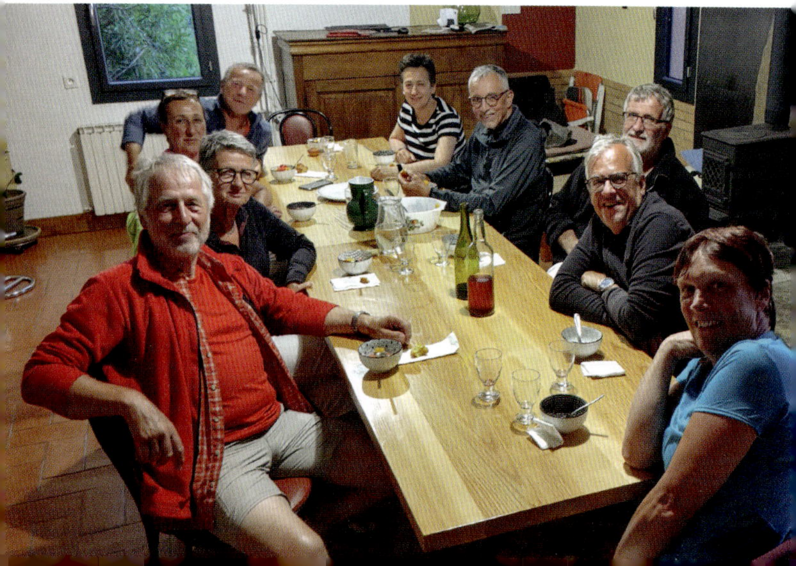

SYMBOLE

Symbol	Bedeutung	Symbol	Bedeutung
P	Parkplatz		Pilgerherberge (Gîte d'Étape)
	Busanbindung		Hotel, Auberge, Chambre d'Hotes
	Zuganbindung		Campingplatz
†	Gipfel		Restaurant
	Kirche, Kapelle, Kloster		Café, Bar
	Burg, Schloss, Ruine		Laden, Supermarkt
	Picknickplatz		Trinkwasser
	Aussichtspunkt	€	Bankautomat
)(	Joch, Passübergang	A	Apotheke
i	Touristeninformation	+	Arzt, Krankenhaus
@	Internet		Postamt

ABKÜRZUNGEN

Av	Avenue
B	Anzahl Betten
Bv	Boulevard
CdH	Chambre d'Hôtes
Ch	Chemin
DZ	Doppelzimmer
EW	Einwohner
GE	Gite d'Étape
GR	Grand Randonnée (franz. Weitwanderweg)
HP	Halbpension
MBZ	Mehrbettzimmer
mF	mit Frühstück
oF	ohne Frühstück
OT	Office de Tourisme
St	Saint
Ste	Sainte
Z	Zimmer

oder Mobile Homes. Varianten und Preise können sehr unterschiedlich sein. Ein Blick auf die Ausstattung ist zuweilen vor der Buchung empfehlenswert. Eine Reservierung ist auf dem Stevensonweg GR 70 und an der Gorge du Tarn GR 736 unbedingt zu empfehlen. Außerhalb der Saison (Mai bis Ende September) ist dies auch noch am Vortag möglich. Sollte man das Zimmer/Bett doch nicht in Anspruch nehmen, ist es eine Frage des guten Stils und der Rücksicht gegenüber den Mitwanderern, eine Stornierung (franz. Annulation) per Telefon, Mail oder SMS vorzunehmen. In der Kurzinfo jedes Streckenabschnitts sind die Unterkünfte mit Anzahl der Betten, Preiskategorie und zusätzlichen Bemerkungen aufgeführt.

Dabei bedeuten:

- € Preis liegt unter 30 €
- €€ Preis liegt bei 30–75 €
- €€€ Preis liegt über 75 €

Glückliche Gesichter beim Abendessen in der Gîte La Lune Rousse in St-Germain.

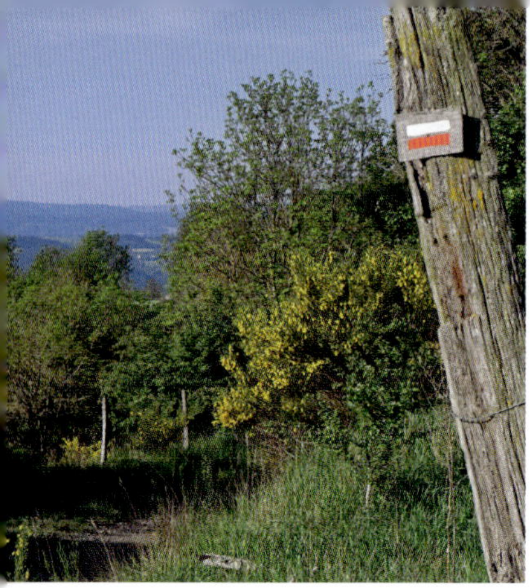

Weiß-rote Markierung der GR-Wege.

Dies ist nur als Anhaltspunkt zu verstehen, da die angegebenen Preise abhängig von der Saison und der Belegung stark variieren. Die Unterkunftsbroschüre »Voyage en Cevennes« (siehe Kapitel Literatur, Seite 23), wird jährlich neu aufgelegt und ist zusätzlich zu den hier aufgeführten Informationen zu empfehlen.

Etappen und Gehzeiten

Stevenson begann seine Tour in Le Monastier-sur-Gazeille und wanderte mit seiner Eselin Modestine bis St-Jean-du-Gard. Wegen besserer An- und Abreisemöglichkeiten bietet es sich an, in Le Puy-en-Velay zu starten und in Alès die Wanderung zu beenden. Die angegebenen Etappen und Gehzeiten sollen nur als Anregung dienen. Sie wurden meist so ausgewählt, dass man am Ende einer Etappe in einem Ort übernachten kann, der grundlegende Infrastruktur bereitstellt. Nicht immer war dies möglich, deshalb enden einige Etappen an ausgewählten Herbergen, die in der Regel auch Abendessen anbieten. Jeder wandert in seinem eigenen Rhythmus und sollte sich dementsprechend die Etappen nach seiner Kondition und seinen Bedürfnissen zusammenstellen. Da eine Vorabbuchung dringend zu empfehlen ist, sollte man schon bei der Planung entscheiden, wie lange die Tagesetappe wird. Mit Rücksicht auf eine Wanderung mit Esel sind manche Tagesetappen eher kurz gehalten. Schwierig ist Etappe S 10 – hier muss jeder selbst entscheiden, ob sie auf zwei Tage aufgeteilt wird. Bei den angegebenen Zeiten wird von einer Geschwindigkeit von 4 km pro Stunde auf ebener Strecke ausgegangen. Die Angaben sind ohne Pause berechnet. Zeit- und Entfernungsangaben im Text oder im Profil beziehen sich immer auf den davorliegenden Wegpunkt, es sei denn, etwas Anderes ist erwähnt.

ETAPPEN UND DISTANZEN STEVENSONWEG

Etappe	km	Ort	Unterkünfte	Infrastruktur
S 1	0	Le Puy-en-Velay		
	7,6	Coubon		
	12,0	Le Monastier		
S 2	4,7	Courmarcès		
	3,4	St-Martin		
	2,6	Goudet		

Etappe	km	Ort	Unterkünfte	Infrastruktur
	5,2	Ussel		
	2,8	Bargettes		
	5,5	Le Bouchet		
S 3	7,1	Landos		
	5,5	Arquejols		
	8,5	Pradelles		
S 4	6,1	Langogne		
	2,4	Brugeyrolles		
	5,6	L'Herm		
	5,0	Chaudeyrac (Abzweig)		
	3,0	Cheylard		
S 5	12,3	Luc		
S 6	2,3	Laveyrune		
	12,8	La Bastide		
S 7	12,4	Chasseradès		
S 8	14,9	Les Alpiers		
	3,0	Le Bleymard		
	4,5	Station Mont Lozère		
S 9	9,5	Finiels		
	5,6	Le Pont-de-Montvert		
S 10	11,1	Mijavols (Abzweig)		
	13,6	Bédouès		
	4,8	Florac		
S 11	9,3	St-Julien d'Arpaon		
	7,7	Cassagnas		
S 12	16,4	St-Germain		
S 13	6,9	Lébou		
	2,6	St-Étienne		
	12,8	St-Jean-du-Gard		
S 14	5,7	Mialet		
	18,2	Alès		

ETAPPEN UND DISTANZEN GORGES DU TARN (AB FLORAC)

Etappe	km	Ort	Unterkünfte	Infrastruktur
T 1	10,3	Ispagnac		
T 2	18,1	Ste-Enimie		
T 3	15,0	La Malène		
T 4	13,0	Les Vignes		
T 5	11,8	Le Rozier		
T 6	15,6	Compeyre		
T 6K	16,6	Compeyre		
T 7	11,3	Millau		

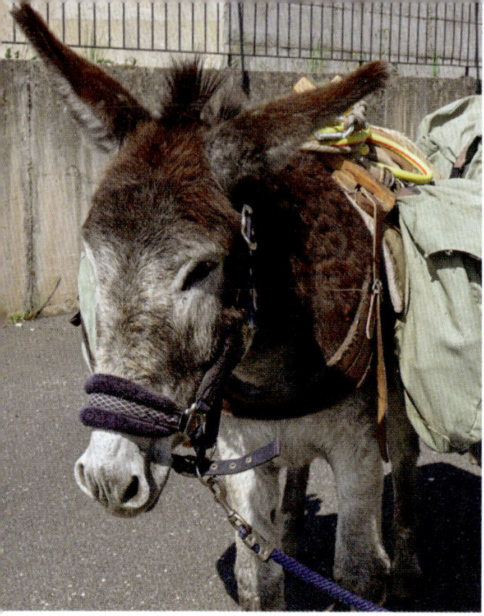

Fertig zum Abmarsch.

Verleih von Eseln

Wer schon immer von einer Wanderung in Begleitung eines Esels geträumt hat, ist auf dem Stevensonweg bestens aufgehoben. Sowohl das Angebot an Verleihern als auch die Infrastruktur unterwegs sind ideal und seit vielen Jahren eingespielt. Die angenehmen Reisebegleiter können nur für ein paar Etappen oder auch für den gesamten Stevensonweg (meist bis St-Jean-du-Gard) geliehen werden.

Die Preise variieren von 100 € für zwei Tage bis zu 750 € für den kompletten Weg in 14 Tagen.

Darin ist in der Regel eine gründliche Einführung, die Wegbeschreibung und die Abholung des Esels am Zielort enthalten.

Eine Auswahl von Eselverleihern:

- Le Mas des Anes, Marie-Ange Benoit, Lasseze, 07590 Le Plagnal, Tel. +33 (0) 661 81 66 69, lemasdesanes.fr. Marie-Ange betreut seit vielen Jahren über 20 Esel und spricht fließend deutsch.
- Wandertouren Frankreich, Av Albert Einstein, Montpellier, Tel. +33 (0) 975 80 89 68, wandertouren-frankreich.de. Deutschsprachiges Unternehmen mit Sitz in Südfrankreich mit langjähriger Erfahrung in Eseltouren.
- Rando-Anes,Route du Monastier, 43150 Alleyrac, Tel. +33 (0) 471 03 99 32, rando-ane.com. Erfahrener Veranstalter seit 40 Jahren.
- Gentiâne S.A.S, Mickael Schumm, Castagnois, 48220 Vialas, Tel. +33 (0) 466 41 04 16, ane-et-randonnee.fr. 36 Esel stehen mit vielen unterschiedlichen Angeboten zur Verfügung.
- Ane Azimut, Christophe Galland, 43 Rue Via Croze, 43150 Le Monastier-sur-Gazeille, Tel. +33 (0) 660 47 17 02, aneazimut.com.
- Chik'Anes, Sylvie Berthet, Lieu-dit Souteyrons, 43550 St-Front, Tel. +33 (0) 463 89 00 98, chikanes.com. Mme Berthet betreibt seit 2008 die Vermietung von Eseln.
- Tatâne, Nicolas Durand, Les Gonnets, 43260 St-Julie-Chapteuil, Tel. +33 (0) 681 28 49 10, tatane-ane-randonnee.hubside.fr.
- Urlaub&Natur, Wesostraße 76, 76327 Pfinztal, Tel. +49 (0) 7240 603 98 69, urlaubundnatur.de. Reisebüro mit großer Erfahrung für Eselwanderungen auf dem Stevensonweg.

Der Umwelt zuliebe ...

Auch beim Wandern hinterlassen wir einen ökologischen Fußabdruck, aber im Einklang mit der Natur unterwegs zu sein, ist gar nicht so schwer!

VORBEREITUNG UND ANFAHRT

- Sich vorab informieren, worauf in Bezug auf Natur und Umwelt in der jeweiligen Wanderregion besonders zu achten ist.
- Soweit möglich mit Bahn und Bus anreisen, Wander- und Rufbusse nutzen.
- Ist eine Anfahrt mit dem Auto nötig, Fahrgemeinschaften bilden.
- Bei weiten Anfahrten Mehrtagestouren planen oder von einem Quartier vor Ort aus mehrere Touren absolvieren.
- Flugreisen möglichst reduzieren und durch Beiträge zu Klimaschutzprojekten kompensieren.

KLEIDUNG UND AUSRÜSTUNG

- Beim Kauf von Outdoor-Kleidung auf umweltfreundliche und faire Herstellung achten und Kleidungsstücke möglichst viele Jahre nutzen.
- Ausrüstung kann man eventuell auch gebraucht kaufen oder ausleihen.
- Reparieren statt neu kaufen.

VERPFLEGUNG

- Beim Einkauf Bio-Ware, regionale und saisonale Erzeugnisse bevorzugen.
- Hütten und Gasthäuser auswählen, die regionale Produkte verwenden.
- Auf Einwegflaschen und Plastikverpackungen verzichten, stattdessen wiederverwendbare Trinkflaschen und Brotzeitboxen benutzen.

ÜBERNACHTUNG

- Bei lokalen Anbietern buchen, damit Menschen vor Ort profitieren.
- Auf Hütten und in anderen Unterkünften Strom und Wasser sparen.

UNTERWEGS

- Wege benutzen und Abkürzer vermeiden.
- Sperrungen von Wegen und Schutzgebieten respektieren.
- Keine Blumen pflücken und keine Pflanzen entnehmen.
- Waldbrandgefahr beachten.
- Müll wieder mit nach Hause nehmen und dort entsorgen.
- Toilettengänge in freier Natur möglichst vermeiden.
- Lärm vermeiden.
- Hunde an die Leine nehmen.

ROTHER
BERGVERLAG

WANDERN IN DEN CEVENNEN

Empfehlenswerte Reisezeit, Wetter und Klima

Als beste Wanderzeit bietet sich das Frühjahr mit Mai und Juni an. Überall leuchten die gelben Ginsterblüten und die Temperaturen sind gemäßigt. Aber selbst zu dieser Jahreszeit muss in den Hochlagen des Mont Lozère mit kurzfristigen Wintereinbrüchen und Schneefall gerechnet werden. Die Monate Juli und August können extreme Temperaturen mit sich bringen, die besonders im südlichen, eher mediterranen Abschnitt das Wandern beschwerlich machen. Selbst im Hochsommer kann man in den Höhen der Cevennen durchaus von kräftigen Regenschauern und heftigen Gewittern überrascht werden, die manches Flüsschen in einen reißenden Gebirgsbach verwandeln. Es ist die Hauptreisezeit der Franzosen, dementsprechend überfüllt sind manche Orte, was sich besonders in der beliebten Gorges du Tarn bemerkbar macht. Neben dem späten Frühjahr sind die Monate September und Oktober am angenehmsten zum Wandern in den Cevennen. Die Wälder nehmen herbstliche Farben an und nach den aufsteigenden morgendlichen Nebelfeldern breitet sich eine angenehme Frische aus, die Lust auf Wandern macht. Auch Stevenson war in dieser Jahreszeit unterwegs, hatte zwar mit dem einen oder anderen Regenschauer zu kämpfen, genoss aber die herbstliche Kühle. »*Die Hänge waren steil und abwechslungsreich. Eichen klammerten sich an die Hügel, schön gewachsen, reich belaubt und vom Herbst in lebhafte, leuchtende Farben getaucht*«, bemerkt er beim Abstieg vom Mont Lozère.

Von einer Wanderung auf dem Stevensonweg im Winter ist abzuraten. Selbst in Zeiten des Klimawandels können auf dem vegetationslosen knapp 1700 m hohen Mont Lozère winterliche Bedingungen mit heftigem Schneefall und orkanartigen Stürmen vorherrschen, die keine Orientierung mehr ermöglichen.

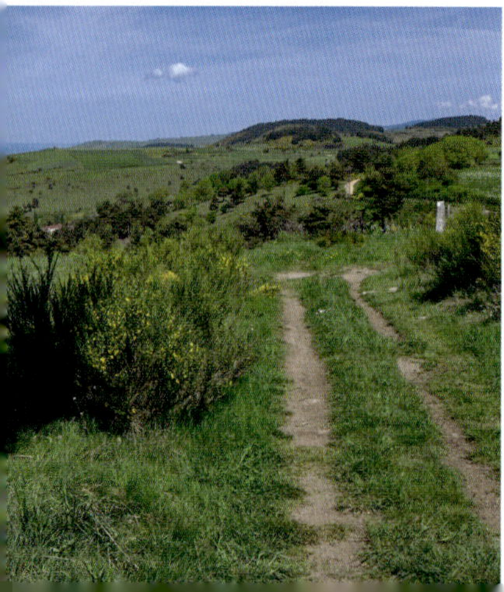

Zeit- und Kostenplanung

Für die 270 km des gesamten Stevensonweges sollte man, wie vorgeschlagen, 14 Tage veranschlagen. Wanderer mit guter Kondition schaffen die Strecke auch in 12 Tagen. Für die Übernachtung in preisgünstigen kommunalen Herbergen werden in der Regel etwa 20 Euro fällig. Private Herbergen sind meist

Sanfte Hügel prägen die Landschaft im Gévaudan.

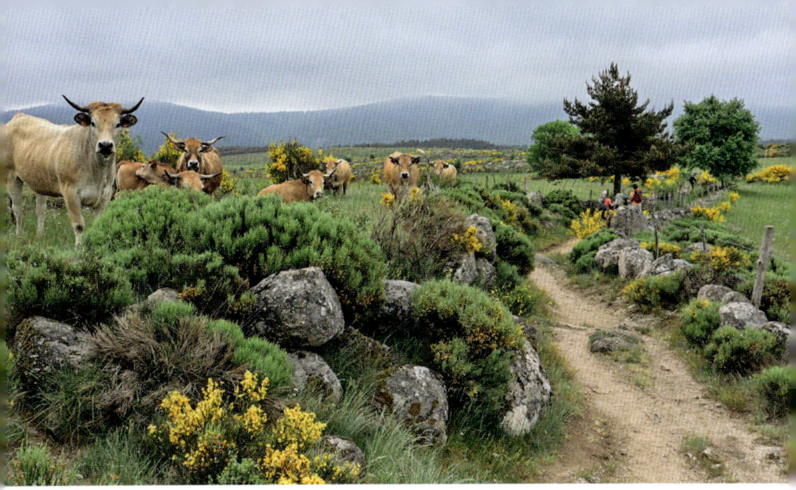

Zuschauer am Wegesrand.

etwas teurer. Übernachtungen im Chambre d'Hotes beginnen ab 45 Euro in abgelegenen Regionen. Die Regel sind 50–70 Euro mit Halbpension Die Preise variieren stark, abhängig von der gebotenen Leistung und der Belegungszahl. Günstiger wird es meist, wenn man ein DZ oder MBZ mit einer oder mehreren Personen teilt. Die bei den Touren angegebenen Preise sollen nur Anhaltspunkte zum Vergleichen vermitteln. Details erfährt man meist auf der entsprechenden Homepage. Die Lebensmittelpreise in Frankreich sind kaum unterschiedlich zu deutschen Preisen. Günstiger sind die Preise, wie sollte es auch anders sein, für Rotwein, Baguette und Käse. Das

GPS-TRACKS UND KOORDINATEN DER AUSGANGSPUNKTE

Auf **gps.rother.de** stehen zu diesem Wanderführer GPS-Tracks und die Koordinaten der Ausgangspunkte zum kostenlosen Download bereit. Dieser QR-Code führt direkt zum Download.
1. Auflage, Passwort: **462101kxe**
Die GPS-Tracks können in die **Rother App** importiert werden. In der App kann man unterwegs stets sehen, wo man gerade ist und wo es langgeht. **Anleitungen dazu: rother.de/gps**
Trotz sorgfältiger Prüfung können wir Fehler und zwischenzeitliche Veränderungen nicht ausschließen. Verlassen Sie sich für die Orientierung niemals einzig und allein auf die GPS-Daten, sondern beurteilen Sie die Verhältnisse vor Ort.

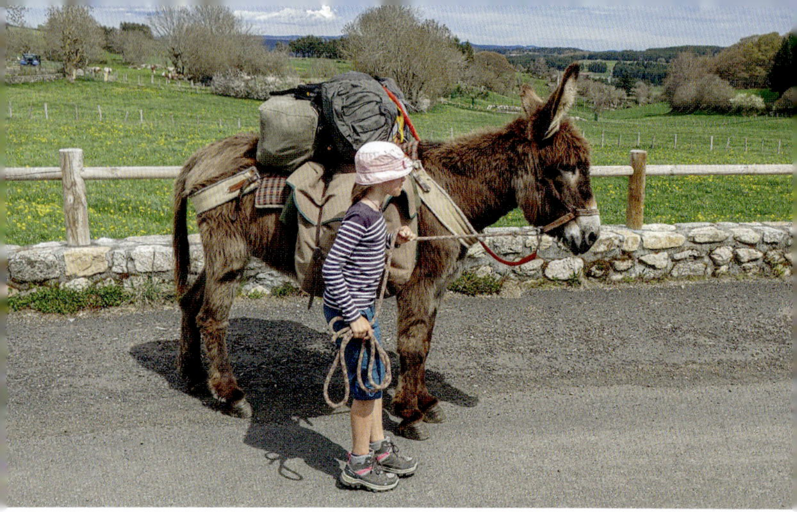

Eine verantwortungsvolle Aufgabe!

Budget für einen Wandertag liegt ungefähr bei 50 Euro. Sparsame Wanderer bleiben auf manchen Etappen sicherlich noch darunter.

Routenplanung

Der vorliegende Reiseführer beschreibt sowohl den Stevensonweg GR 70 als auch einen Teil des spektakulären Fernwanderweges GR 736 längs der tief eingeschnittenen Gorges du Tarn. Beginnt man wie beschrieben in Le Puy-en-Velay und hält sich an die hier vorgeschlagene Etappenführung, hat man nach zehn Tagen in Florac die Auswahl, über den GR 736 nach Millau zu wandern und von dort zurückzureisen, oder man bleibt weiter auf dem Stevensonweg und tritt am Endpunkt in Alès die Rückreise an. Wanderer, die mit Zelt unterwegs sind, werden an der Tarn keine Probleme mit den Übernachtungen bekommen. Campingplätze für die vielen Aktivtouristen (vorwiegend Kanuten) gibt es hier zur Genüge. Ohne Zelt sollte man bei den wenigen Unterkünften in den Gorges du Tarn jedoch unbedingt vorausbuchen.

Die Ausrüstung – weniger ist mehr

Beim Packen seines Rucksackes sollte man sich diesen Spruch zu Herzen nehmen. Hier findet er wirklich seine Berechtigung. Ähnlich wie beim Wandern auf Jakobswegen lautet die Erfolgsformel: Alles, was man die nächsten zwei Wochen nicht unbedingt benötigt, bleibt zu Hause. Die Erfahrung, sich bis auf das Wesentliche reduzieren zu können, erfüllt jeden Fernwanderer und Pilger mit Freude.

WAS DABEI SEIN SOLLTE

- leichter Schlafsack, Empfehlung Seidenschlafsack (Bettwanzen mögen keine Seide)
- feste, wasserdichte Wanderschuhe mit gutem Profil
- leichte Schuhe, Sandalen, Badelatschen o. Ä. (abends/für Besichtigungen)
- Regenjacke, die auch gegen Wind schützt
- Pelerine, im Sommer ausreichend als Regenschutz
- Sonnenhut, der evtl. auch gegen Regen schützt
- im Frühjahr und Herbst leichte Mütze oder Stirnband
- Wanderhose, am besten Zipp-Off, wasserabweisend und schnell trocknend
- eine kurze Hose
- zwei Paar gute Wandersocken
- ein Fleece-Pulli
- zwei Garnituren schnell trocknende Unterwäsche
- zwei Hemden und/oder T-Shirts
- Handtuch, bewährt hat sich Microfaser
- Taschenmesser
- evtl. einen kleinen Tupperware-Behälter für Nahrungsmittel
- bei Bedarf Wanderstöcke
- Pflegeartikel (Shampoo, Zahnpasta, Creme), kleine Packungen
- WC-Papier, Papiertaschentücher
- etwas Nähzeug
- ein paar Wäscheklammern und etwas Schnur, Kabelbinder
- Waschmittel für Handwäsche
- leichte Taschenlampe oder Stirnlampe
- Mobiltelefon mit Ladekabel
- bei Bedarf leichter Fotoapparat
- zwei Wasserflaschen, bewährt haben sich feste PET-Flaschen
- ein paar nicht knisternde Baumwolltaschen

Tipps für die Reiseapotheke:

- Pflaster, spezielle Blasenpflaster
- Desinfektionsmittel für Wunden und Blasen
- Schmerztabletten
- Mückenschutzmittel
- Sonnencreme
- Fußsalbe, z. B. Hirschtalg
- Ohrstöpsel

Wichtige Dokumente:

- Ausweis
- EC- oder Kreditkarte
- Europäische Krankenversicherungskarte
- wichtige Adressen und Telefonnummern auf Papier

Vorbereitung

Haben Sie ihre Ausrüstung zusammengestellt, geht es ans Rucksack-Packen. Eine kleine Handwaage kann dabei nützlich sein. Kommen mehr als 10 kg zusammen, sollte man sich Gedanken machen, was wirklich nötig ist. Als Faustregel für das Packen gilt, schwere Teile gehören nach innen in Körpernähe. Dinge, die selten benötigt werden, nach unten. Sinnvoll ist auch, die Ausrüstung in mehreren, thematisch untergliederten Stoffbeuteln unterzubringen. Es gibt nichts Schlimmeres als Mitwanderer in Sammelunterkünften, die morgens um 6 Uhr oder abends um 22 Uhr beginnen, ihre Rucksäcke durchzuwühlen, und dabei noch mehrere knisternde Plastiktüten herausbefördern. Gehen Sie nicht mit neuen Wanderschuhen auf Tour – diese sollten unbedingt vorher eingelaufen sein. Testen Sie ihr zusammengestelltes Equipment ausführlich. In den Dörfern der Cevennen gibt es keine Outdoor-Ausstatter. Wasserflaschen sollten immer griffbereit in Außenfächern sein, möglichst ohne den Rucksack abzusetzen.
Sind Sie noch ungeübt im Umgang mit einem Rucksack, der 8 bis 10 kg wiegt, versuchen Sie schon zu Hause das Aufnehmen und Absetzen. Falls Sie eine Pelerine zum ersten Mal benutzen, versuchen Sie auch diese zu Hause über den Rucksack zu stülpen. Wenn Sie dies zum ersten Mal machen, während Sie auf freiem Feld von einem kräftigen Regenschauer überrascht werden, könnte es nass werden.

Mit Wanderstöcken läuft es sich besser.

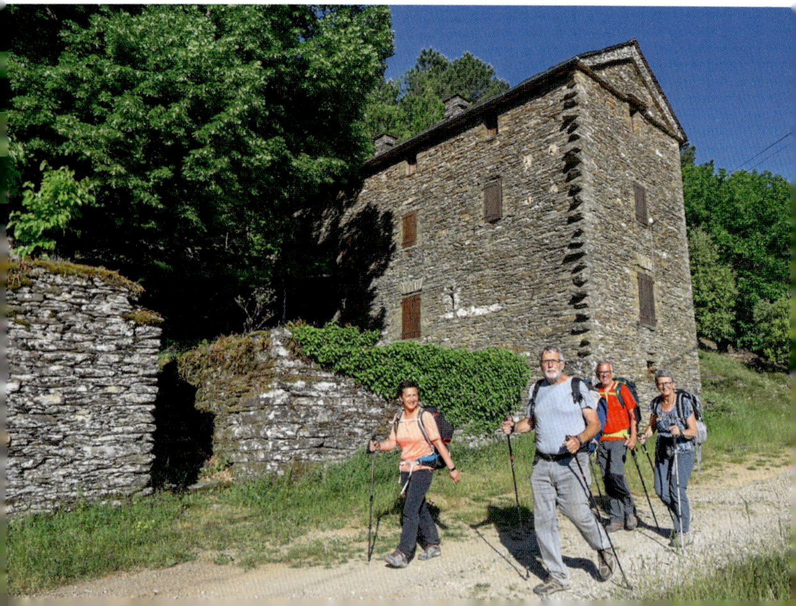

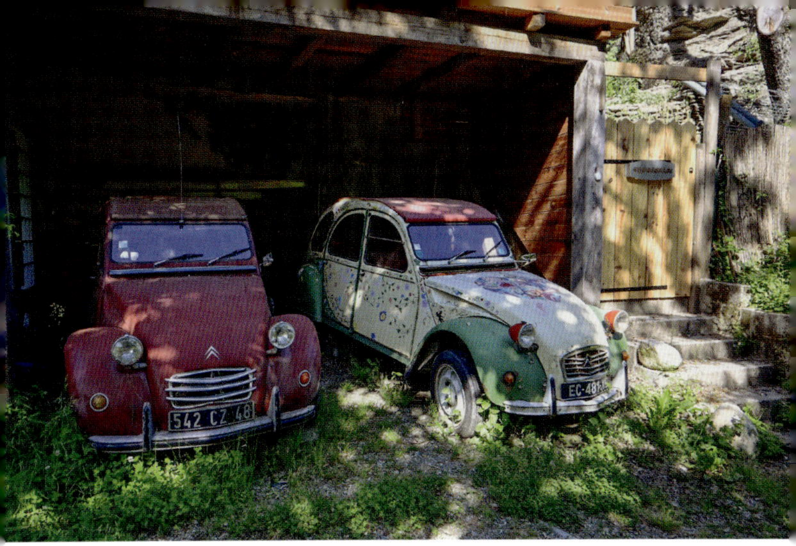

Was wäre Frankreich ohne den 2CV?

An- und Abreise

- **Per Bahn:** Die Anreise per Bahn (TGV) ist die bequemste Möglichkeit, ins Velay zu kommen. Sie ist meist mit Umstieg in Paris oder in Basel verbunden. Weitere Zugwechsel sind in Lyon und in St-Étienne. Eine Fahrt z. B. von Frankfurt nach Le Puy-en-Velay dauert 10 bis 11 Stunden und kostet ab 85 €. Die Rückfahrt vom Zielort Alès nach Le Puy dauert mit Umstieg in Langogne etwa 4 Stunden und kostet ab 35 €. Günstiger ist die Rückreise nach Le Puy-en-Velay von Millau (bei der Wanderung durch die Gorges du Tarn). Diese dauert allerdings rund 7 Stunden. Auskunft unter voyages-sncf.com.
- **Per Auto:** Von Basel fährt man über die mautpflichtigen Autobahnen A36 und A6 nach Lyon. Eine andere Möglichkeit ist, von Saarbrücken aus über die A31 und A6 nach Lyon zu kommen. Von dort geht es auf der N88 über St-Étienne nach Le Puy-en-Velay. Die Entfernung beträgt in beiden Fällen ca. 830 km, die man an einem Tag bewältigen kann. Da Le Puy-en-Velay Zwischen- oder Ausgangsstation des Jakobsweges ist, gibt es Parkhäuser zur Genüge. Eines der günstigsten ist Parking du St-Jacques (13 Av de Roderie, Tel. 04 44 43 97 43, parkingdusaintjacques.com). Hier bezahlt man für einen PKW 55 € für zwei Wochen (Stand 2023). Eine Reservierung ist zu empfehlen.
- **Per Flug:** Der Flug z. B. von Frankfurt nach Lyon mit Lufthansa dauert 1.15 Std. und kostet ab 100 €, bei frühzeitiger Buchung sogar günstiger. Mit dem Zug (ab 50 €) geht es weiter nach Le Puy-en-Velay.

INFORMATIONEN, LINKS UND ADRESSEN

- **chemin-stevenson.org:** Website der »Association sur le chemin de Robert Louis Stevenson«. Hier findet man auch die Broschüre »Voyage en Cévennes«. Die wichtigsten Informationen für eine Wanderung auf dem Stevensonweg sind hier zusammengefasst. In manchen Jahren erscheint das Heft bzw. PDF auch in deutscher Sprache
- **lozere-tourisme.com:** umfangreiche Website mit Unterkunftsverzeichnissen, Sehenswürdigkeiten und Freizeitvorschlägen für die gesamte Region
- **auvergnevacances.com:** Website, die eher den nördlichen Teil des Stevensonweges im Departement Haute-Loire beschreibt
- **cevennes-tourisme.fr:** Website, die mehr den südlichen Teil des Stevensonweges im Departement Gard abdeckt
- **cevennes-gorges-du-tarn.com:** für alle Aktivitäten in den Gorges du Tarn. Mit dem Suchkriterium GR 736 findet man Infos zum neuen Fernwanderweg
- **lesgorgesdutarn.fr:** sehr umfangreiche private Website über die Gorges du Tarn
- **visit-occitanie.com:** deutschsprachige Seite des Comité Régional du Tourisme et des Loisirs Occitanie. Mit der Sucheingabe »Gorges du Tarn« bekommt man nützliche Infos
- **cevennen.fr:** umfangreiche Website des in Frankreich lebenden Autors Uli Frings (siehe S. 23)

Apotheken und Ärztliche Versorgung

In der Regel sind Apotheken von 8.30 bis 20 Uhr geöffnet, in größeren Orten oft auch sonntags. Die EU-Krankenversicherungskarte wird in Frankreich akzeptiert. Falls dies nicht der Fall ist, können die angefallenen Kosten bei der heimischen Kasse eingereicht werden. In diesem Fall sollte man sich vorher die Kosten schriftlich bestätigen lassen.

Bargeld, Bank und Kreditkarte

In den Gîte d'Étape wird oft Wert auf Barzahlung gelegt. Kreditkarten werden meist nur in großen Unterkünften und in den Chambre d'Hôtes akzeptiert. In Geschäften ist die Kreditkartenzahlung weiter verbreitet als hierzulande.

Banken und Kreditinstitute sind in Frankreich gewöhnlich von 9 bis 17 Uhr geöffnet. In kleinen Dörfern kann es auch vorkommen, dass sie über Mittag geschlossen sind. Geldbeschaffung über Automaten ist meist mit Gebühren verbunden. Um jedoch nicht zu viel Bargeld mit sich herumzutragen, ist es sinnvoll, sich immer für mindestens drei Tage einzudecken.

Für die Sperrung einer Kreditkarte gibt es die einheitliche Rufnummer +49 116 116.

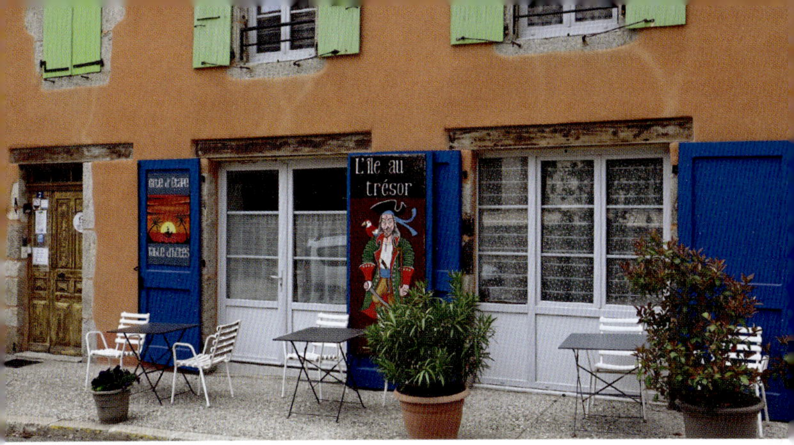

Farbenprächtige Unterkunft in Le Monastier-sur-Gazeille.

Briefmarken und Post

In kleineren Orten gibt es unterschiedliche Öffnungszeiten, oft nur vormittags, oder ganztags, aber mit Mittagspause. Briefmarken findet man meist auch in Bars oder Tabakgeschäften. Auf der Webseite laposte.fr erhält man nähere Auskünfte über Standorte und Öffnungszeiten von Postämtern.

Feiertage und Feste

Die Feiertage in Frankreich sind ähnlich wie in Deutschland. Darüber hinaus gibt es Victoire (Tag des Sieges) am 8. Mai, den Nationalfeiertag am 14. Juli, Mariä Himmelfahrt am 15. August und Armistice (Waffenstillstand) am 11. November. Der zweite Weihnachtsfeiertag und Karfreitag werden nur im Elsaß und Teilen Lothringens gefeiert.

Konsulate

- Für die Départements Lozère und Gard: Generalkonsulat der BRD in Marseille, Tel. +33 (0) 491 16 75 20, im Notfall 06 15 09 41 03, marseille.diplo.de
- Für die Départements Haute-Loire und Ardèche: Generalkonsulat der BRD in Lyon, Tel. +33 (0) 472 69 98 98, lyon.diplo.de.
- Für dringende konsularische Notfälle: Botschaft in Paris, Tel. 01 53 83 45 00.

Ladenöffnungszeiten

Die Öffnungszeiten können in Frankreich variieren. Viele Geschäfte, vor allem in kleinen Orten, haben montags geschlossen. Eine kleine geöffnete Bäckerei findet sich dennoch manchmal. Auch am Mittwoch Nachmittag kann man vor verschlossenen Türen stehen. Die Mittagspausen sind häufig von 12.30 bis 14 oder 15 Uhr. In größeren Orten haben die Supermärkte meist wochentags bis 20 oder 21 Uhr und am Sonntag Vormittag geöffnet.

WOCHENMÄRKTE ENTLANG DES WEGS (STEVENSONWEG)

Le Puy-en-Velay	Sa Vormittag	**ganzjährig**
Le Monastier-sur-Gazeille	Di, So Vormittag	**ganzjährig**
Landos	Di Vormittag	**ganzjährig**
Langogne	Sa Vormittag	**ganzjährig**
	Di Vormittag	**Juli/Aug.**
Le Bleymard	So	**Juli/Aug.**
Florac	Di, Do	**ganzjährig**
Le Pont-de-Montvert	Mi	**Juni–Sept.**
St-Germain-de-Calberte	Sa	**Juli/Aug.**
St-Étienne-Vallée-Française	Mo 18–21 Uhr	**Juni–Sept.**
St-Germain-de-Calberte	Sa	**Juli/Aug.**
St-Jean-du-Gard	Di	**ganzjährig**
	Do Abend	**Juli/Aug.**
	Sa	**April–Okt.**
Alès	Mo	**ganzjährig**
	Mi Abend	**Juli/Aug.**

WOCHENMÄRKTE ENTLANG DES WEGS (GORGES DU TARN)

Ispagnac	Di, Sa Vormittag	**ganzjährig**
Ste-Enimie	Do Abend	**Juli/Aug.**
Aguessac	So Vormittag	**Juli/Aug.**
Le Rozier	Mi Abend	**Juli/Aug.**
	Fr, Sa Vormittag	**Juli/Aug.**
Meyrueis	Mi, Fr	**ganzjährig**
	Letzter So im Sept. St-Michel	
Millau	Mi, Fr Vormittag	**ganzjährig**

Karten

IGN Chemin de Stevenson GR 70, 1:100.000, gute Karte für den Überblick. Für Details ist der Maßstab beim Wandern zu groß.

Detaillierte Wanderkarten gibt es vom IGN Verlag in der Serie »Bleue« im Maßstab 1:25.000 mit diesen Blättern in der Reihenfolge der Etappen:

- 2735 SB Le Puy-en-Velay
- 2836 OT Gerbier de Jonc
- 2737 SB Langogne
- 2738 SB Le Bleymard
- 2739 OT Mont Lozère – Florac
- 2740 ET Corniche des Cevennes
- 2840 OT Alès
- 2640 OT Gorges du Tarn et de la Jonte
- 2641 OT Millau

Literatur

- Robert Louis Stevenson: Reise mit dem Esel durch die Cevennen, 2000. Die deutsche Fassung der Reise Stevensons, als Einführung unbedingt zu empfehlen.
- Erik Kormann: Der Esel steht, 2020. Amüsanter Reisebericht eines inzwischen gänzlich dem Esel verfallenen deutschen Autors.
- Ute Redeker-Sosnizka: Wandern in den Cevennen: Eselwandern auf dem Stevenson- und Regordaneweg, 2021. Privates Reisetagebuch über eine Wanderung mit Esel auf dem Stevensonweg und dem parallel verlaufenden Regordaneweg.
- Kathrin Renner: Verflucht und geliebt: Die Cévennen. Als Pilger auf den Spuren von Robert Louis Stevenson, 2019. Weiterer privater Reisebericht eines Thüringer Pärchens auf dem Weg nach Santiago de Compostella.
- Lino Battiston: Mit Rucksack und Gitarre. Auf dem Chemin de R. L. Stevenson durch die Cevennen, 2013. Unterhaltsame Lektüre des Wanderers mit Gitarre.
- Miam Miam Dodo: Chemin de R. L. Stevenson et Regordane, 2022–2023. Umfangreichster französischsprachiger Wanderführer. Wird im 2-Jahres-Rhythmus neu aufgelegt.
- TopoGuides Le Chemin de Stevenson, 2023. Beliebtester Wanderführer bei französischen Wanderern mit Karten 1:50.000.
- Uli Frings: Gorges du Tarn, Cevennen: Reise- und Wanderführer für die Schluchten und Grand Causses im Lozère und Aveyron. 2019. Schön bebilderter Wanderführer für die Gorges du Tarn.
- Bettina Forst: Auvergne und Cevennen, 2020. Ausführlicher Reiseführer aus der Reihe Reise Know-How.

Hauterives an der Tarn – als wäre die Zeit stehen geblieben.

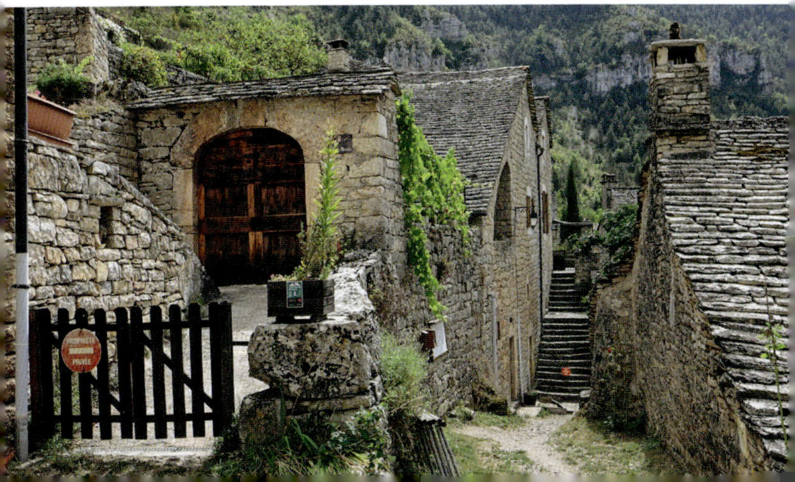

Notruf

Bei einem Notruf ist die europäische Notrufnummer 112 zu wählen. Für die Polizei die 17, für den Notarzt die 15, für die Feuerwehr die 18. Aber Achtung; vom Handy aus muss die Vorwahl 0033 gewählt werden.

Öffentliche Verkehrsmittel

Beiderseits des Weges, in Le Puy-en-Velay zu Beginn, genauso wie am Ende in Alès gibt es SNCF-Bahnhöfe. Weitere SNCF-Stationen (zum Teil mit Bus verbunden) gibt es in Langogne, Luc, La Bastide und Chasseradès. Dazwischen führt die Strecke oft durch kleine Dörfer, die von keinem Bus oder Zug bedient werden, oder es gibt Busse, die nur in den Schulzeiten verkehren. In den touristischen Regionen der Gorges du Tarn hingegen fahren Busse meist nur in der Hochsaison, im Juli und August.

- Cars Hugo verkehrt an Schultagen zwischen Le Puy-en-Velay und Langogne (hugon-tourisme.com).
- Zwischen Florac und Alès verkehrt vom 15. April bis 31. Okt. Busline 51.
- Von Le Bleymard fährt die Linie 253 im Juli und August zur Station du Mont Lozère. Von dort besteht ebenfalls in diesen beiden Monaten eine Verbindung über Pont de-Monvert nach Florac.
- Buslinie 258 fährt im Juli und August von Florac bis Le Rozier durch die Gorges du Tarn. Von dort besteht ganzjährig eine Verbindung nach Millau.

Weitere Infos auf lio-occitanie.fr.

Offices de Tourisme

Tourismusbüros gibt es in fast allen größeren Orten. Die Öffnungszeiten sind unterschiedlich, jedoch in den Kernzeiten 9–12 Uhr und 15–18 Uhr meist besetzt. In Städten sind sie in der Regel durchgehend geöffnet. Für die Quartiersuche sind die Angestellten der Büros immer hilfsbereit und übernehmen z. B. die Anrufe bei der jeweiligen Unterkunft. Darüberhinaus geben sie Auskunft über Änderungen oder Zustand des Streckenverlaufs und kennen oft neue, noch wenig bekannte Herbergen, genauso wie Schließungen von Übernachtungsbetrieben.

Touristenbüros entlang des Weges:

- OT Le Puy-en-Velay, Place du Clauzel, Tel. +33 (0) 471 09 38 41, lepuyen-velay-tourisme.fr
- OT Le Monastier-sur-Gazeille, Place du Vallat (im alten Kloster), Tel. +33 (0) 471 08 37 76
- OT Langogne, 15, Bd des Capucins, Tel. +33 (0) 466 69 01 38, ot-langogne.com
- OT La Bastide-Puylaurent, Mairie, Tel. +33 (0) 466 46 12 83
- OT Le Bleymard, Place de l'Église, Tel. +33 (0) 466 46 87 30, destination-montlozere.fr
- OT Le Pont-de-Montvert, Le Quai, Tel. +33 (0) 466 45 81 94, cevennes-montlozere.com

- OT Florac, Place de l'ancienne Gare, Tel. +33 (0) 466 45 01 14, cevennes-gorges-du-tarn.com, eines der informativsten Touristenbüros am Weg, mit Ausstellungen zu Flora, Fauna und Geologie
- OT St-Germain-de-Calberte, Place de l'Église, Tel. +33 (0) 466 45 81 94, cevennes-montlozere.com
- Cévennes Tourisme, Place de l'Hôtel de Ville, Alès, Tel. +33 (0) 466 52 32 15, cevennes-tourisme.fr
- OT Ste-Enimie, Tel. +33 (0) 466 45 01 14, cevennes-gorges-du-tarn.com
- OT Millau, Place du Beffroi, Tel. +33 (0) 565 60 02 42, millau-viaduc-tourisme.fr

Telefon und Kommunikation

Französische Telefonnummern sind immer zehnstellig und beginnen mit einer 0. Mobilnummern beginnen meist mit 06. Für Anrufe aus dem Ausland bzw. aus dem Mobilfunk-Netz wird die erste 0 weggelassen (also z. B. 0033 999 99 99 99). Öffentliche Telefonzellen in Frankreich können oft auch angewählt werden, was preiswerter ist, als selbst im Ausland anzurufen. Die Nummer steht auf einem blauen Schild in der Zelle. Vorwahlen: Deutschland 0049, Schweiz 0041, Österreich 0043, Frankreich 0033.
Die Mehrzahl der Unterkünfte stellt inzwischen WLAN (Wifi) zur Verfügung. In manchen Herbergen steht noch ein stationärer PC zur Benutzung. In größeren Städten findet man oft Zonen mit frei zugänglichem WLAN. Auch viele Offices de Tourisme und Cafés/Bars bieten WLAN-Verbindung an. Hier heißt es, einfach danach fragen. Alternativ besteht die Möglichkeit, eine französische Prepaid-Karte mit Surf-Guthaben bei einem Telefonanbieter (Orange, SFR etc.) zu kaufen. Dort gibt es auch Prepaid-Surfsticks (Clé 3G+) für die Benutzung mit Laptops ab ca 30 €.

Rundlich verwitterte Granitblöcke gestalten die Landschaft rund um den Mont Lozère.

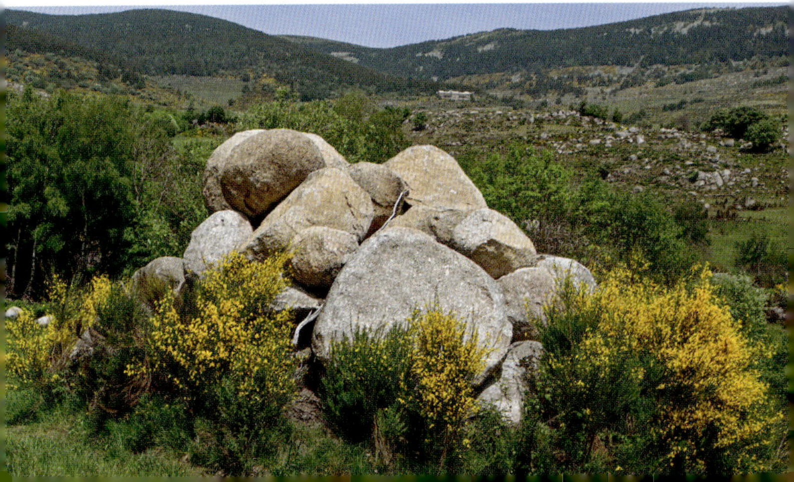

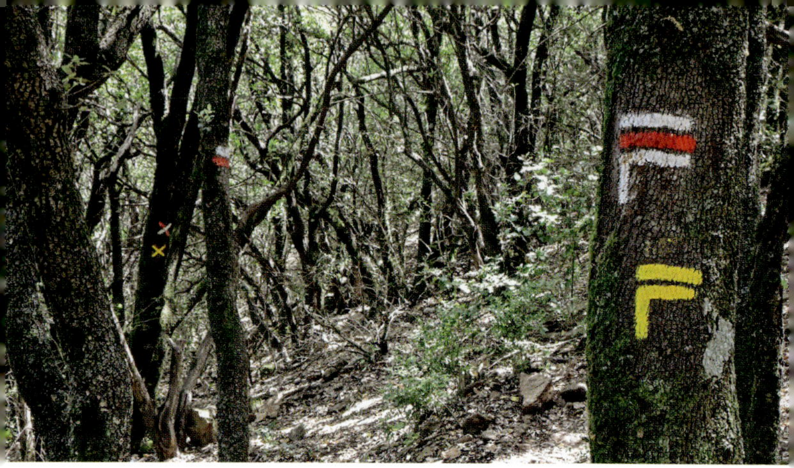

Markierung für den Rechtsabzweig.

Wege und Markierungen französischer Wanderwege

Der Stevensonweg mit der Nummer GR 70 zählt zu den französischen Fernwanderwegen und ist durchgehend mit einer weiß-roten Markierung gut beschildert. Zusätzlich ist oft die Wegnummer GR 70 angegeben. Genauso ist es am teilweise neu beschilderten GR 736, der durch die Gorges du Tarn führt. Hier findet man zum Teil noch eine ältere gelb-grüne Markierung. Fast jede Kreuzung und Abzweigung ist mit Richtungspfeilen und Negativkreuzen ausgestattet. Meist kommt einige Hundert Meter nach einem Richtungswechsel eine bestätigende Markierung. Zusätzlich gibt es in einigen Regionen eine hervorragende Beschilderung in Form von gelben Wegweisern mit Kilometer- oder Zeitangaben zum nächsten Ort. Die französische weiß-rote Markierung der GR-Wege hält vier Symbole zur Orientierung bereit, die ein Verlaufen fast unmöglich machen.

Sie bedeuten:

- weiß-roter Balken — geradeaus
- weiß-rot nach links gerichtet — links abbiegen
- weiß-rot nach rechts gerichtet — rechts abbiegen
- rotes (oder weiß-rotes) Kreuz — falsche Richtung

Gepäcktransport, Taxi

Für jene Wanderer, die ihren Rucksack etappenweise oder komplett transportieren lassen möchten, gibt es Dienstleister, die diesen Service zum Preis ab ca. 8 Euro pro Etappe übernehmen. Auch manche Herbergen bieten den Rucksacktransport an. Darüber hinaus kann auch der komplette Transport für einzelne Etappen übernommen werden. Hier einige Adressen:

- La Malle Postale, 11, Av Charles Dupuy, Le Puy-en-Velay, Tel. +33 (0) 667 79 38 16 oder +33 (0) 471 04 21 79, lamallepostale.com. Gepäcktransport für 9 € pro Etappe. Außerdem Transport zum Ausgangsort oder zu sonstigen Orten an der Strecke mit einem Kleinbus (navette)
- Transbagages, Rue de l'École, Mende, Tel. +33 (0) 680 06 32 19, transbagages.com, Gepäcktransport ab 7 € pro Etappe (Gruppentarif) und privater Shuttle nach Bedarf
- Les Voyage Boulet, 1, Rt du Chapitre, Mende, Tel. +33 (0) 466 65 19 88, stevenson-transport.com, Personentransport im Juli und August
- Balades Cevenoles Taxi, Av de l'Enclos, St-Étienne-Vallée-Française, Tel. +33 (0) 664 12 11 68, taxibaladescevenoles.com, Beförderung von bis zu acht Wanderern mit Gepäck
- Taxi Les Sources, 2 bis Rue du Four, Florac, Tel. +33 (0) 466 45 14 74, taxilessources@gmail.com

Varianten

In manchen Etappen sind zusätzliche Varianten angegeben, die oft die Tagesetappe abkürzen. In einigen Fällen sind diese alternativen Wegstrecken beschildert, ansonsten sollte man sich an die Beschreibung und die Karte, oder, wenn möglich, den GPS-Track halten. Für welche der Varianten man sich entscheidet, bleibt jedem selbst überlassen.

Wandern mit Eseln

Ein Esel ist ein sanfter und anhänglicher Begleiter, der sich bald an seine Mitwanderer bindet, sofern er von diesen liebevoll und mit Respekt behandelt wird, was auch Stevenson erst lernen musste. Besonders Kinder haben ihren Spaß und freunden sich schnell mit den sanftmütigen Tieren an. Kleine Kinder können sich sogar zwischendurch mal auf dem Rücken transportieren lassen. Nach kurzer Eingewöhnungszeit ist der Esel Teil der Wandergruppe und wird Ihnen treu folgen. Entgegen landläufiger Meinung ist ein Esel weder stur, noch dumm und auch nicht bockig. Er überlegt zuweilen nur gewissenhaft, ob der vorgegebene Weg für ihn keine Gefahr darstellt und bleibt dann schon mal stehen, besonders an Brücken oder Gewässern. Da Esel ursprünglich aus Trockengebieten kommen, sind solche Hindernisse in ihren Genen nicht abgespeichert. Ein beherztes Vorweggehen seines mit Leine verbundenen Wanderpartners nimmt ihm meist solche Ängste. So lange man die kuscheligen Langohren nicht überfordert, gehen sie überall mit hin. Kein Pfad ist ihnen zu steil, kein Abstieg scheint ihnen Probleme zu bereiten. Geschickt balancieren sie ihre Satteltaschen, sofern sie ordentlich festgezurrt sind, auch über steinübersäte Gebirgspfade. Eine kleine Pause sollte man den Tieren nach anstrengenden Wegetappen gönnen und ihnen dabei Taschen und Zaumzeug abnehmen. Aber das wird Ihnen bei der Einführung auf dem Hof alles gründlich erläutert. Unterkünfte für Esel gibt es fast in jedem Ort. Ein Unterstand, eine Wiese oder ein Gehege und etwas

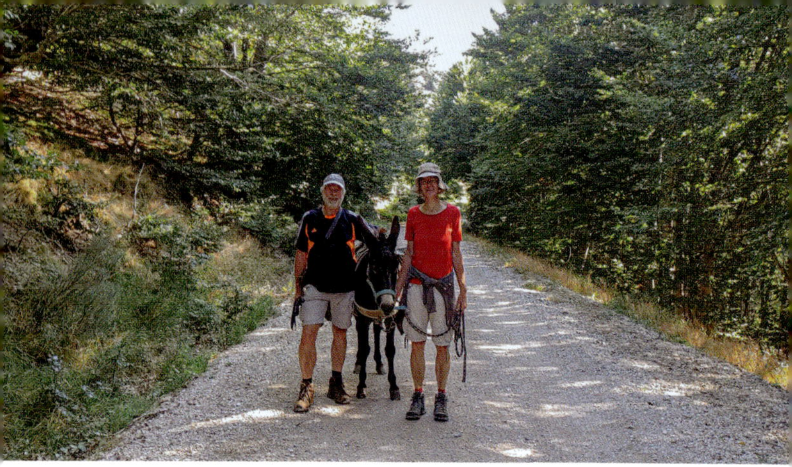

Der Autor mit Partnerin und der Eseldame Craquotte.

Heu genügt in der Regel für die anspruchslosen Vierbeiner. Meist kümmern sich die Betreiber der Unterkünfte darum. Organisiert man die Tour selbst, sollte man sich auf jeden Fall vorab informieren, ob ein Aufenthalt mit Esel möglich ist. Mit Eseln zu wandern, bedeutet, langsam, in gleichmäßigem Tempo durch die Landschaft zu streifen. Er bestimmt die Schrittgeschwindigkeit, sodass sich die Gehzeit meist geringfügig verlängert. Überall, wo Sie hinkommen, wird Ihnen besondere Aufmerksamkeit zuteil. So sorgt Ihr vierbeiniger Begleiter meist auch für Kontakt, Geselligkeit und Gespräche.

Mit Fahrrad und Mountainbike

Große Teile des Stevensonweges sind mit einem stabilen Mountainbike gut zu bewältigen. Allerdings kommen vor allem im Süden Streckenabschnitte vor, die steil, steinig und unbefahrbar sind. Oft gibt es eine separate Beschilderung für Fahrradfahrer, wenn die Strecke anders verläuft (VTT, gelbes Dreieck mit zwei Kreisen). Eine Klassifizierung der Etappen hinsichtlich der Tauglichkeit für das Fahrrad findet in diesem Führer nicht statt. GPS-Tracks, Streckenführung und ausführliche Informationen gibt es auf der französischsprachigen Homepage von ein paar Fahrradenthusiasten: utagawavtt.com. Unter dem Reiter »Parcours VTT« findet man bei Eingabe des Startortes Le Puy-en-Velay den Chemin de Stevenson.

Lebensmittel und Getränke

Ob man sich nun selbst versorgt oder Restaurants aufsucht zum Essen – auf jeden Fall sollte man immer eine Notration im Rucksack bei sich tragen. Ist die Unterkunft z. B. zu spät reserviert worden, sodass der/die Patron/in nicht mehr einkaufen konnte, oder findet man kein Restaurant am Zielort, kann ein Apfel, eine Banane oder ein Baguette zumindest den schlimmsten Hunger stillen. Auch Müsli- oder Nussriegel sind beliebte und leichte Kalorienversorger, die in keinem Rucksack fehlen sollten. Ansonsten genügt meist eine Marschverpflegung in Form von Obst oder einem Sandwich. Die Einkehr- und Einkaufsmöglichkeiten sind auf manchen ländlichen Etappen sehr eingeschränkt. Bedenken sollte man auch, dass viele Restaurants Mahlzeiten erst ab 19.30 oder 20 Uhr anbieten. Noch wichtiger ist es, einen genügenden Wasservorrat bei sich zu haben. Im Sommer sind 2 Liter das Minimum. Vor allem in den Wanderregionen südlich des Mont Lozère findet man nur wenige Brunnen und Quellen. In Karte und Text wird meist auf Wasserstellen oder Wassermangel hingewiesen.

Fußbehandlung und Blasen

Jeder, der schon auf Fernwanderungen unterwegs war, kennt das Thema. Fußpflege sorgt in den Herbergen immer wieder für Gesprächsstoff. Gerade auf den Anfangsetappen trifft man häufig nachmittags in den Unterkünften müde Wanderer bei der Behandlung und Pflege ihrer Füße. Hat man sich trotz vermeintlich eingelaufener Schuhe Blasen geholt, sind die Tipps zur Vermeidung und Behandlung zahllos. Die einen schwören auf zwei Paar Socken, andere auf Wandersocken und darunter dünne Seidenstrümpfe, um die Reibung zu verringern. Manche halten das vorherige Eincremen mit Hirschtalg oder Kräutersalben, möglichst schon ein paar Wochen vor dem Start, für das Wichtigste. Beim Material der Socken gibt es Empfehlungen für einen Merinoanteil, dies fördert allerdings wieder das Schwitzen. Die verrücktesten Vorschläge machen die Runde, so z. B. die Empfehlung, die Socken während der Wanderung gar nicht zu waschen, womit man sich in den Herbergen allerdings keine Freunde macht. So unterschiedlich wie die Ratschläge sind die Füße und die umgebenden Schuhe. Hier muss jeder seinen Weg finden.

Doch wenn es nun passiert ist und die Blasen einen quälen, sollte man sich diese Ratschläge zu Herzen nehmen. Beim ersten Anzeichen, d. h. gerötete Stellen am Fuß, hilft oft ein prophylaktisches Abkleben mit Leukoplast oder Blasenpflaster,

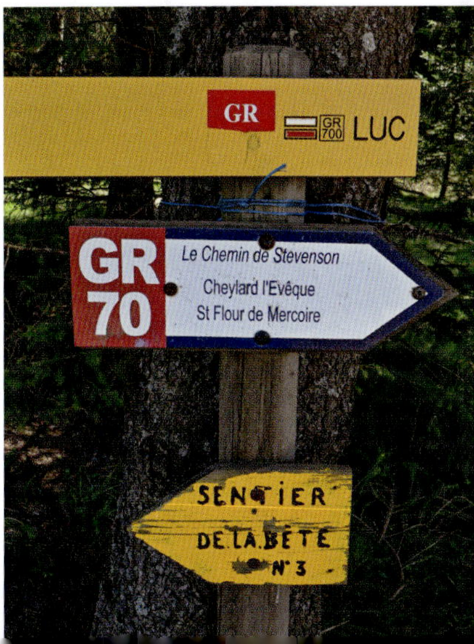

Verlaufen ist auf dem Stevensonweg kaum möglich.

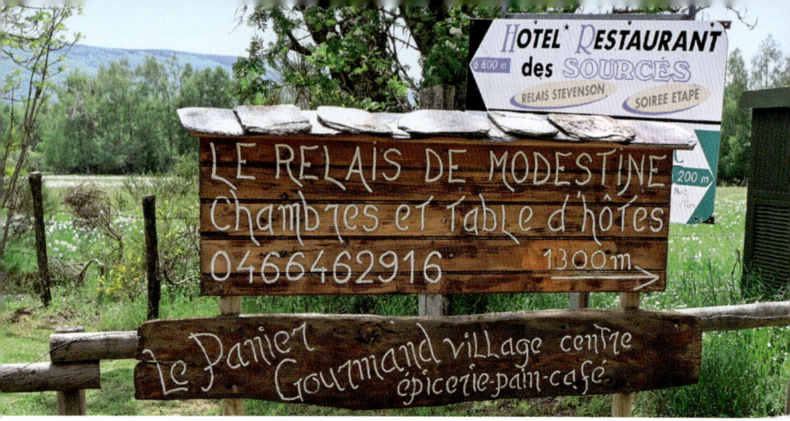

Nächste Übernachtungs- und Einkaufsgelegenheit.

um Schlimmeres zu verhindern. Ist die Blase sichtbar und mit Wasser gefüllt, sollte sie nur geöffnet werden, wenn sie schmerzt oder beim Laufen stört. Dabei benutzt man eine sterile Nadel oder spitze Nagelschere, drückt das Sekret heraus und belässt die Haut auf der Stelle; hinterher noch mal desinfizieren und mit Pflaster abkleben. Anzeichen von schmerzhaften Entzündungen oder Vereiterungen sollte man nicht auf die leichte Schulter nehmen, sondern lieber einen Arzt aufsuchen.

Bettwanzen

Ein leidiges Thema sind die kleinen, kaum sichtbaren Plagegeister (frz. Prunaises), die sich nachts bei den schlafenden Wanderern ihre Überlebensration genehmigen. Meist bekommt man beim Schlafen überhaupt nichts davon mit, sondern merkt es erst am nächsten Tag an zahlreichen juckenden Stellen. Aktuell sind dem Autor keine Fälle bekannt. Durch eine Aufklärungskampagne und diverse Vorsorgemaßnahmen wurde das Thema offensichtlich erfolgreich angegangen. In manchen Herbergen ist es daher üblich, seinen Rucksack außerhalb des Zimmers bzw. Schlafsaales zu lagern. Nur das Nötigste wird aus dem Gepäck entnommen und darf zu den Betten mitgebracht werden. Oft ist es nicht erlaubt, den eigenen Schlafsack zu benutzen, sondern nur die ausgehändigte Bettwäsche. Laken und Kopfkissenbezüge sind vielerorts aus Einwegmaterial und werden am nächsten Tag entsorgt. Vorsorglich kann man die Matratze in Augenschein nehmen. Kleine schwarze Pünktchen oder winzige Blutflecken sind verdächtig. Leicht süßlicher Geruch kann auch ein Indikator für die Anwesenheit der lästigen, meist tagsüber in Ritzen versteckten Blutsauger sein. Ist es trotz allem passiert, hilft nur, in der Apotheke ein geeignetes Spray zu besorgen, die Wäsche mit 60 Grad zu waschen oder für mindestens 24 Stunden tiefgekühlt zu lagern.

ROBERT LOUIS STEVENSON

Wer war Robert Louis Stevenson?

Robert Louis Stevenson, 1850 geboren, entstammte einer streng gläubigen, protestantischen Familie aus Schottland. Sein Vater hatte es mit der Errichtung von Leuchttürmen zu einem guten Auskommen gebracht, das dem einzigen Sohn eine unbeschwerte Kindheit und Jugend bescherte. Vor allem die abendlichen Schauergeschichten seiner Gouvernate Cummy prägten in früher Kindheit seine wilde Fantasie. Schon in jungen Jahren bereiste er mit seiner Mutter den europäischen Kontinent und lernte mehrere Sprachen auf diversen Kuraufenthalten. Das Ingenieursstudium schmiss er nach kurzer Zeit wieder hin – er sollte den Beruf des Vaters erlernen – und widmete sich mehr dem Schreiben. Für ihn war schon früh klar, dass nur die Schriftstellerei sein Lebenselixier war. Ein vom Vater verordnetes Jurastudium zog er noch pflichtbewusst bis zum Examen durch, ohne jemals den Beruf auszuüben. Schon während des Studiums veröffentlicht er erste Essays und kleinere literarische Projekte und arbeitete fortan als freier Schriftsteller und Romancier. Wanderungen durch die schottischen Highlands, Kreuzfahrten auf einem Schoner um die Hebriden, der Aufenthalt in der freien Natur, das war es, was er liebte. Er verfasste darüber sogar ein Essay mit dem Titel »Walking Tours, der Sinn des Gehens«. Mit seinem Cousin machte er 1875 auf einer Kanufahrt in Frankreich die Bekanntschaft mit der verheirateten Amerikanerin Fanny Osbourne und lebte schon bald darauf mit ihr zusammen in Paris. Zwei Jahre nach seiner abenteuerlichen Wanderung durch die Cevennen, kurz nach Erscheinen seines Reiseberichts, heiratete er die Künstlerin in San Francisco. In den Jahren darauf stieg seine Popularität mit seinem Roman »Die Schatzinsel« und seiner raffinierten psychologisch gefärbten Novelle »Der seltsame Fall des Doktor Jekyll und

Sehenswerte Ausstellung über Stevenson in Le Bouchet-St-Nicolas (Etappe S 2).

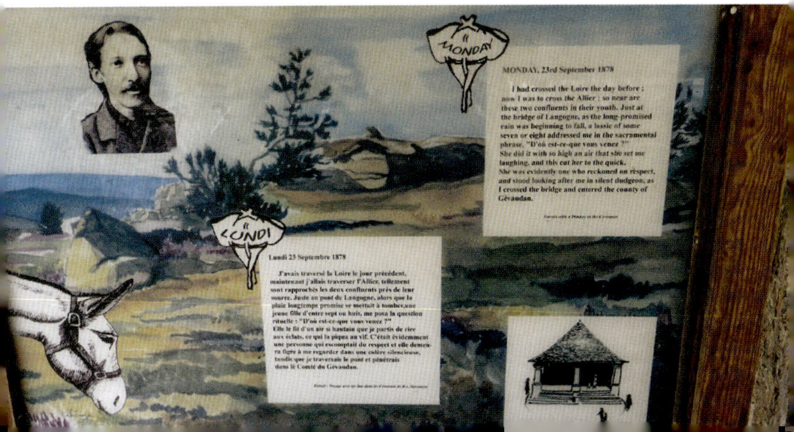

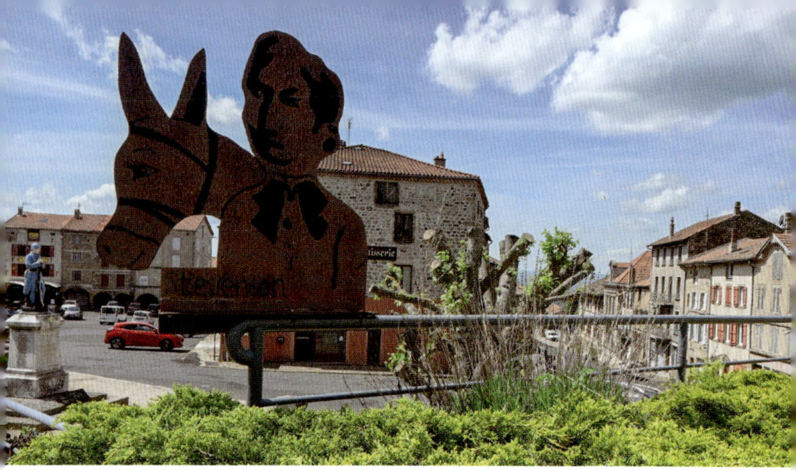

R. L. Stevenson aus Blech …

Mister Hyde«, die ihm bald zu weltweitem Ruhm verhalfen. Auch zusammen mit seinem Stiefsohn Lloyd Osbourne veröffentlichte er Novellen und einen Roman. Nach Aufenthalten in London, New York und Reisen durch die Südsee siedelte die Familie 1890 nach Samoa um, wo er nach glücklichen Jahren und, endlich von seinem Asthmaleiden befreit, unerwartet mit 44 Jahren ganz plötzlich an einem Hirnödem verstarb.

Reise mit dem Esel durch die Cevennen

Was macht ein schottischer Schriftsteller in den weltabgeschiedenen Höhen und Tälern der Cevennen? Stevensons um 10 Jahre ältere Partnerin Fanny Osbourne reiste mit ihren zwei Kindern im Frühsommer 1878 nach Amerika, um die Trennung von ihrem Ehemann zu erwirken. Der sensible Schriftsteller, verliebt bis über beide Ohren, zweifelte an dem Ergebnis ihrer Reise und beschloss, in der Abgeschiedenheit der Cevennen, inmitten einer unberührten Natur, seine Ängste um die Zukunft zu vergessen. Aus seiner Korrespondenz geht hervor, dass seine größte Sorge darin bestand, die Frau, die er liebte, nicht heiraten zu können. Die Cevennen fand er darüber hinaus seiner schottischen Heimat sehr ähnlich, so schrieb er in Le Monastier: *»Im großen und ganzen ist es eine schottische Landschaft, wenn auch weniger großartig, wie die schönste, die Schottland zu bieten hat; und durch einen merkwürdigen Zufall ist der Menschenschlag auf seine Weise ebenso schottisch wie das Land«*. Die Geschichte der schottischen Covenanters, die im 17. Jh. für ihren presbyterianischen Glauben kämpften, waren für ihn vergleichbar mit den Glaubenskämpfen der Camisarden in den Cevennen. Diese Schauplätze, über die er gut informiert war, wollte er aufsuchen. Ein weiteres Motiv war seine Beschäftigung mit der

Novelle »Le Marquis de Villemer« von George Sand, die im Velay von einer unglücklichen Liebe handelte und damit Parallelen zu seinen Gefühlswelten zeigte. So reiste er im August 1878 nach Le Puy-en-Velay, besorgte sich einigen Reiseproviant und fuhr im September mit der Kutsche nach Le Monastier-sur-Gazeille. Dort deckte er sich in einem einmonatigen Aufenthalt üppig ein, besorgte sich unter vielem anderen einen Spirituskocher, Wein, Dosenwurst, eine Lammkeule und sogar einen Revolver. Mit einem selbst entworfenen Schlafsack, der auch als Decke benutzt werden konnte, hoffte er, die Nächte im Freien gut zu überstehen. Um die ganzen Lasten zu transportieren, erstand er auf dem Marktplatz von Le Monastier eine Eselin für 65 Franc und ein Glas Brandy. Er taufte sie Modestine (die Bescheidene) und zog tags darauf los. In 12 Tagen wanderte er durch teilweise unberührte Landstriche. Vom sanftwelligen Velay an der Loire über das wilde und bergige Gévaudan (so der Name der früheren Grafschaft) führte seine Wanderung schließlich über die höchste Erhebung der südlichen Cevennen, den Mont Lozère (1699 m), ins Languedoc. Unterwegs unterhielt er sich ausführlich mit der Landbevölkerung und charakterisierte ihre Eigenarten auf amüsante und ironische Weise. In einem Schulheft schrieb er jeden Morgen seine Erlebnisse auf. Durch seine calvinistische Erziehung hegte er große Sympathien mit den hugenottischen Camisarden, die sich 175 Jahre zuvor erbitterte Kämpfe mit dem katholischen Königshaus lieferten. Vielerorts war man über seine detailreichen Kenntnisse dieser heftigen und blutigen Kämpfe erstaunt. Meist schlief er unter freiem Himmel, was er sehr schätzte. Allerdings vermisste er dabei oft seine geliebte Fanny. *»Um im Freien mit der geliebten Frau zu leben, ist für einen Mann von allen Leben das vollkommenste und freieste«.* Aber auch in den einfachen Dorfgasthäusern liebte er es, ohne Komfort, mancherorts in der Wohnstube der Gastfamilie, zu nächtigen. Nach 12 Tagen kam er in St Jean-du-Gard an und beendete seine Wanderung. Im Reisebericht »Reise mit dem Esel durch die Cevennen«, das auf seinen Tagebuchaufzeichnungen gründete, schrieb er amüsant mit viel Wortwitz aber auch Selbstironie seine Erlebnisse nieder. Seine Anekdoten über die Eseldame Modestine wurden auch als hintergründige Anspielung auf seine Beziehung mit Fanny Osbourne interpretiert, die ihm des öfteren die Stirn bot. Im Jahr darauf erschien sein Reisebericht »Travels with a donkey«, der etwa 100 Jahre später als Vorgabe für den beliebten Fernwanderweg diente.

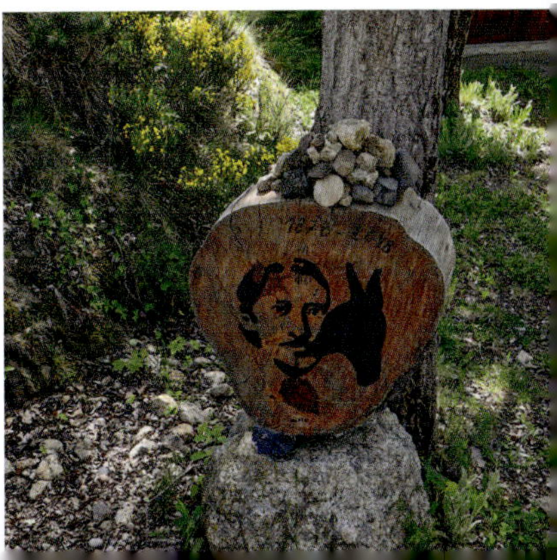

... und aus Holz.

DIE CEVENNEN

Geologie, Geografie und Klima

Das französische Zentralmassiv ist das landschaftsbestimmende Element im Südosten Frankreichs. Zwischen den Grabensenken von Rhonetal im Osten, dem Limousin und dem Aquitanischen Becken ragen die Grundgebirgsschollen aus Gneisen, Schiefern und Graniten hervor. Ihre geologische Entstehung beginnt im Erdaltertum. Vor etwa 400 Mio. Jahren begann die variskische Gebirgsbildung, die gewaltige Sedimentschichten des vorher vom Meer bedeckten Landes anhob, senkrecht stellte, verformte und teilweise überformte (metamorhisierte), woraus die späteren Schiefergänge der Cevennekämme hervorgingen. Das bis zu 7000 m hohe Urgebirge wurde bis zum Ende des Perm vor 250 Mio Jahren wieder abgetragen und nur der variskische Faltenrumpf, das permische Rumpfgebirge, blieb bestehen. Im Erdmittelalter sorgten Flüsse und Meerestransgressionen für Überflutungen und Ablagerungen, die auch die Kalksteinsockel der kaum besiedelten Hochflächen (Causses) bildeten. Erst im Tertiär, im Zusammenhang mit der alpidischen Faltung vor etwa 60 Mio. Jahren, entstand der heutige Umriss Südfrankreichs. Im Zuge der Hebung von Alpen und Pyrenäen wurden Teile des Rumpfes des variskischen Urgebirges im Südosten des Zentralmassivs erneut angehoben und gefaltet. Es entstand eine Abkippung in nordwestlicher Richtung, was zur Folge hat, dass die Übergänge zum Limousin und Pariser Becken allmählicher erfolgen als jene zum Rhonegraben oder zur Küstenebene. Dies erklärt auch die vermehrte Entwässerungsrichtung der Flüsse aus den Cevennen zum Atlantik. Auf den verkarsteten Hochflächen der Causses bildeten sich allmähliche tiefe Schluchten

Gorges du Tarn.

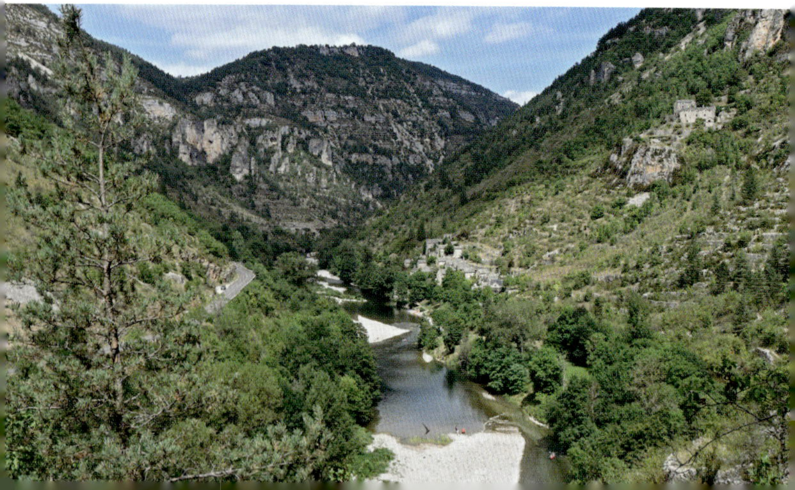

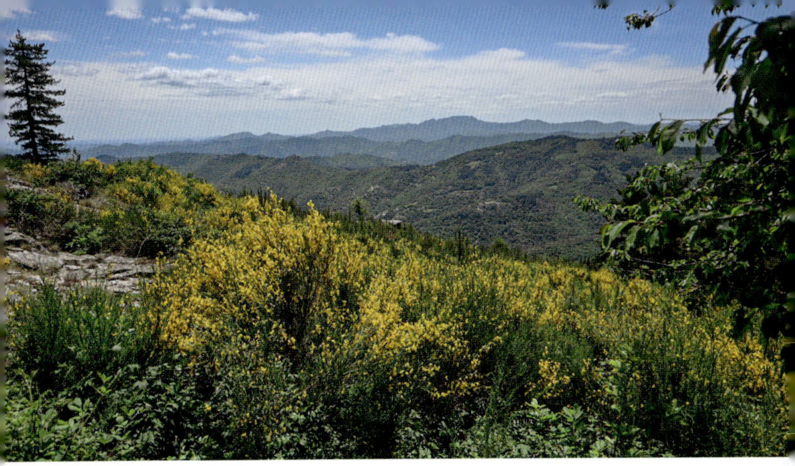

Herrliche Fernblicke auf den Cevennenhöhen im Süden (Etappe S 12).

wie die Gorges du Tarn, Gorge de la Jonte oder das Tal der Ardèche. Aber erst vor 2 Mio. Jahren gestaltete sich die Landschaft hin zum heutigen Erscheinungsbild, die insbesondere im Norden von starkem Vulkanismus, geprägt wurde. Die einmalige Landschaft der Auvergne mit über 50 Vulkankegeln und dem Basaltplateau des Velay formte sich bis zum einsetzenden Pleistozän heraus.

Die Cevennen bilden das Zentrum des Mittelgebirges und werden gemeinhin in drei Zonen gegliedert. Im Norden wird die wellige Landschaft überprägt von den mächtigen Vulkankegeln der Auvergne. Im Süden sind die durch tief eingeschnittene Flusstäler getrennten Hochflächen der Causses landschaftsbestimmend. Inmitten dieser, zwischen Causse Méjean und Causse de Sauveterre, hat sich die Tarn tief eingegraben und schuf das grandiose Lanschaftsbild der Gorges du Tarn. Der Steilabfall des Gebirges nach Südosten zum Rhonetal und zur Garriguezone des Languedoc mit den Gardontälern ist das Herz der Cevennen. Nur Letzteres sind für Stevenson und für die Einheimischen die eigentlichen Cevennen, wie er erläutert: »*In weiterem Sinne befand ich mich in Le-Monastier zwar in den Cevennen, wie übrigens auch auf meinem gesamten bisherigen Wanderweg. Landläufig gibt es aber einen strengen Sinn, in welchem nur diese wirre und struppige Gegend zu meinen Füßen Anspruch auf den Namen hat, und in diesem Sinne verwenden ihn die Bauern. Es sind also die Cevennen par excellence, die Cevennen der Cevennen*«, schrieb er, auf dem Mont Lozère angekommen.

Abgeschiedene Täler, durch Bergzüge voneinander getrennt, prägen den zentralen Teil der Cevennen. Über Jahrhunderte stellten nur Maultierpfade und die sogenannten Drailles, die Herdenwege der Schafe, die Verbin-

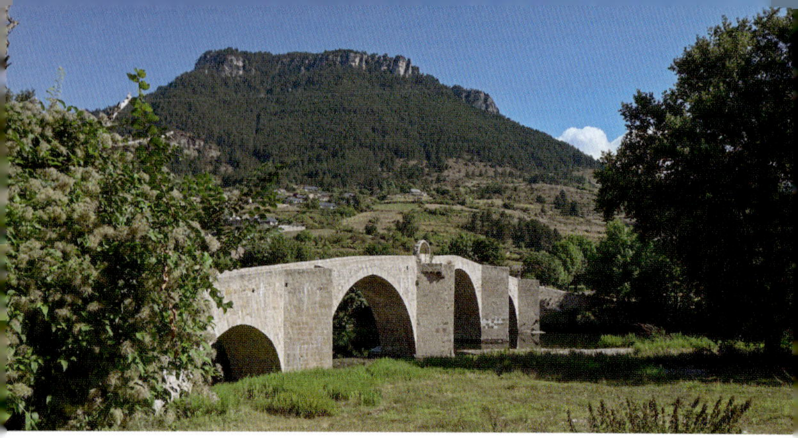

Alte Bogenbrücke über die Tarn bei Ispagnac (Etappe T 1).

dungen zwischen den Dörfern her. Die Gipfel Mont Lozère (1699 m) und Mont Aigoual (1567) bestehen überwiegend aus Granit und bilden auch die Wetter- und Wasserscheide. Auf dem Lozère-Massiv entspringt der Tarn und fließt über die Garonne zum Atlantik, während Hérault und Gardon zum Rhonetal entwässern. Die kahlen Kuppen der beiden Höhenzüge sind extremen Schwankungen unterworfen. Neben heißen Sommermonaten können kräftige Winterwetterlagen ganze Orte von der Außenwelt abschneiden. Im Zusammenprall von mediterranen, feuchten Luftmassen mit kalter, atlantischer Luft entstehen oft katastrophale Wolkenbrüche mit heftigen Überschwemmungen, denen viele Brücken nicht standhalten. Am Südabhang der Cevennen zum Languedoc herrschen mediterrane Klimaverhältnisse mit sehr heißen Sommern. Kaum ergiebige Böden in den Hochregionen von Causse und Cevennen bieten nur wenig Grundlagen für den bäuerlichen Broterwerb. Entsprechend dünn blieb die Besiedlung der Bergregionen. Nur am südlichen Abfall des Gebirges, in den Gardon-Tälern, konnten Esskastanien und Seidenraupenzucht über Jahrhunderte ein leidliches Auskommen garantieren. Mit zunehmender Erschließung und Motorisierung setzte zusätzlich im letzten Jahrhundert eine Landflucht größeren Ausmasses ein, die heute zum Teil vom Tourismus aufgefangen wird.

Der Cevennen-Nationalpark

Der Park Nationale des Cévennes in Südfrankreich ist einer von elf französischen Nationalparks. Das 1970 ausgewiesene Gebiet umfasst 938 qkm in der Kernzone und erstreckt sich im Südosten über das Département Lozère und im Nordwesten über die Départements Gard, Ardèche und Herault. Innerhalb der Parkgrenzen wohnt eine ständige Bevölkerung von ca. 71.000 Menschen in 120 Gemeinden. In der ausgeschilderten Kernzone mit strikten Regeln leben etwa 600 Menschen. 1985 wurde der Park zum Biosphärenreservat und 2011 zum UNESCO Weltnaturerbe erklärt. Er umfasst im Wesentlichen drei Landschaftselemente:

- Die Hoch-Cevennen und damit vorwiegend die Kernzone mit den höchsten Erhebungen Mont Lozère (1699 m) und Mont Aigoual (1567 m).
- Die Causses: So werden die fast vegetationslosen Kalkhochebenen genannt, die bis zu 1250 m hoch liegen und mit tiefen Schluchten durchschnitten sind. Es sind die Causse de Sauveterre nördlich der Tarn und die Causse Méjean südlich davon und ganz im Südwesten die Causse Noir.
- Die in das Schiefergestein tief eingeschnittenen Canyons und Flusstäler von Tarn, Jont und Tarnon.

Die Auszeichnung der UNESCO erfolgte zum einen als Biosphärenreservat für das Gleichgewicht zwischen Mensch und Natur und als Weltkulturerbe für die »mediterrane agropastorale Kulturlandschaft«. Viele vom Aussterben bedrohte Pflanzen- und Tierarten konnten erhalten und wieder ausgesetzt werden. Eine große Vegetationsvielfalt mit 1200 Pflanzenarten, darunter über 40 Orchideenarten und viele endemisch Pflanzen gilt es zu schützen. Erfolgreich wurden Auerhahn, Biber, Gänsegeier und Steinadler (in der Gorges de la Jonte) wieder angesiedelt. Pfade der Transhumanz, die uralten Wege der Schafherden, wurden wieder freigelegt und oft einem sanften Tourismus zur Verfügung gestellt. In besonders reizvollen Regionen gibt es von den Parkbehörden ausgewiesene Rundwege, die über Flora, Fauna, Geologie oder auch Architektur informieren. Ein Schild weist darauf hin, wenn man die Kernzone des Nationalparks betritt.

Informationszentren entlang des Stevensonweges sind das Maison du Parc in Florac und das Musée des Valées Cévenoles in St-Jean-du-Gard, zu finden unter »Patrimoine et Culture« auf cevennes-montlozere.com.

Wir betreten das Herz des Nationalparks der Cevennen.

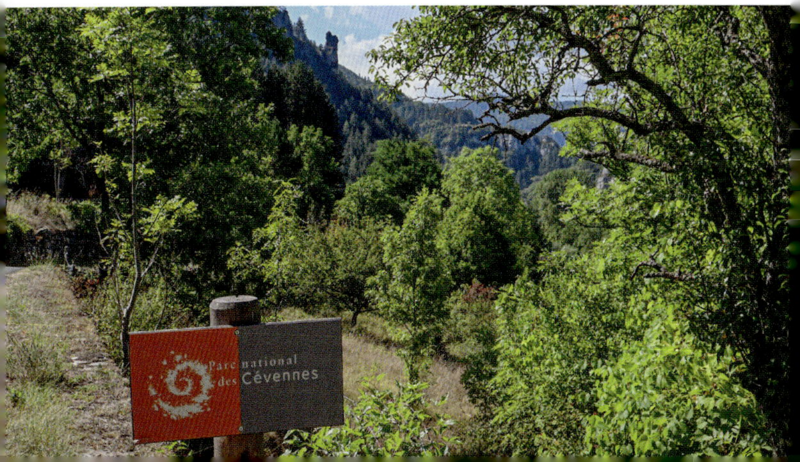

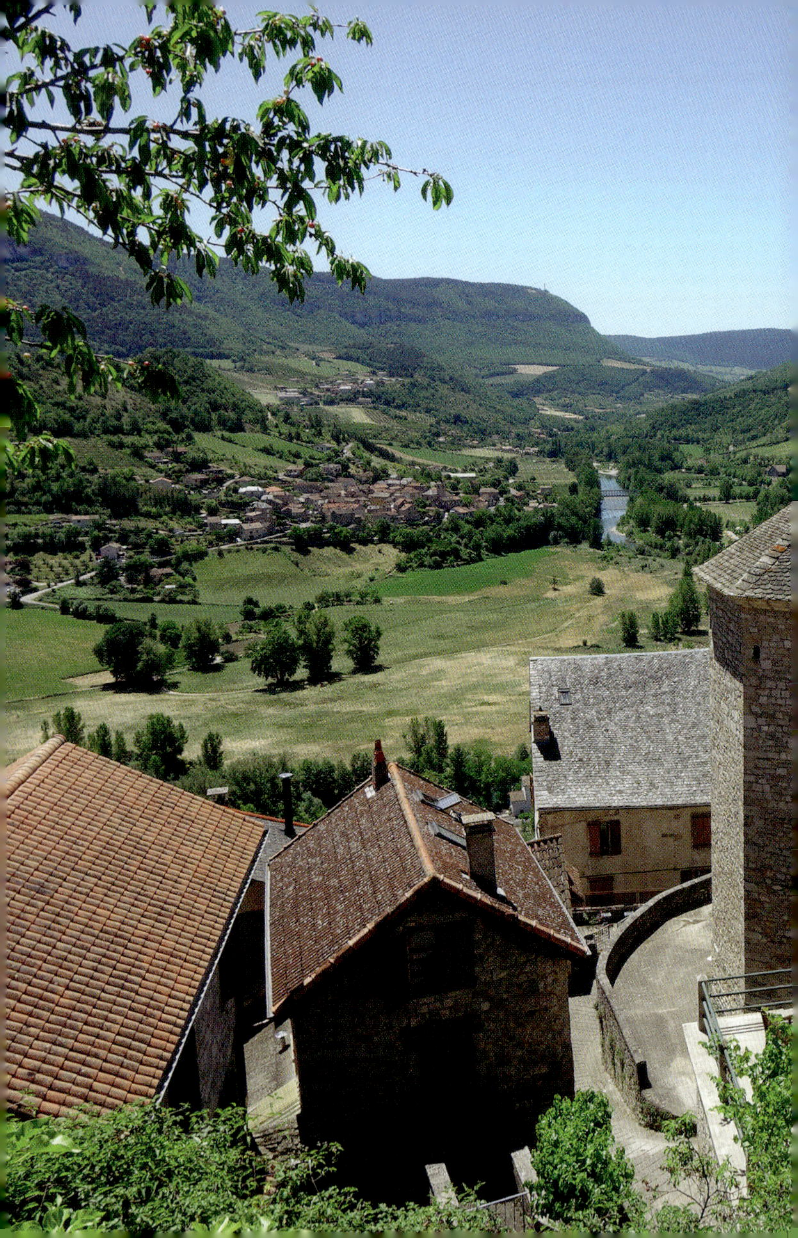

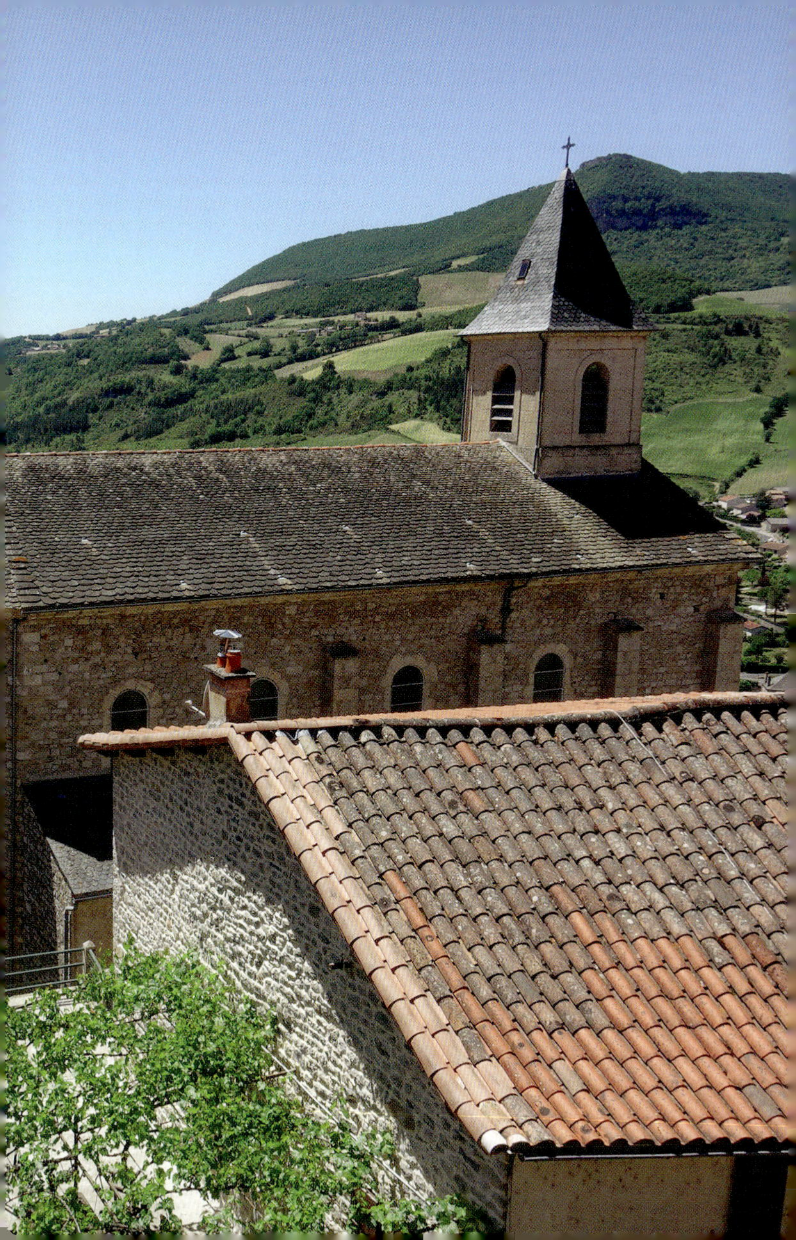

Der Stevensonweg GR 70

Nach Stevensons Tod löste seine Geschichte über die Wanderung mit dem Esel Modestine in Frankreich eine wahre Begeisterung aus. Im Jahr 1894 gründete Paul Arnal, ein junger Höhlenforscher aus Florac, den Club Cévennes, der sich zum Ziel setzte, den Tourismus in den Cevennen zu fördern. Der Verein trug maßgeblich dazu bei, Stevensons Reisebericht, der 1901 erschien, ins Französische zu übersetzen. Aber erst 1978, beim 100. Jahrestag von Stevensons Wanderung, nahm die Geschichte Fahrt auf. Die Reiseroute wurde mit zwei hellblauen Linien – in Anlehnung an die schottische Fahne – markiert und ein erster Reiseführer veröffentlicht. Seit 1994 kümmert sich der in Le Pont-de-Montvert ansässige Verein »Sur le Chemin de R. L. Stevenson« um den kulturellen Weg und gibt jährlich eine handliche Broschüre mit den wichtigsten Informationen heraus (siehe Einleitung, Seite 20). Ausstellungen und kulturelle Veranstaltungen längs des Weges bilden einen zusätzlichen Rahmen um den gesamten Kulturweg. Im Jahr 2015 wurde der Stevensonweg als »europäische Kulturroute« zertifiziert mit den Sätzen: »Robert Louis Stevenson steht für wichtige Werte wie Offenheit gegenüber Anderen, Säkularismus, Unterstützung von Minderheiten oder die Versöhnung der europäischen Völker«.
Heute ist der Stevensonweg in die große Reihe der französischen Fernwanderwege mit der Bezeichnung GR 70 aufgenommen und auf einer Länge von 272 km hervorragend weiß-rot markiert. Aus verkehrstechnischen Gründen bei der An- und Abreise beginnt der Weg in Le Puy-en-Velay und endet in St-Jean-du-Gard. Es wurde also zu Beginn und am Ende jeweils eine Etappe hinzugefügt. Liest man das Buch von Stevenson, was unbedingt als Einstieg zu empfehlen ist, wird man zuweilen feststellen, dass manche Wege nicht mehr dem Original entsprechen. Sie mussten ange-

Schilder aller Art säumen den gut markierten Weg.

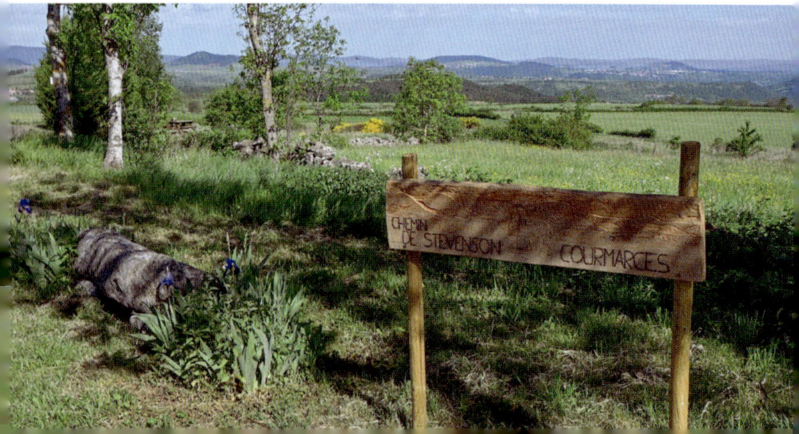

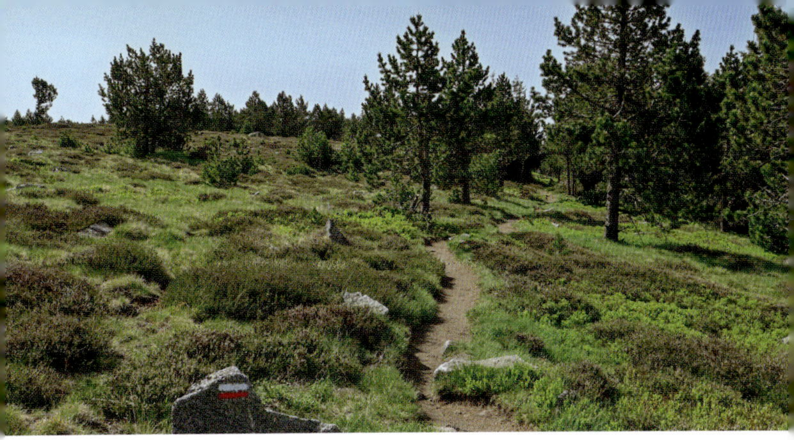

Schmale Pfade führen über die Höhe des Mont Lozère.

passt werden, da aus den ehemaligen Maultierwegen heute Autostraßen wurden, auf denen niemand wandern möchte. Eine weniger anstrengende Alternative, um von Le Puy-en-Velay ins Languedoc zu kommen, ist der fast parallel verlaufende Jakobsweg Chemin de St-Gilles GR 700, der in St-Gilles auf die Via Tolosana trifft. Diese Routenführung wird hier nicht besprochen. Die Tour beginnt im welligen Hügelland des Velay, zwischen den Tälern von Loire und Allier, wo die Vulkankegel von Le Puy noch allgegenwärtig sind. In der mit zahlreichen Hecken gegliederten Landschaft fühlte sich Stevenson sehr an Schottland erinnert. Nach Überquerung der Loire betreten wir das »wilde Gévaudan« (Stevenson), wo wir nach dem touristischen Zentrum von Langogne am Lac de Naussac in immer einsamere Gefilde der ehemaligen Grafschaft vorstoßen. Über den Fôret de Mercoire, der einst durch die Schauergeschichten des Biests von Gévaudan (siehe Etappe S 5) traurige Berühmtheit erlangte, wandern wir zu den Goulet-Höhen, auf denen der Lot, einer der längsten Flüsse Frankreichs, entspringt. Höhepunkt ist die kahle Kuppe des Mont Lozère, von der aus (bei guter Sicht) ein fantastischer Rundumblick über das gesamte Massiv der Cevennen garantiert ist. Am Fuß des Bergmassivs, im Tal der noch jungen Tarn, treffen wir in Le Pont-de-Montvert auf die Spuren der Camisarden (siehe Etappe S 10), deren Geschichte uns für den Rest der Strecke begleitet. Entlang üppiger Kastanienwälder, teils auf einer historischen Bahnstrecke, überqueren wir auf aussichtsreichen Höhenzügen die Südabdachung des Gebirges, wo die Landschaft zusehends mediterrane Züge annimmt. Eine letzte grandiose Etappe, die uns einiges abfordert – Stevenson fuhr sie mit der Kutsche –, bringt uns schließlich nach Alès in die Senke des Languedoc, dem Ziel unserer Wanderung.

S 1 Le Puy-en-Velay – Le Monastier-sur-Gazeille

5.45 h | 19.6 km | ↗700 m | ↘410 m

Unterkünfte: Le Puy-en-Velay (644 m, 19.210 EW): **1.** GE Des Capucins, 19B, €, 29 Rue des Capucins, Tel. 04 71 04 28 74, lescapucins.net, HP, Wifi, Küche, deutsch, engl., ganzjährig, Langzeitparken möglich. – **2.** GE Accueil Saint Francois, 19B, €, 6 Rue Saint Mayol, Tel. 04 71 05 98 86 oder 06 63 81 48 37, gite.stfrancois@wanadoo.fr, Küche, deutsch, engl., ab 14 Uhr, ganzjährig, zentrale Lage, Langzeitparken möglich. – **3.** GE Association Grand Séminaire-Accueil Saint Georges, 4 Rue Saint Georges, 100 Z, €, Tel. 04 71 09 93 10, grandseminaire43@live.fr, engl., 14–21.30 Uhr, HP, Tiere möglich, ganzjährig. – **4.** GE Auberge de Jeunesse, 9 Rue Jules Vallès, Centre Pierre Cardinal, 50 B, €, Tel. 04 71 05 52 40, hifrance.org, engl., 14–22.30 Uhr, Sonntag, Feiertag, 18–21 Uhr, Juli und Aug. tgl. 16–23.30 Uhr, ganzjährig. – **5.** CdH La Sylve, 29 Quater Rue des Capucins, 3 Z, €€, Tel. 04 71 05 53 61 oder 06 11 12 51 77, sylvie-vangre@hotmail.fr, Wifi, 14–22 Uhr, deutsch, engl., ganzjährig. – **6.** CdH Logis Meymard, 24 Rue Meymard, 3 Z, €€, Tel. 04 71 09 63 24 oder 06 62 72 35 69, miramande@orange.fr, Wifi, engl., ganzjährig. – **7.** CdH La Terrasse de Marie, 3 Rue Oddo de Gissey, 2 Z, €€, Tel. 06 03 71 38 11, anneceline2025@hotmail.com, engl., ganzjährig. – **8.** Hôtel Ibis Budget, 25 Avenue Charles Dupuy, 100 B, €€, Tel. 04 71 02 83 41 oder 08 92 68 04 79, H2495@accor.com, Wifi, deutsch, engl., ganzjährig, Hunde erlaubt, Nähe Bahnhof. – **9.** Hôtel Ibis Centre, 1 Avenue d'Aiguilhe, 57 Z, €€, Tel. 04 71 02 22 22, H0972@accor.com, Wifi, deutsch, engl., Hunde erlaubt, ganzjährig. – **10.** Hôtel Bristol, 9 Avenue du Maréchal Foch, 44 Z, €€, Tel. 04 71 09 13 38, lepuy-hotelbristol.com, deutsch, engl., ab 14 Uhr, 8. Jan–21. Dez. – **11.** Hôtel Le Bilboquet, 52 Faubourg St-Jean, 48 B, €€, Tel. 04 71 09 74 24, hotel-bilboquet.fr, Wifi, engl., Hunde erlaubt, ganzjährig, Parken 30 € / Woche. – **12.** Camping Aquadis Loisirs, Av Bonneville, €, Tel. 04 71 09 55 09, camping.puyenvelay@aquadis-loisirs.com, Wifi, engl., Hunde erlaubt, 9–12 und 14–19 Uhr, 1. Apr.–25. Okt.
Coubon (633 m, 3140 EW): Camping de Coubon, Route du Plan d'Eau, €, Tel. 06 80 96 89 00, info@lacabale.fr, Wifi, Hunde erlaubt.
Le Mont (983 m): GE Montcalm, Le Mont, 10 B, €, Tel. 06 81 10 56 90, montcalm.jimdofree.com, HP, Wifi, Küche, Hunde erlaubt, Mitte April – Mitte Okt., ab 15 Uhr.
Le Monastier-sur-Gazeille (935 m, 1790 EW): **1.** GE File dans ta chambre, 25 Rue St-Pierre, 8 B in 3 Zimmer, €€,

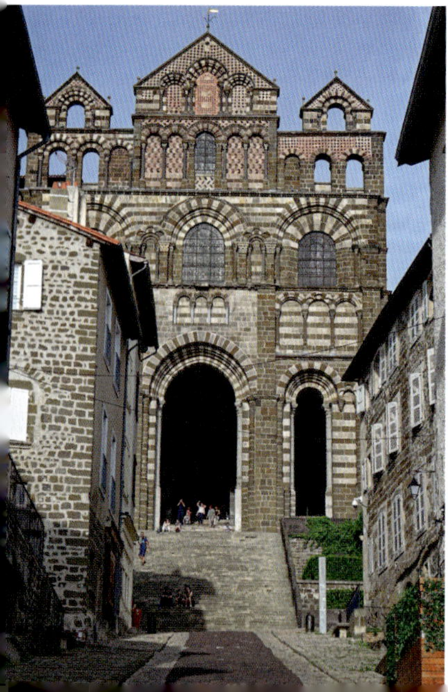

Ausgangs- und Zielort zahlreicher Pilger: die Kathedrale von Le Puy-en-Velay.

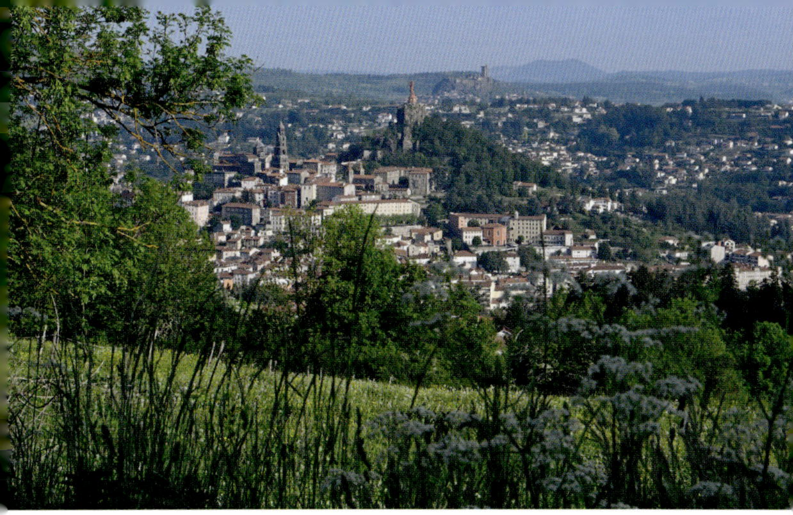

Blick zurück auf Le Puy-en-Velay, die Stadt der Vulkanhügel.

Tel. 06 74 59 22 72, filedanstachambre@outlook.fr, engl., Küche, April–Okt., ab 15 Uhr. – **2.** GE Le Stevenson, 32 Rue Langlade, 8 B in 3 Zimmer, €, Tel. 06 04 40 28 98, gite-monastier.com, HP, Wifi, Hunde und Esel erlaubt, Küche, April–15. Okt., ab 12 Uhr. – **3.** GE L'Aquarium, 22 Rue Langlade, 10 B im Dortoir, €, Tel. 06 10 87 04 91, christophe.moulin37@sfr.fr, HP, Wifi, Langzeitparken möglich, ganzjährig. – **4.** GE L'ile au Trésor, 7 Place du Couvent, 13 B im 2er-, 3er-, 5er-Z, €,Tel. 06 11 56 15 69, barloquette.jimdofree.com, HP, Wifi, April–Okt. – **5.** GE und Camping L'Estela, Route du Moulin de Savin, €, Tel. 04 71 03 82 24 oder 06 87 48 60 28, campingestela.fr, HP, Wifi, Küche, Hunde und Esel erlaubt, April–Mitte Okt., Langzeitparken möglich, ab 15 Uhr. – **6.** CdH Blaisine et Philomène, 50 Rue St-Pierre, 6 B, €€, Tel. 04 71 03 80 26 oder 06 72 25 39 00, elisabeth.chalindar@wanadoo.fr, Wifi, Tiere auf Nachfrage erlaubt, April–Okt., ab 14.30 Uhr. – **7.** Hôtel Chèvre & Chou, 1 Rond-Point des Acacias, 10 B, €€, Tel. 04 71 08 38 11, chevreetchou.com, HP, Wifi, Langzeitparken möglich, ganzjährig. – **8.** Hôtel Le Moulin de Savin, Le Chemin de Gazeille, 20 B, €€, Tel. 07 68 82 27 28, venosino.gabriel@orange.fr, HP, Wifi, Hunde erlaubt.

Die Strecke: Gut markiert. Zu Beginn meist Wirtschaftswege, die zum Teil in Pfade übergehen. Wunderschöner Höhenpfad kurz vor dem Abstieg ins Tal der Gazeille.

Kritische Stellen: Abzweig auf der Hochebene nach L'Holme beachten.

Landschaft: Über einen Höhenzug geht es wieder hinab ins junge Loire-Tal bei Coubon, bevor wir zum Hochplateau du Mézenc emporsteigen.

Infrastruktur: Le Puy-en-Velay; Coubon; Le Monastier-sur-Gazeille.

Anmerkungen: Im OT von Le Monastier-sur-Gazeille (im Klostergebäude) erhalten Sie einen Plan für einen Rundgang zu den historischen Sehenswürdigkeiten des Ortes. Donnerstag Abend gibt es vor der Kapelle St-Jean einen Markt mit regionalen Produkten.

Le Puy-en-Velay

Inmitten der vulkanischen Landschaft der Auvergne ragen im Tal der jungen Loire die markanten Felskegel von Le Puy-en-Velay empor. Die Stadt zählt knapp über 19.000 Einwohner und ist die Hauptstadt des Départements Haute-Loire. Durch ihre abseitige Lage ist sie heute von Abwanderung gekennzeichnet. Rund um die Reste der ehemaligen Vulkanschlote und Basaltkuppen siedelten Menschen schon in der Frühzeit, was prähistorische Funde bezeugen. Der Aufschwung begann im Mittelalter, als der Ort zum bedeutenden Zwischenziel und auch Ausgangspunkt der Via Podiensis, einem der vier großen Pilgerwege nach Santiago de Compostela, wurde. Massenhaft strömten die Pilger herbei, die auf dem Jakobsweg ihr Heil suchten, ein Phänomen, das heute wieder eine Renaissance erlebt, wenn auch aus anderen Motiven. Anziehungspunkt in Le Puy war die ***Kathedrale Notre Dame*** *auf dem Mont Anis, auf dem schon die Kelten eine bedeutende Kultstätte hatten. Später wurde die Heilung einer kranken Witwe auf dem Fieberstein (Pierre de Fèvre), begleitet von einer Marienerscheinung, von den Christen als Kultstätte überprägt. Wegen dem geheimnisvollen Stein und einer schwarzen Madonna, die über dem Altar hängt, kamen die Pilger in Scharen und trugen zum Aufschwung der Stadt bei. Die heutige Kathedrale stammt aus dem 12. Jh. und gilt als eine der bedeutendsten Marienwallfahrtsstätten Europas. Einmal im Jahr, am 15. August (Mariä Himmelfahrt), verlässt die aus Ägypten stammende, schwarze Madonna die Kirche und wird in einer Prozession durch die Stadt verehrt. Es handelt sich allerdings um eine Kopie der Statue, da das Original in den Wirren der Französischen Revolution 1789 zerstört wurde. Der vorwiegend romanische Baustil der imposanten Kathedrale weist auch byzantinische Einflüsse auf. Beeindruckend ist der Gang hoch zur hell-dunkel gemusterten Westfassade, der man sich über eine monumentale Freitreppe mit über 100 Stufen nähert.*

Rechts und links des Weges bieten Handwerksläden ihre Produkte an, die an die Zeit der Spitzenklöpplerinnen erinnern. Bis zu 70.000 Frauen verdienten sich im 19. Jh. rund um Le Puy damit den Lebensunterhalt. Stevenson hatte noch die Gelegenheit, die Ausführung dieses Handwerks vor Ort zu beobachten: »Es ist ein Volk von Spitzenklöpplerinnen. Die Frauen sitzen in Gruppen zu fünf oder sechs auf der Straße, und von einer Gruppe zur anderen hört man das Geräusch ihrer Spulen… Sie tragen durchsichtige Schals, um den Kopf weiße Hauben, die mit einem Band in heiterer Farbe geschmückt sind und manchmal einen schwarzen Räuberhut aus Filz über der Haube«. Direkt neben dem Kirchenhaus befindet sich das ***Hôtel-Dieu****. Die einstige Herberge und Hospital für mittellose Pilger ist heute ein Museum zur Stadtgeschichte und Landschaftskunde. Der Kreuzgang* ***(Cloître)*** *neben der Kathedrale mit seinen reich verzierten Kapitellen zählt zu den schönsten Frankreichs und sollte unbedingt besichtigt werden.*

Über dem Gotteshaus, auf dem höchsten Basaltkegel der Stadt, dem Rocher Corneille, überragt eine kolossale rötliche Marienskulptur, die ***Notre Dame de France****, das Tal. Sie wurde 1860 aus 232 eingeschmolzenen Kanonen des Krimkrieges errichtet. Von ihrer Aussichtsplattform genießt man einen der besten Ausblicke über die Stadt. Genauso überwältigend ist der traumhafte Rundumblick vom 82 m hohen Aiguilhe-Felsen, einem ehemaligen Basaltschlot. Auf 268 Stufen steigt man zur romanischen Kapelle* ***St-Michel-d'Aiguilhe*** *empor. Es sind aber nicht nur die religiösen Bauwerke, die Le Puy-en-Velay auszeichnen. Seine mittelalterlichen Gassen und Plätze verströmen ein Flair vergangener Pilgerzeiten. Mittelpunkt ist der Place du Plot rund um das Rathaus, wo man sich an samstäglichen Markttagen mit französischen Spezialitäten eindecken kann – allen voran die berühmten grünen Linsen (lentille) von Le Puy. Sollten Sie zufällig in der dritten Septemberwoche in Le Puy sein, haben Sie das Glück, am farbenfrohen Spektakel des Renaissance-Festes Fète du Roi de l'Oiseau teilzunehmen. Vier Tage lang feiern die Bewohner in historischen Gewändern mit Musik, Straßenkünstlern und Umzügen. In den verwinkelten mit Kopfstein gepflasterten Gassen werden historische Gerichte serviert. Auf bunten Märkten kann man alte Handwerkskünste bestaunen – ein Augenschmaus der besonderen Art, das auch der Autor miterleben durfte. Infos unter roideloiseau.com.*

Wir beginnen unsere Tour in der ehrwürdigen Pilgerstadt **Le Puy-en-Velay** ❶. Die Etappe bis zu dem Ort, an dem Stevenson seinen Esel Modestine für 65 Francs und ein Glas Brandy erstanden hat, ist ein wunderbarer Auftakt für den Chemin de Stevenson. Los geht's im alten Ortskern von Le Puy an der Église du Collège, von der aus wir in südlicher Richtung bis zum stark befahrenen Boulevard du Maréchal Fayolle marschieren und dort links abbiegen. Schon nach 100 m verlassen wir die Verkehrsader nach rechts und ziehen auf der Avenue Georges-Clémenceau weiter. Wir überqueren eine Kreuzung und die Bahngleise und halten uns 100 m dahinter rechts, wo uns die Wegzeichen die Avenue d'Ours-Mons hinaufschi-

Picknickbänke sind leider rar.

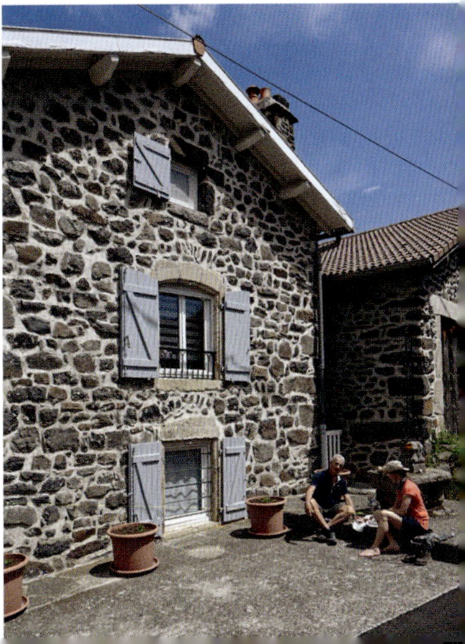

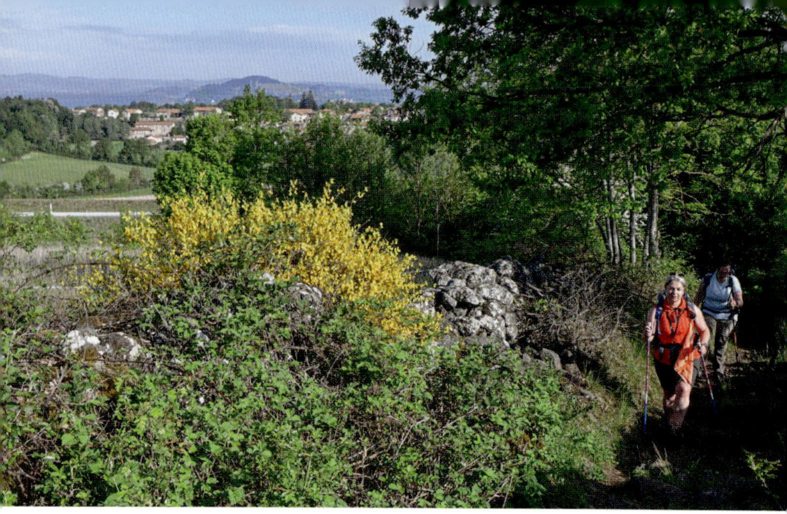

Auf der ersten Etappe voller Vorfreude.

cken. Im Anstieg sollten wir nicht versäumen, immer wieder einen Blick zurückzuwerfen, wo die Madonnenstatue hoch über der Stadt im Morgenlicht glänzt. Zum ersten Mal begegnen uns hier die französischen Wegmarkierungen der GR-Fernwanderwege in weiß-rot, deren Besonderheit noch die gekreuzten Hinweise auf abgehende Wege sind, die man nicht beschreiten soll. Ein System, dem man getrost vertrauen kann. Oben angekommen, nach dem Park zur Linken, biegen wir rechts ab. Hier sei noch als weiteres Markierungskennzeichen der weiß-rote Abbiegepfeil erwähnt. Nach 100 m gehen wir links weiter hoch, am Schwimmbad vorbei. An dessen oberem Ende dürfen wir endlich den Asphalt verlassen und geradeaus einen mit Basalt gepflasterten Naturweg beschreiten. Am Ende des Hohlweges eröffnet sich uns ein herrliches Panorama auf das Tal der Loire bei Le Puy. Wir passieren ein altes Pilgerkreuz mit einem in Stein gemeißelten Christus und haben danach endlich den ersten Anstieg geschafft. An großen, mit Naturstein eingefriedeten Bauernhöfen des Weilers **Ours** 2 vorbei, geht es weiter und nach dem nächsten Kreuz halb rechts berg-

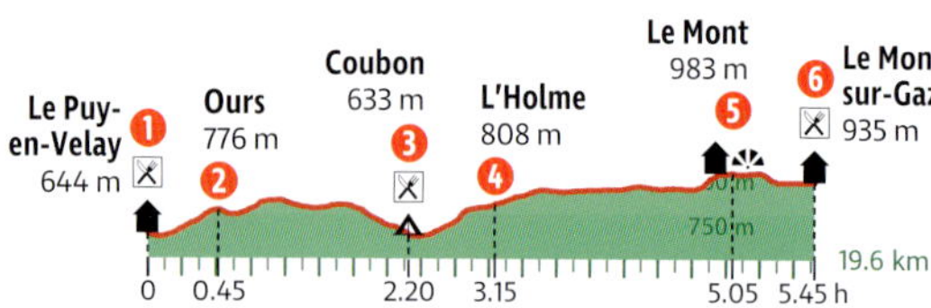

ab längs alter Mauern wieder talwärts. Eine Tafel im sumpfigen Talgrund beschreibt das Naturschutzgebiet Le Marais d'Ours, das im kleinen Areal bis zu 30 seltene Pflanzenarten aufweist. Wenige Meter dahinter biegen wir rechts ab, unterqueren eine Autostraße und einen Wirtschaftsweg und zweigen rechts ab auf einen alten Maultierpfad, der zwischen schattenspendenden Hecken hinanführt. Der Pfad geht über in einen prächtigen, aussichtsreichen Höhenweg durch mauergesäumte Viehweiden mit Blick auf die vulkanischen Kuppen des Velay. An einer Verzweigung biegen wir rechts ab, wandern in großem Linksbogen über die Höhe, halten uns am Funkturm links und wenden uns nach dem Wäldchen an der T-Kreuzung ebenfalls links. Wir tangieren die Autostraße und gehen links die Rue de la Chabanne hinab. Steil führt der Weg hinab ins Tal, wieder an einem alten Pilgerkreuz vorbei, von dem aus wir einen schönen Blick auf das Châteaux de Bouzois genießen dürfen, eines der mächtigtsen Schlösser des Velay. Kurz dahinter geht es rechts hinab nach **Coubon** ❸, wo ein Schild anzeigt, dass wir den 45. Breitengrad überschreiten. Vor der Brücke an der kleinen Grünfläche findet sich in der Ecke eine Trinkwasserstelle. Wir überschreiten die noch junge

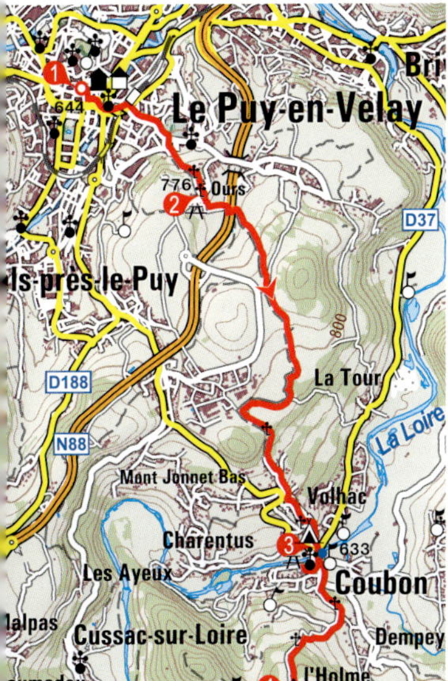

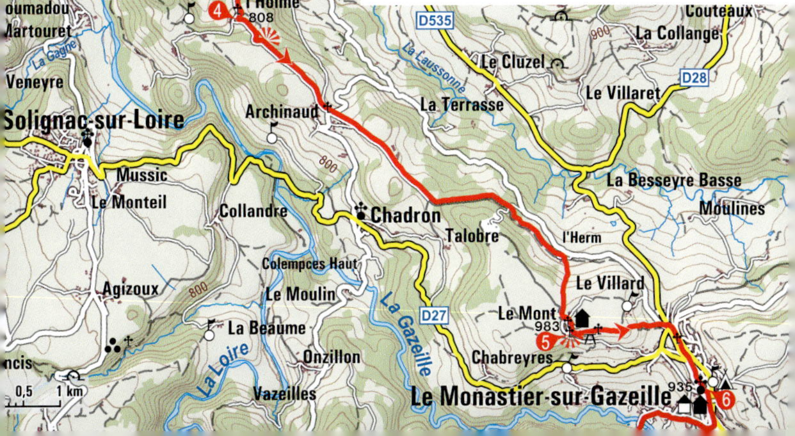

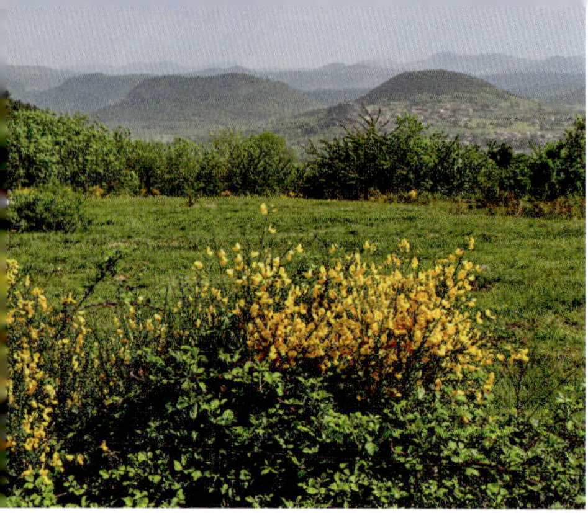

Im Mai verwandelt sich die Landschaft in ein gelbes Gingstermeer.

Loire und finden gegenüber Einkehrmöglichkeiten. Auch daneben im Spiel- und Freizeitpark »Espace Quargnento« bieten sich Bänke in der Flussnähe zum Picknick an (mit Toilette).

Auf der Durchgangsstraße durchstreifen wir das verträumte Dörfchen, das schon einige zerstörerische Hochwasser der Loire erleben musste. Nach der Apotheke verlassen wir die Straße und gehen geradeaus weiter (Route de L'Holme). Der Weg gewinnt nun rasch an Höhe und führt zum Weiler **L'Holme** **4** (manchmal auch L'Olme geschrieben), wo wir links abbiegen. Kurz nach dem Dörfchen geht es über die intensiv genutzte Hochfläche mit überwältigenden Ausblicken auf die Hügelketten rundum. Schließlich wird die Landschaft kleinteiliger mit Wäldern und Hecken zwischen grünen, oft mit Steinmauern abgegrenzten Viehweiden.

Das ehemalige Kloster in Le Monastier-sur-Gazeille.

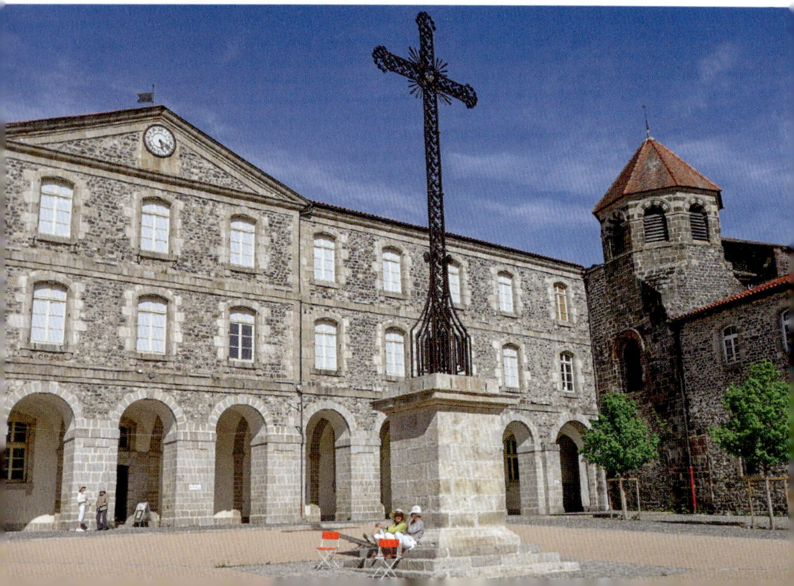

Nicht verpassen: Auf der Höhe an einer Gabelung folgen wir dem links abgehenden Weg (Wegweiser nach L'Herm beachten). Dort, im Weiler L'Herm, biegen wir nach dem Dorfbrunnen rechts ab. Danach geht es auf einem steinigen und schroffen, mit Sträuchern und niedrigen Steinmauern flankierten Hohlweg wieder bergauf zum wunderschönen Weiler **Le Mont** 5 mit regionaltypischen alten Bruchsteinhäusern. Wir passieren die Gîte Montcalm mit einem kunstvoll gestalteten, mittelalterlichen Steinkreuz gegenüber, wie man sie oft in Galizien an den Pilgerwegen antrifft. Am Spielplatz biegen wir halb links ab. Dort, am nächsten Kreuz am Ende des Ortes, bietet sich ein wunderbarer Ausblick auf das Tal der Gazeille. Auf einem traumhaft schönen Terrassenweg geht es erst niveaugleich, später abwärts zum Ausgangsort von Stevensons Tour. Geradeaus, an der Rue Langlade entlang, wandern wir ins Zentrum von **Le Monastier-sur-Gazeille** 6 am Place Francois-d'Estaing.

i ***Le Monastier-sur-Gazeille***

»Le Monastier ist der Hauptort eines hügeligen Cantons in der Haute-Loire, dem früheren Velay. Wie der Name andeutet, liegt der Ursprung des Ortes in einem Kloster, und es gibt dort noch immer ein massives, turmbewehrtes Klostergebäude und eine Kirche, die sich etwas auf Architektur einbildet«. An Stevensons Beschreibung hat sich bis heute wenig geändert. Einen Monat hielt er sich im Ort auf, um seine Reise vorzubereiten, sich mit allerlei Proviant einzudecken und einen Esel zu erwerben. Zur Sicherheit besorgte er sich noch eine Pistole.

Kloster ***St-Chaffre*** *hatte seine Blütezeit im Mittelalter, im 11. und 12. Jh., wo es große Besitztümer im Velay hatte, die bis ins italienische Piemont reichten. 235 Mönche lebten zu dieser Zeit in den Klostermauern. 1787 wurde die Abtei von Ludwig XVI. aufgelöst und während der Französischen Revolution endgültig verwüstet. Die romanische Abteikirche, deren Fassade aus dunklem Basalt und hellem Arkosesandstein hervorsticht, beherbergt eine der ältesten Orgeln Frankreichs aus dem Jahre 1518. Mehr zur Klostergeschichte, zum Leben der Benediktinermönche und zur nie fertiggestellten Bahnlinie Transcevenole erfährt man im Museum* ***»Les Trésors du Monastier«*** *im Hauptgebäude, wo sich auch das Office de Tourisme befindet (Mai–Sept., 9–12.30 und 14–17.30 Uhr). Das* ***Château Abbatial****, etwas oberhalb des Klosters gelegen und aus massiven Basaltsteinen erbaut, stammt aus dem 14. Jh. und sollte den Abt und sein Gefolge mit seinen vier massiven Rundtürmen vor den zunehmenden Überfällen von Straßenbanden schützen. Heute befindet sich in seinen Mauern ein gruseliges wie lustiges Museum über den Volksglauben und übersinnliche Phänomene, das Musée des Croyances Populaires. Ein Raum im Museum ist Stevenson gewidmet (Mai–Sept., 14.30–19 Uhr außer Montag).*

S 2 Le Monastier-sur-Gazeille – Le Bouchet-St-Nicolas

7.00 h | 24.2 km | ↗840 m | ↘550 m

Unterkünfte: Courmarcès (972 m): GE de Courmarcès, St Martin de Fugères, 12 B in 3 Z, €, Tel. 06 95 16 74 43, gitedecourmarces@gmail.com, HP, Wifi, engl., Küche, Esel erlaubt, Camping, Mai–Okt., ab 16 Uhr, alter Hof mit herrlicher Aussicht. **St-Martin-de-Fugères:** (1006 m, 210 EW): GE und CdH Macquart Poa Ranch, Domaine de Bonnefond, 26 B in 4 Z, €, Tel. 06 76 30 71 77 oder 06 07 74 16 17, gite-de-bonnefont.com , HP, Wifi, engl., Hunde und Esel erlaubt, Feb–Nov, 300 m nach dem Ort der Beschilderung der Domaine de Bonnefont folgen. **Goudet** (772 m, 60 EW): **1.** GE und CdH du Pipet, 8 Route du Pré des Moines, 24 B, €, Tel. 06 13 91 37 60 oder 06 10 84 52 27, aubergedupipet@outlook.fr, HP, Wifi, deutsch, engl., Küche, Esel erlaubt, ganzjährig. – **2.** Hôtel de la Loire, Le Bourg, 10 Z, €€, Tel. 06 64 81 28 14, booking.com, HP, Wifi, engl., April–Okt. – **3.** Camping Au Bord de L'Eau (Rock'n Camp), Le Chambon, €, Tel. 04 71 57 16 82, campingauborddeleau.com, Wifi, deutsch, engl., Hunde erlaubt, Mai–Sept., für Rock Fans. **Ussel** (1027 m): GE Le Stevenson, 8 B, €, Tel. 04 43 07 69 64 oder 06 35 10 03 94, gite-stevenson.com, Küche, HP, Wifi, Hunde und Esel erlaubt, April–Okt., ab 15.30 Uhr. **Bargettes** (1093 m)**:** CdH La Ferme, 6 B, €€, Tel. 04 71 57 18 10 oder 06 75 78 39 78, bouboune.gautier@orange.fr, Wifi, April–Okt., ab 16 Uhr. **Le Bouchet-St-Nicolas** (1219 m, 280 EW): **1.** GE La Retirade, Place de l'Église, 24 B in 3 Z, €, Tel. 04 71 02 57 09 oder 06 29 42 61 50, gitelaretirade.com, HP, Wifi, engl., Küche, Hunde und Esel erlaubt, ganzjährig, ab 16 Uhr. – **2.** GE und CdH L'Houstaou, Rue de l'École, 6 B, Dortoir und Zimmer, €, Tel. 06 21 62 02 33, lhoustaou.fr, HP, Wifi, Küche, Esel erlaubt, Mai–Sept. – **3.** GE und CdH L'Arrestadou, Route de Cayres, 13 B, Zimmer oder Roulotte, €, Tel. 04 71 57 35 34 oder 06 27 14 91 96, HP, larrestadou.fr, Wifi, Küche, Hunde und Esel erlaubt, März–Nov. – **4.** GE La Pause auvergnate et Entre lac et chemins, Le Bourg, 6 B, €€, Tel. 06 77 08 10 22 oder 09 70 98 70 57, jpannonces43@gmail.com, HP, Wifi. – **5.** CdH Le Bon Accueil, Le Village, 9 B, €€, Tel. 04 71 57 31 91, aubergeducouvige@gmail.com, HP, Wifi, Hunde und Esel erlaubt, Mai–Mitte Okt., ab 16 Uhr. – **6.** CdH Le Flambeau, Le Bourg, 8 B, €€, Tel. 04 71 00 26 70 oder 06 61 85 13 98, le-flambeau.com , Wifi, engl., ganzjährig. – **7.** CdH Auberge du Couvige, Le Bourg, 15 B, €€, Tel. 04 71 57 32 32 oder 06 68 67 46 83, aubergeducouvige.fr, HP, Wifi, engl., ganzjährig. – **8.** Camping Municipal, Mairie, Le Bourg, 13 Plätze, €, Tel. 04 71 57 32 22, lebouchetsaintnicolas.fr , Wifi, Hunde erlaubt, April–Mitte Nov.

Die Strecke: Gut markiert, wenig Schatten.

Kritische Stellen: Keine.

Landschaft: Aussichtsreiche Etappe mit Ausblicken auf die Vulkanhügel des Velay im Westen als auch auf den Mont Mézenc im Osten. Meist geht es über gut begehbare Feld- und Wirtschaftswege.

Infrastruktur: St-Martin-de-Fugères Bäckerei; Goudet ; Ussel ; Le Bouchet-St-Nicolas .

Variante: Wer Lust auf einen ruhigen Kratersee hat oder gar baden möchte, geht an der ersten Kreuzung in Le Bouchet nach rechts und findet den idyllisch im Wald eingebetteten Lac du Bouchet nach gut einem Kilometer. Am gegenüberliegenden Ufer gibt es ein Restaurant mit schöner Terrasse (lacdubouchet.fr). Auch Stevenson wollte hier campieren, hatte sich jedoch verlaufen und nächtigte dann im Ort in der Auberge Barriol (siehe Infokasten S. 55).

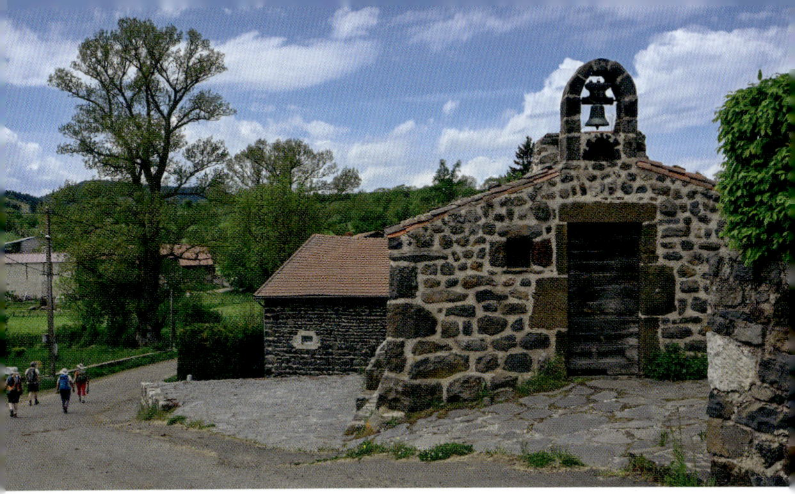

Dorfkapelle im Weiler Montagnac.

Nachdem er seinen Esel für 65 Franc und ein Glas Schnaps erstanden und diversen Proviant besorgt hatte, startete Stevenson in **Le Monastier-sur-Gazeille** ❶ zu seiner Tour durch die Cevennen. Auf seinen Spuren wandern auch wir vom großen Platz in Ortsmitte aus auf der Rue St-Pierre bis zur kleinen Kapelle St-Jean-Baptiste, die aus regionalem Basaltstein und Schiefer erbaut ist. Sie ist die älteste Kirche von Le Monastier mit Ursprüngen, die ins 9. Jh. zurückreichen. Nach rechts führt uns der Weg hinab ins Tal der Gazeille. Nach der Ferienhaussiedlung halten wir uns an der Gabelung links, passieren den Campingplatz und überqueren anschließend den Fluss. Hinter dem Restaurant Moulin de Savin geht es auf dem rechten Zweig wieder bergan (Markierung beachten). Ein unangenehmer Schotterweg aus grobem Basaltbruch, der mit zunehmender Höhe ruppiger wird, bringt uns zur Hochfläche, die Stevenson an die schottischen Highlands erinnert hat. Oben angekommen, bieten sich fantastische Ausblicke in alle Richtungen. Weiter geht es in stetem Auf und Ab durch eine liebreizende Landschaft, deren Viehweiden von Hecken und Steinmauern begrenzt sind. Wir durchqueren den Weiler le Cluzel mit verstreut liegenden Bauernhöfen. Überall hat Stevenson seine Spuren hinterlassen, so auch hier, wo wir nach einer Bachüberquerung auf der Rue Modestine wieder bergauf marschieren. Kurz darauf geht es durch den nächsten hübschen Weiler **Courmarcès** ❷. Wir passieren die Gîtes de Courmarcès in herrlicher Aussichtslage. Dahinter schließt sich eine weite Ebene an mit fantastischen Ausblicken auf die vulkanischen Hügel rundum. Bei den nächsten Häusern von Le Cros bietet sich an einem Brunnen in der Senke eine idyllische Picknickmöglichkeit an. Am Teersträßchen dahinter biegen wir rechts ab und ändern danach

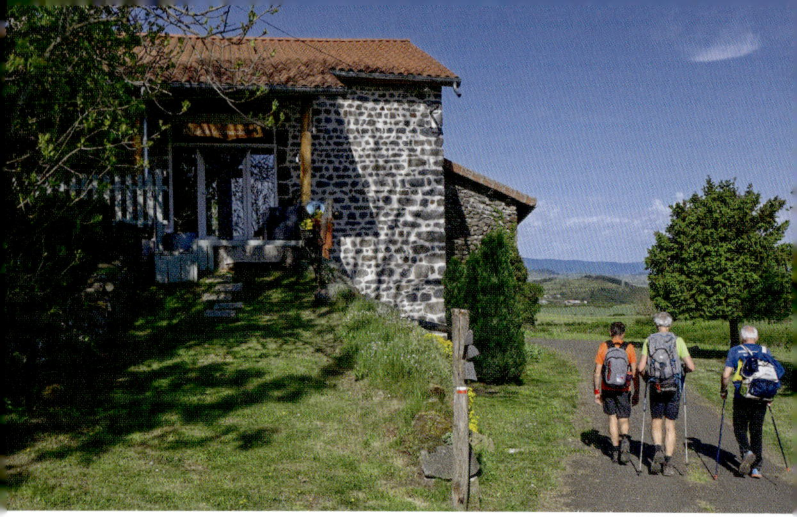

Männertrio auf dem Stevensonweg.

zweimal die Richtung nach links. Der Naturweg führt uns zur D49, die wir überqueren und vor dem Ortsschild nach links wieder verlassen. Auf einem Naturpfad nähern wir uns dem Dorf **St-Martin-de-Fugères** ❸, dessen romanische Kirche aus dem 12. Jh. (umgebaut im 15.Jh.) mit der imposanten Granitfassade und der Glockenturmmauer unter Denkmalschutz steht. Gegenüber lädt eine Boulangerie mit Bar ein zur Rast. Wir gehen an der Kirche vorbei und verlassen die D49 kurz nach der Kreuzung nach links auf den geschotterten Weg.

Wie auf einer Terrasse wandern wir nun über die liebliche hügelige Landschaft mit weiten Blicken. Rechter Hand von uns das Tal der Loire, wo uns bald darauf, nach einem solitär stehenden Haus, ein schroffer und steiniger Pfad hinabführt. Gegenüber blicken wir auf das Château de Beaufort. Unten, in **Goudet** ❹, halten wir uns rechts, überqueren erst einen Zufluss und schließlich den Hauptfluss. Beseelt von der Landschaft, die Schottland ähnelt, schreibt Stevenson in bester Laune *»In dieser Stimmung kam*

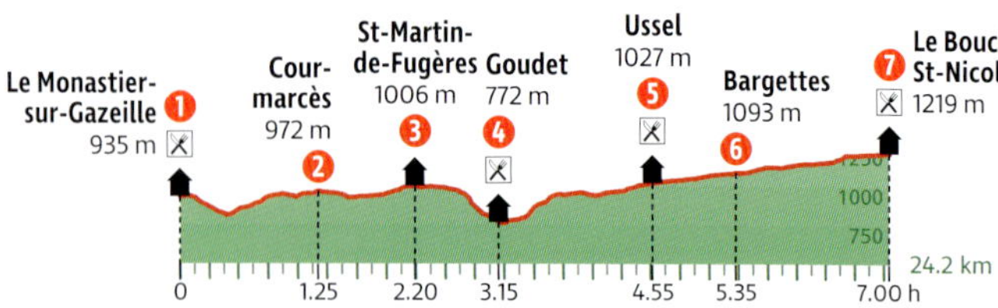

Goudet
Das Örtchen an der Ufer der Loire wird dominiert von den Ruinen des Château Beaufort aus dem 13. Jh. Goudet war aufgrund seiner günstigen Lage an der jungen Loire ein beliebter und wohlhabener Durchgangsort, der noch im 19. Jh. etwa 600 Einwohner hatte. Heute leben im ältesten Ort von Haute-Loire – schon Julius Cäsar kam hier durch – kaum mehr 60 Menschen, die hauptsächlich vom Sommertourismus profitieren.

ich den Hügel hinunter, wo Goudet am Ende eines grünen Tales liegt, mit dem Château Beaufort gegenüber auf einer felsigen Anhöhe und dem Fluß, kristallklar, in einer tiefen Senke dazwischen. Oberhalb und unterhalb kann man ihm lauschen, wie er über die Steine plätschert, ein niedlicher Knirps von einem Fluß, den Loire zu nennen absurd erscheint«. An diesem Anblick dürfte sich bis heute nicht viel geändert haben.
Wir wandern wieder auf der D49 etwa 400 m ortsauswärts und biegen links ab. Einen Anstieg zum Schloss können wir uns ersparen, da es in Privatbesitz und nicht zugänglich ist. Danach geht es heftig zur Sache – wohl dem der mit Esel unterwegs ist und sein Gepäck transportieren lässt. Nach der Brücke steht uns ein steiler Anstieg über 200 Höhenmeter bevor. Oben im hübschen Weiler Montagnac können wir endlich verschnaufen. Unterhalb der kleinen Kapelle am Wegesrand befindet sich eine Trinkwasserstelle. Wenige Meter dahinter biegen wir rechts ab. Bald nimmt uns wieder ein aussichtsreicher Höhenweg hoch über dem Tal auf. An der nächsten Verzweigung schlagen wir den rechts abwärtsführenden Weg ein. Er bringt uns zu einem schattigen, oberhalb des Flusses führenden Pfad. An der Straße gehen wir nach rechts und verlassen sie wieder hinter dem Gehöft nach links auf einen bergauf führenden Pfad, der sich bald zu einem Wirtschaftsweg weitet und uns wieder auf die D49 nach **Ussel** **5** bringt. Stevenson machte sich hier zum Gespött der Leute, als der Packsattel von Modestine abrutschte und sein gesamtes Gepäck auf der Dorfstraße verstreut lag. *»Ich mußte mich verdammt abmühen, um das Zeug wieder zurecht zu-*

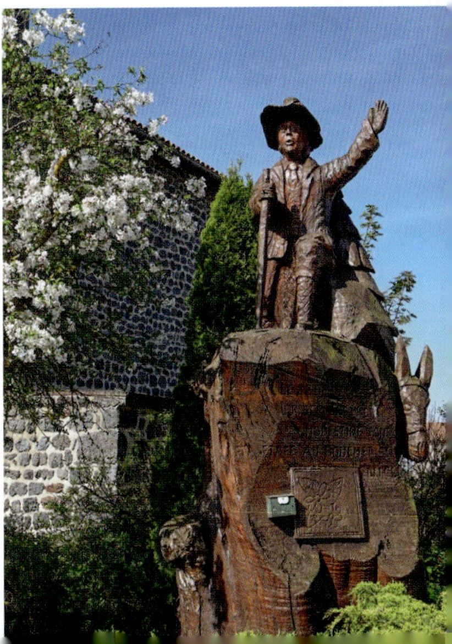

Und wieder einmal grüßt Stevenson.

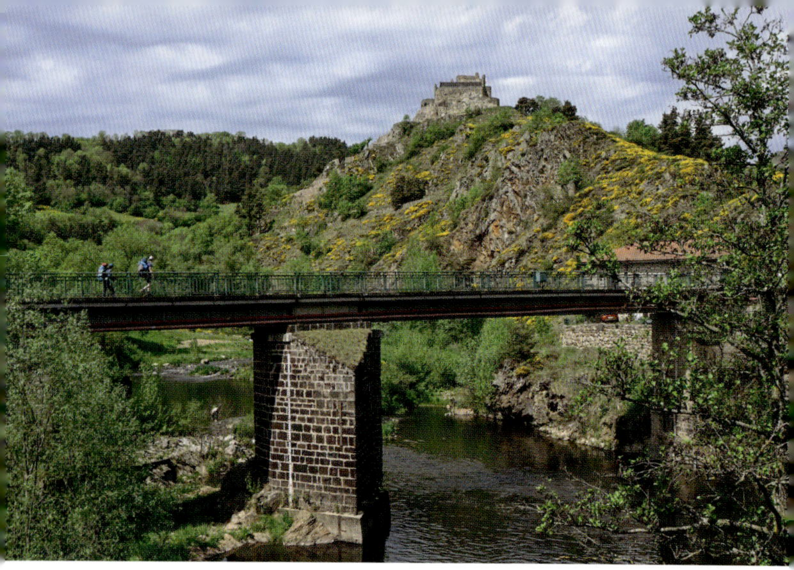

Überquerung der Loire bei Goudet.

rücken; und sobald es geschafft war, kippte es und fiel auf der anderen Seite herunter«. Eine Wasserstelle finden wir an der Kreuzung in der Ortsmitte. Wir biegen links ab und passieren die Bar »à boire et à manger«, wo es wundervolle Sandwiches gibt. Kurz vor dem Ortsende geht es auf einer Piste rechts hoch an der »Gîte de Stevenson« vorbei. Nach dem Wasserspeicher biegen wir links und wieder rechts ab und folgen weiter der Beschilderung. Fast ebenerdig schlendern wir weiter durch die intensiv genutzte Hochebene und gelangen nach **Bargettes** 6. Wir folgen den Wegzeichen durch den Ort und biegen kurz vor der Route National rechts ab, die wir sodann unterqueren. Ein steiniger Feldweg führt uns wieder bergauf zum nächsten Weiler Preyssac. Kurz nach den Häusern schlagen wir an der Gabelung

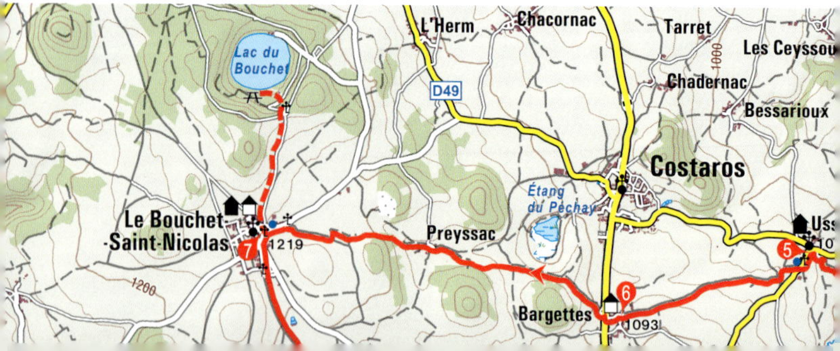

Le Bouchet-St-Nicolas

In der Straße Le Bourg, die von der Hauptstraße hoch zur Kirche führt (nach der Épicerie rechts), steht bis heute das Haus der ***Auberge Barriol*** *(mit grünem Hoftor), in dem Stevenson nächtigte. Ausführlich beschreibt er die ärmliche Unterkunft: »Ein einziger Schlafraum für Reisende, in dem die Betten die einzige Einrichtung waren. In der Küche wird einträchtig nebeneinander gekocht und gegessen; nachts dient sie der Familie als Schlafraum. Wer von der Anwandlung gepackt wird, sich zu waschen, muß es öffentlich am gemeinsamen Tisch tun«. Dennoch lobt er die freundliche und zuvorkommende Art der Wirtsleute. Seine Eselin Modestine bekam jedoch eher das derbe Naturell der Landbevölkerung zu spüren. Der Wirt der Herberge überreichte dem schottischen Wanderer am nächsten Morgen freudestrahlend einen Stock mit Stacheln, um dem lahmen Esel Beine zu machen. Mit einer mächtigen Holzstatue in der Mitte des Dorfes hält man die Erinnerung an den illustren Gast mit seinem Esel lebendig.*

den linken Zweig ein und wandern, stets die Richtung beibehaltend, nach **Le Bouchet-St-Nicolas** 7. Kurz nach dem Ortseingang sollten Sie rechter Hand des Weges die kleine Ausstellung »La Fl'Anerie de Stevenson« nicht versäumen. In nachgestellten Fotos und Zitaten aus seinem Werk wird die Reise von Stevenson anschaulich erläutert. Man kann sich den Meister der Abenteuerliteratur mit seiner Eselin Modestine wahrhaft vorstellen.

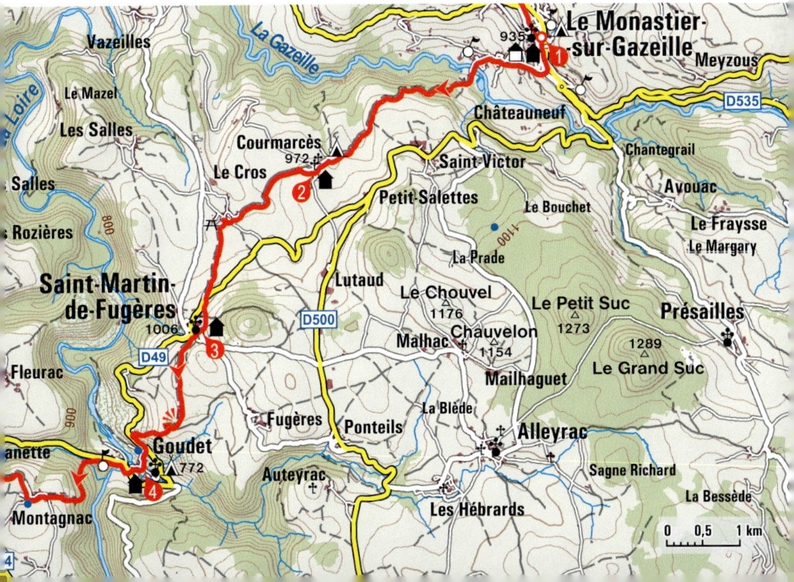

S 3 Le Bouchet-St-Nicolas – Pradelles

5.30 h | 21.1 km | ↗360 m | ↘420 m

Unterkünfte : Landos (1096 m, 880 EW): **1.** GE Communal Les Fonds, 29 Route du Haut-Allier, 38 B in 6 Z, €, Tel. 04 71 08 29 93 oder 04 71 08 20 19, lesfonds@wanadoo.fr, Wifi, Küche, Esel erlaubt, ganzjährig, 16–19 Uhr, gegenüber dem Fußballplatz. – **2.** GE L'Escale d'Anicia, 12–14 Rue des Tourterelles, 6 B in 2 Z und 1 Roulotte, €, Tel. 04 71 08 25 85 oder 06 40 40 04 07, lescale-danicia.business.site, Küche, Hunde und Esel erlaubt, April–Okt., ab 17 Uhr. – **3.** GE und CdH La Bascule, Le Bourg, 12 B in 2 Z, €, Tel. 06 16 50 15 88 oder 04 71 08 51 62, patrice-goudet@gmail.com, HP, Wifi, Küche, Hunde erlaubt, ganzjährig.
Arquejols (1005 m, 200 EW)**:** Camping Au-delà des Nuages, 6 B, im Zelt oder Chalet, €, Tel. 07 67 93 85 27, campingaudeladesnuages.com, Hunde und Esel erlaubt, Mai–Sept., nach 18 Uhr.
St-Étienne-du-Vigan (890 m, 90 EW): CdH Le Charron, Le Cros de Beaune, 3 Z, €€, Tel. 04 43 07 43 27 oder 06 25 42 75 48, le-charron.e-monsite.com, HP, ganzjährig, nach Überquerung der D284 nach rechts ca. 1 km Richtung Le Cros gehen.
Pradelles (1156 m, 550 EW): **1.** GE Le Stevenson, Avenue du Puy, 40 B, €, Tel. 09 52 48 54 74, gitestevenson.fr, HP, Wifi, Hunde erlaubt, engl., April–Nov., ab 14.30 Uhr. – **2.** GE und CdH Relais-Randonneurs, Place de la Halle, 15 B, Dortoir und DZ, Tel. 04 71 09 49 71 oder 06 50 16 31 84, relais-etape-randonneurs.com, HP, Wifi, Hunde und Esel erlaubt, März–Nov. – **3.** GE und CdH Terre d'Accueil, Place du Foirail, 8 B, €, Tel. 04 71 00 88 27 oder 06 59 65 69 92, jr43rouviere@gmail.com, HP, Wifi, Hunde und Esel erlaubt, April–Nov. – **4.** CdH La Bourrique, Route de Langogne, 8 B, €€, Tel. 06 12 99 87 09 oder 06 65 09 48 10, gite@labourrique.fr, HP, Wifi, Küche, engl., Hunde und Esel erlaubt, ganzjährig, ab 13 Uhr. – **5.** GE du Besset, Rue de la Congrégation, 5 B, €€, Tel. 06 51 07 44 20, gitedubesset.fr, HP, Wifi, engl., ganzjährig. – **6.** GE La Mère Cadenette, 14 B, €€, Dortoir und DZ, Tel. 04 71 00 89 97 oder 06 07 89 04 08, cadenette.net, HP, Wifi, engl., Hunde und Esel erlaubt, ganzjährig. – **7.** Hôtel Le Ponant, 33 Avenue du

Auf duftenden Pfaden.

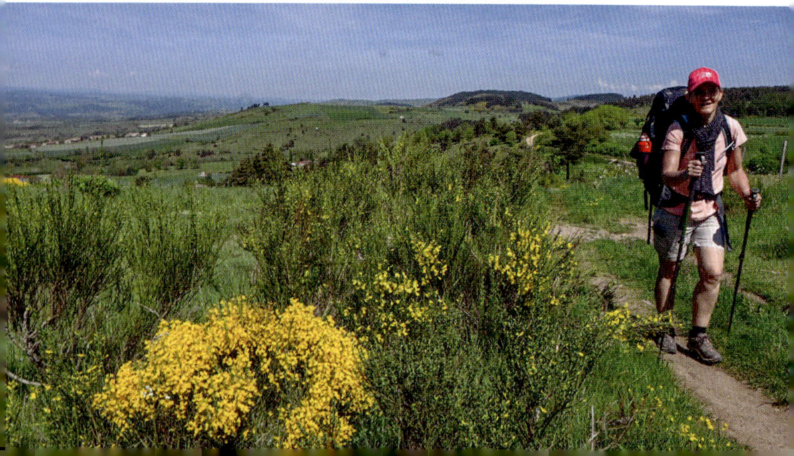

Puy, 16 Z, €€, Tel. 04 71 00 85 20, hotelesponant.fr, HP, Wifi, Hunde erlaubt, März–Dez. – **8.** Camping Le Rocher de Grelet, Route de Langogne, €, Tel. 04 71 00 86 47 oder 04 71 00 80 37, pradelles43@orange.fr, Wifi, engl., Hunde erlaubt, Juli–Aug., 11–19 Uhr. – **9.** Gîte Les 4 vents, Place du Foirail, 8 B, €€, Tel. 06 51 07 44 20, contact@gite4vents.fr, Wifi, Küche.

Die Strecke: Gut markiert. Breite Wirtschaftswege mit gut begehbaren Pfaden dazwischen. Wenig Schatten.

Kritische Stellen: Keine

Landschaft: Bis Landos durchstreifen wir die eintönige, fast waldlose Hochfläche, dahinter wird das Relief wieder vielgestaltiger. Auf- und Abstiege wechseln sich ab mit herrlichen Ausblicken.

Infrastruktur: Landos ; Pradelles .

Anmerkungen: Falls Sie etwas Zeit in Pradelles verbringen, können Sie die herrliche Natur auch mit einer Draisine durchstreifen, die auf der alten Bahnlinie zwischen Le Puy und Langogne verläuft. Während zwei in die Pedale treten, können die anderen den Blick in die Natur genießen.

Los geht es am zweiten Linksabzweig nach der Auberge du Couvige, am holzgeschnitzten Stevenson-Denkmal von **Le Bouchet-St-Nicolas** ❶. Nach gut einem Kilometer dürfen wir das asphaltierte Sträßchen nach links auf einen Naturweg verlassen. Die schattenlose Durststrecke verlangt uns vor allem bei sommerlicher Hitze einiges ab. Wieder geht es durch sanft geschwungene Weidelandschaft, die mit Bruchsteinen untergliedert ist. Nach einiger Zeit passieren wir ein Wäldchen und biegen danach links und wieder rechts ab. Ein Esel aus Blech vor der Domaine d'Anicia zeigt uns wieder einmal, dass wir auf der richtigen Route sind. Der Weg wird wieder vielgestaltiger und senkt sich allmählich ab zum nächsten Ort, dessen Häuser wir in der Ferne schon wahrnehmen. An der Pont de la Castier, kurz vor dem Ortsschild von **Landos** ❷, bietet sich eine angenehme Picknickmöglichkeit an. Wir ziehen nach dem Bouleplatz rechts hoch zur Durchgangsstraße und gehen rechts an der Mairie vorbei (zur Gîte Communal geht es nach rechts). Wer Interesse an romanischen Kirchen hat, sollte nicht versäumen, einen Blick auf die Église St-Félix zu werfen. Viele alte Häuser aus Naturstein prägen den Ort, den wir auf einem terrassierten Weg wieder verlassen. Wir passieren die schön gefasste Fontaine de Grabille (Wasserstelle). Etwa 100 m nach der Quelle verlassen wir das Teersträßchen nach rechts auf einen Naturweg. Kurz vor der alten Bahnlinie geht es rechts weiter. Nach Überschreiten der Kuppe bieten sich nochmal prächtige Blicke in die Ferne und zurück nach Landos.

i ***Landos***

Für Freunde romanischer Architektur lohnt sich ein kurzer Gang zur denkmalgeschützten romanischen Kirche St-Félix aus dem 12. Jh. mit ihrem eigenartigen Glockenturm, der im 16. Jh. hinzugefügt wurde. Das Rundbogenportal mit reich verzierten Kapitellen zeigt auf einem davon Adam und Eva im Garten Eden. Auch das Innere der Kirche ist mit Säulen, verzierten Kreuzgewölben und einem mittelalterlichen Altar äußerst sehenswert.

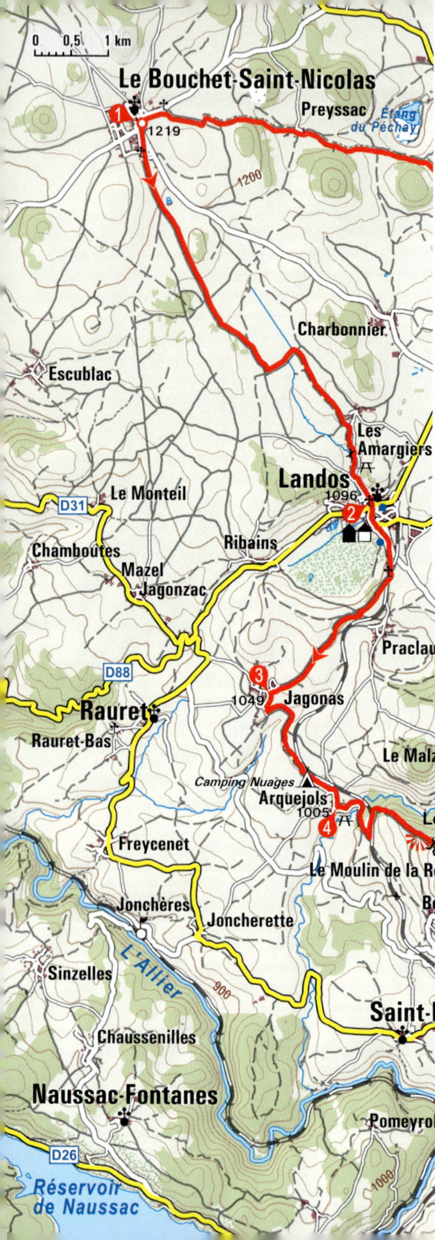
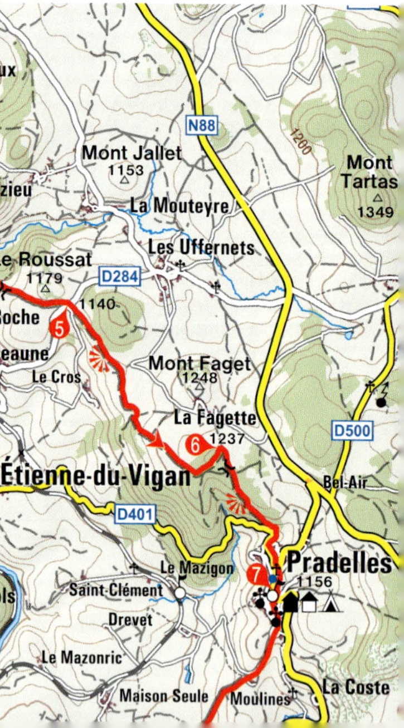

Nach der Rechtskurve folgen wir dem ersten bergauf führenden Weg. Im Weiler **Jagonas** **3** biegen wir links ab und verlassen 200 m nach dem Ortsrand das Teersträßchen erneut nach links ins Tal und wieder bergauf. Und wieder öffnet sich das wiesengrüne Land und gibt weite Blicke frei. Wir passieren den herrlich gelegenen Natur-Campingplatz »Au dela de la nuage«. Wenige Meter dahinter kann man sich mit frischen Getränken bedienen.

Sorgfältig achten wir auf die Markierung und erreichen das nächste Dörfchen **Arquejols** **4** mit einer angenehmen Picknickmöglichkeit im Ortszentrum. Am letzten Hof geht es wieder links

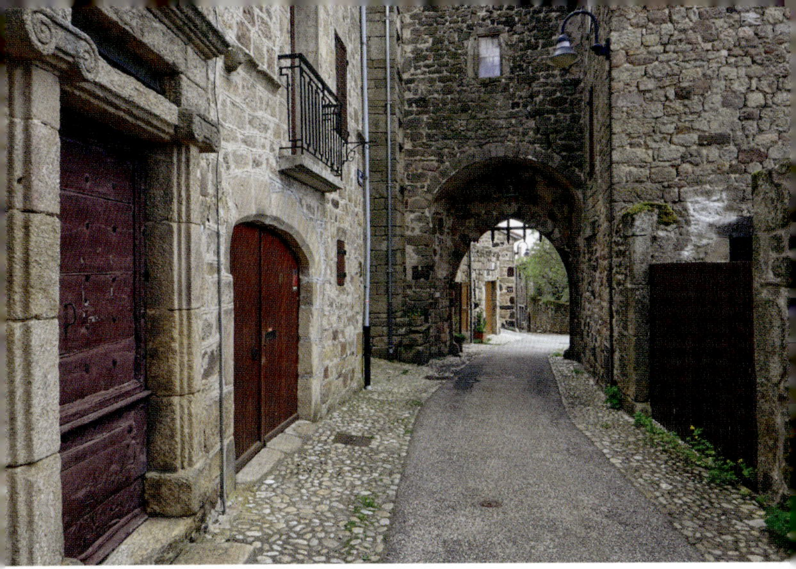

Portail du Besset im mittelalterlichen Pradelles.

ins Tal, wo nach dem prächtigen Viadukt die Bahntrasse unterquert wird, hinter der wir nach links weiter marschieren. Nach einigen Metern längs der Gleise zieht der Weg nach rechts und steigt steil bergauf. Rechts von uns blicken wir auf das breite Tal des Allier. Ein längerer schattenloser Anstieg steht uns nun bevor. Nachdem wir den Hügel erklommen haben, geht es in sanftem Gefälle wieder bergab. Wir queren wir die **D284** ⑤, setzen die Richtung fort und verlassen nach 50 m die Straße nach links. Zum ersten Mal sehen wir rechter Hand den Lac de Naoussac zwischen den Hügelketten hervorblinzeln – nach mühsamem Anstieg nun wieder ein Weg zum Genießen. Achtung: Nach der Querung des kleinen Baches heißt es, gut auf die Beschilderung achten, um den richtigen Linksabzweig zu finden. Nach dem wunderbaren Höhenweg durchstreifen wir einen kleinen Wald, der uns etwas Schatten gönnt. An der höchsten Stelle, beim Wegweiser **La Fagette** ⑥, 1237 m, geht es nun im spitzen Winkel nach rechts wieder

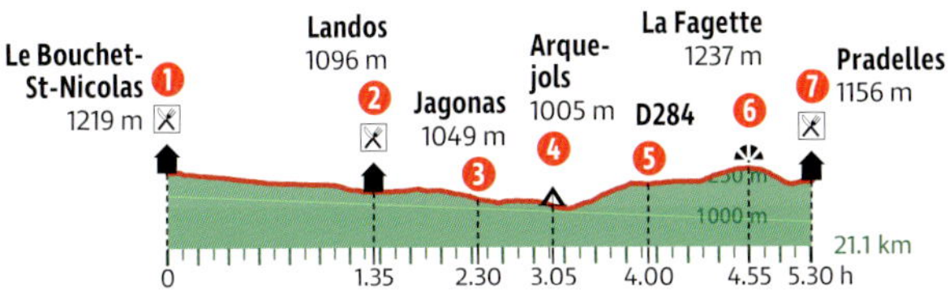

bergab durch niedrigstämmigen Jungwald. Langsam und allmählich wandelt sich die Landschaft. Das Relief wird stärker, der Wald übernimmt die Oberhand anstelle der Weideflächen. Auch die vielen Glimmerstückchen auf den Wegen verraten, dass wir vom vulkanischen Gestein in den typischen Cevennen-Schiefer- oder -Granit gewechselt sind.
Nach einer Wegkehre eröffnet sich ein wunderbarer Blick auf Pradelles, das zum Kreis der schönsten Dörfer Frankreich zählt. Wir queren die Zufahrtsstraße an der Kehre und wandern weiter auf dem parallel unterhalb verlaufenden Weg, der Rue R. L. Stevenson. Dort, wo der Weg fast die Autostraße tangiert, geht es in leichtem Linksschwenk oben auf der Straße weiter bis zum Ortszentrum von **Pradelles** 7 beim blauen Kriegsveteranen am Place de la Halle.

i ***Pradelles***

Genau zwischen den Tälern der beiden größten Flüsse, die in den Cevennen entspringen, Loire und Allier, liegt »auf einer Hügellehne hoch über dem Allier, umgeben von saftigen Wiesen« Pradelles, wie Stevenson bemerkte. Heute zählt das Städtchen zum Kreis der schönsten Dörfer Frankreichs. Im Mittelalter war die Stadt eine bedeutende Station der Jakobspilger des Regordane-Weges (GR 700), der die Auvergne mit dem Languedoc verbindet. Auch als Handelsplatz für Salz, Öl und Wein profitierte das Städtchen am Schnittpunkt der Regionen Velais, Gévaudan und Vivarais (heute sind es die Déparments Haute-Loire, Lozère und Ardèche). Auf dem Aussichtshügel ***La Butte du Calvaire*** *kann man die gesamte Umgebung bis zum Lac de Naussac im Westen überblicken. Der Place de la Halle mit seinen Arkaden aus dem 16. und 17. Jh. und den Häusern rundherum zeugt noch vom einstigen Wohlstand. Unterhalb der* ***Fontaine du Melon****, dem ältesten Brunnen und einstigem sozialen Zentrum, finden wir ein Hinweisschild zu einer Heldentat während der Religionskriege: 1522 wurde Pradelles vom berüchtigten Hugenottenführer Jacques de Chambaud bedroht. Nach Sprengung eines Stadttores wähnten sich die Angreifer schon als Bezwinger, als eine Frau, Jeanne la Verde alias La Verdette, einen Stein vom Tor warf, der den Helm des Hauptmanns durchschlug. Die panischen Hugenotten flohen Hals über Kopf und die Stadt war gerettet. Dies und noch andere Wunder schrieb man auch den wundersamen Kräften einer Marienstatue zu, die im Jahr 1512 gefunden und seitdem verehrt wird. Die Statue befindet sich heute in der* ***Chapelle Notre-Dame****, kurz vor dem Ortsausgang, die durch einen Übergang mit dem ehemaligen Pilgerhospiz verbunden ist. Eine Kopie steht in der neuen Kirche im Ortsmittelpunkt. Einen Plan zu den Sehenswürdigkeiten des Ortes erhält man im Touristenbüro am Place de la Halle.*

Das Restaurant La Renaissance in Pradelles ist nicht zu übersehen.

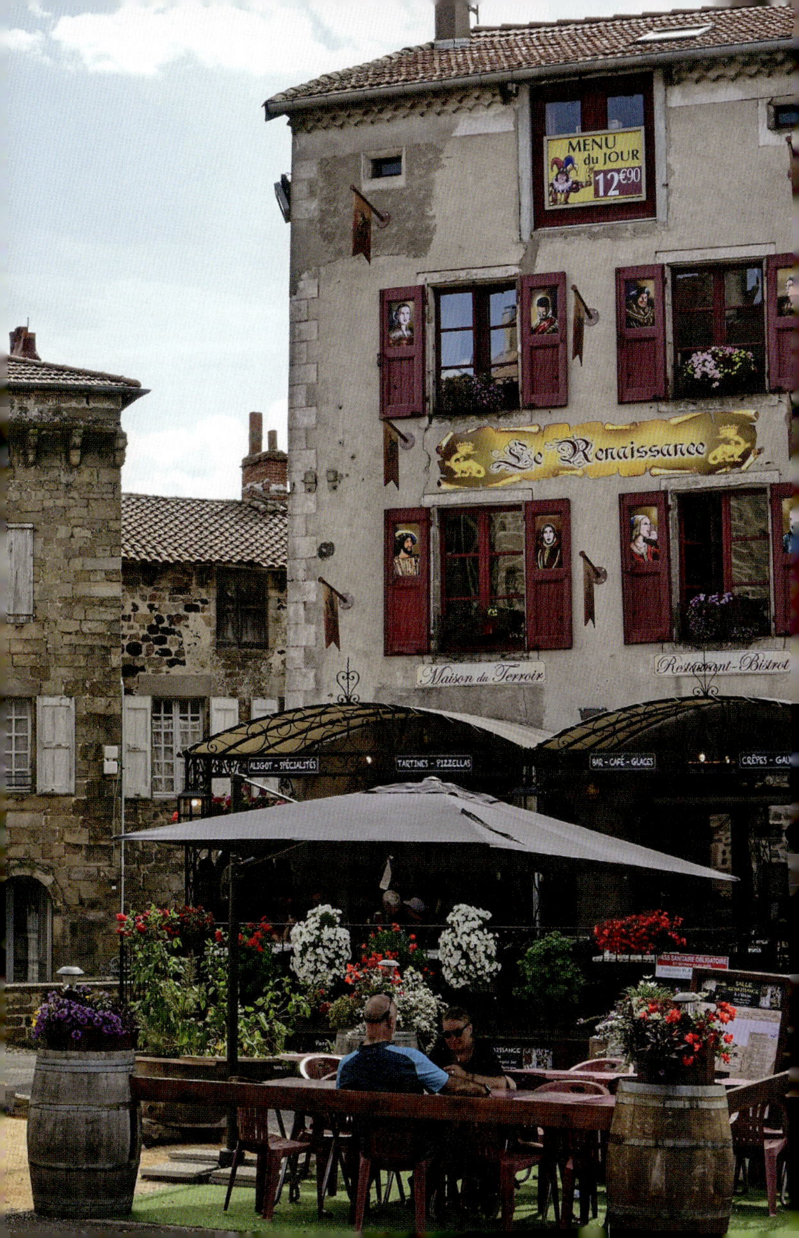
MENU du JOUR 12€90
Le Renaissance
Maison du Terroir
Restaurant-Bistrot
ALIGOT - SPÉCIALITÉS
TARTINES - PIZZELLAS
BAR - CAFÉ - GLACES

S 4 Pradelles – Cheylard-l'Évêque

6.00 h | 22.1 km | ↗480 m | ↘520 m

Unterkünfte : Langogne (930 m, 2890 EW): **1.** GE Le Mas de l'Oncle Joseph, 2 Avenue Jean Moulin, 6 B, €, Tel. 06 77 22 75 13, giteetapelangogne.monsite-orange.fr, HP, Wifi, Küche, Esel erlaubt, Mai–Sept. – **2.** GE und CdH Le Clos Stevenson, 7 Rue Haute, 9 B, €€, Tel. 06 77 27 44 46, leclosstevenson.fr, HP, Wifi, engl., Hunde erlaubt, Mai–Sept., ab 16 Uhr. – **3.** Hôtel Camping Les Terrasses du Lac, Lac de Naussac, 32 B, €€, Tel. 04 66 69 29 62, naussac.com, HP, Wifi, engl., Hunde und Esel erlaubt, Mitte April–Mitte Okt. – **4.** Gîte Les Carriats, Rue Henri Guigon, 5 B, €, Tel. 04 66 69 49 35 oder 06 16 55 44 96 oder 06 81 60 76 58, lescarriats-langogne.com, Wifi, engl., Küche, ganzjährig. – **5.** Hôtel Le Grill du Gaillard, 16 Quartier du Pont-d'Allier, 42 B, €€, Tel. 04 66 69 10 55 oder 06 37 95 68 52, hotel-gaillard.jimdofree.com, HP, Wifi, Hunde und Esel erlaubt, ganzjährig. – **6.** Hôtel du Languedoc, 6 Avenue du Maréchal Joffre, 10 Z, €€, Tel. 04 66 46 31 08, booking.com, Wifi, engl., Hunde erlaubt, ganzjährig. – **7.** Hôtel und GE Le Beauséjour, 22 Avenue Foch, 28 B, €€, Tel. 04 66 69 01 18 oder 06 49 64 21 37, lebeausejour48.fr, HP, Wifi, Hunde erlaubt, ganzjährig. – **8.** Camping La Cigale de l'Allier, 9 Route de St-Alban, Mobilhome oder Zelt, €, Tel. 06 80 15 96 32, lacigaledelallier.fr, HP, Wifi, engl., Esel und Hunde erlaubt, Mitte April–Mitte Okt. – **9.** CdH Modest Inn, 2 Rue de la Honde, 12 B, €€, Tel. 06 80 58 34 80 oder 04 66 46 42 50, modestinn-chambres-dhotes.fr, HP, Wifi, Hunde erlaubt, ganzjährig.

Brugeyrolles: GE und CdH Les Crémades, Hameau de Brugeyrolles, Tel. 04 66 46 39 32, 15 B, €, lescremades.fr, HP, Wifi, engl., Küche, Hunde und Esel erlaubt, ganzjährig, ab 17 Uhr.

L'Herm: GE und Camping La Tartine de Modestine, 10 B, €, Tel. 07 71 57 12 54, tartine-modestine.com, HP, Wifi, Küche, Hunde und Esel erlaubt, April – Okt.

Chaudeyrac: 1. GE et CdH Lo Barri de Meyssouzac, Meissouzac, €€, Tel. 06 32

Eingang zur Gîte La Tartine de Modestine in L'Herm.

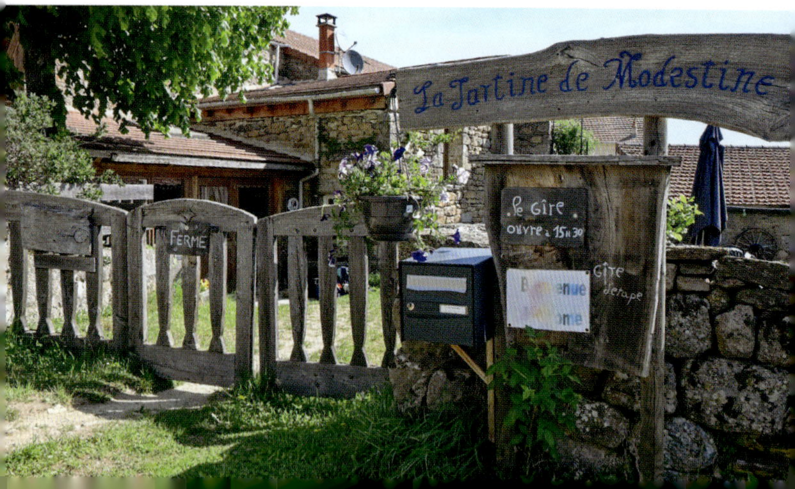

16 19 74, lobarridemeyssouzac@gmail.com, HP, Wifi, Hunde und Esel erlaubt. – **2.** Hôtel de France, RN88, 30 B, €€, Tel. 04 66 47 91 00 oder 06 89 98 30 79, tremoulet.yves@wanadoo.fr, HP, Wifi, ganzjährig.
Cheylard-l'Évêque (1119 m, 60 EW): **1.** GE und CdH Le Refuge du Moure, 32 B, €€, Tel. 04 66 69 03 21, lozere-gite.com, HP, Wifi, Esel erlaubt, April–Mitte Okt, ab 14.30 Uhr. – **2.** CdH Les Hauts du Cheylard, Laubarnes, 9 B, €€, Tel. 04 66 46 65 96, leshautsducheylard.com, HP, Wifi, Hunde und Esel erlaubt.
Die Strecke: Gut markiert. Zu Beginn auf breiten Feldwegen, später übernehmen mehr und mehr schmale, mitunter wurzelige und steinige Waldpfade.
Kritische Stellen: Am Abzweig des GR 700 nach rechts abbiegen.
Landschaft: Von den Hochebenen des Velay geht es nun in das einsame Gévaudan mit viel Wald, dazwischengesprenkelten Granitblöcken und Viehweiden.
Infrastruktur: Langogne; L'Herm; Chaudeyrac; Cheylard-l'Évêque.
Anmerkungen: Falls Sie die Tour unterbrechen möchten, um Wassersport zu betreiben oder zu schwimmen, bietet sich der nur 2 km entfernte Lac de Naussac dafür vorzüglich an. Er wurde 1970 zur Regulierung des Wasserpegels von Allier und Loire angelegt und bietet rundum viele Unterkunftsmöglichkeiten.

Wir beginnen die Etappe an der Tourist-Information am Place de la Halle in **Pradelles** ➊. Unterhalb des Dorfbrunnens biegen wir links ab in die Rue du Mazel – rechter Hand das Maison Natale, das Geburtshaus von Jeanne la Verde (s. Infokasten S. 60). Durch das Portail du Besset verlassen wir den historischen Ortskern. Deutlich sind die Kerben des einstigen Fallgitters zu erkennen. Auch die Pilger des Jakobsweges nach St-Gilles schritten durch dieses Tor. Wir unterqueren den Durchgang, der die Chappelle de Notre Dame mit dem Pilgerhospiz verband, und wandern geradeaus am Friedhof vorbei, nun ebenfalls auf dem alten Pilgerweg Chemin de Regordane. Ein netter Picknickplatz mit Blick zurück auf das ehemalige Kloster aus dem 17. Jh. befindet sich rechts des Weges. Geradeaus zieht sich der Weg durch Viehweiden und landwirtschaftliche Anbauflächen ins Tal des Allier. Achtung: An der Verzweigung des lange abwärtsführenden Weges halten wir uns links. Unten im Tal angekommen, schwenken wir nach links über die Brücke und sofort wieder rechts in Richtung Centre Ville. Ein kleiner, aber lauter Picknickplatz mit Wasserstelle befindet sich direkt an der Straße. Wir gehen rechts über die Brücke des Allier und weiter nach links auf der lärmenden Avenue Foch Richtung Zentrum. Kurz nach den Bahngleisen lohnt sich ein Blick nach rechts in die Avenue de la Gare, an deren Anfang eine

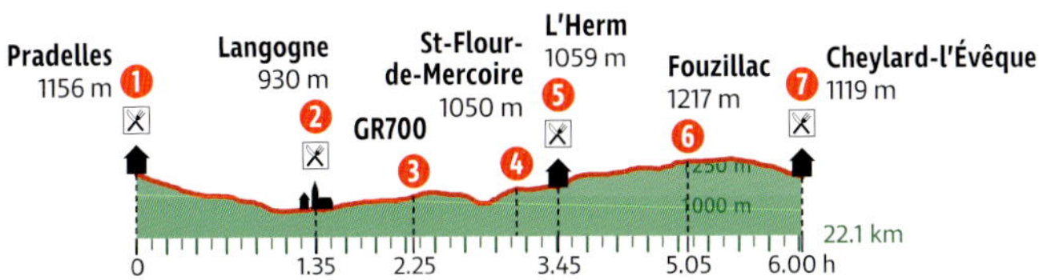

Langogne

*Ein konzentrischer Ring aus Häusern und fünf Tortürmen bildet das antike Herz der Stadt. Über das **Portail-Sud** direkt an der Durchgangssstraße betritt man den Kern des alten Ortszentrums. Am Place des Moines steht die imposante **Église St-Gervais**. Im Jahr 998 bauten Benediktinermönche das Gotteshaus im burgundisch-romanischen Stil am Ufer des Langouyrou, einem Nebenfluss des Allier. Dutzende Kapitelle mit Pflanzendekor und mittelalterlichen Fratzen schmücken im Innern die Kirche. Im Lauf der Jahrhunderte wurde sie immer wieder umgebaut. Vor allem die Religionskriege im 16. Jh. setzten ihr schwer zu. Der Glockenturm wurde durch den heutigen achteckigen ersetzt, das Portal im Stil der Flamboyantgotik neu gestaltet. Oberhalb des Ringes um die Kirche befindet sich die **Chapelle du Couvent**, deren gestreifte Fassade eher an die Toskana erinnert. Direkt neben dem lärmenden Bd de Gaulles steht die gut erhaltene Getreidehalle **Halles aux Grains** von 1743 mit Granitpfeilern und Schieferdach, in der auch heute noch Wochenmärkte (Sa 8–13 Uhr) und Ausstellungen abgehalten werden. Die denkmalgeschützte Halle mit 14 Säulen zählt zu den größten ihrer Art in Frankreich.*

*Wie Stevenson verließen auch die Pilger früher die Stadt über die gotische **Pont Vieux** in Richtung Gévaudan. Langogne war schon seit dem Mittelalter ein Zentrum der Schafzucht. Zur Würdigung der Wollverarbeitung in der Region finden wir ebenfalls am Fluss das **Musée de la Filature des Calquières**. Neben der Ausstellung alter Handwerke wie Spinnen, Weben und Färben zeigt das Museum, wie einst das Spinnrad mit Wasserkraft betrieben wurde (Juli und August, 10–12 und 14–18 Uhr außer Di, musee-lozere.com). Einen Plan der Sehenswürdigkeiten gibt es Im Office de Tourisme.*

Plastik an das Biest von Gévaudan erinnert. Am Haus der Caritas entfliehen wir der lärmenden Straße und gehen rechts hoch. Die Markierung leitet uns direkt zum Hotel de Ville und Office de Tourisme von **Langogne ❷**. Wieder an der Durchgangsstraße, halten wir uns uns rechts und biegen gegenüber dem Tor zur Altstadt links ab in die Rue du Pont Vieux. Zuvor sollten wir noch einen Blick auf die sehenswerte alte Getreidehalle aus dem 18. Jh. am Place de la Halle (wenige Meter weiter auf der Hauptstraße) werfen.

Auf einer alten Bogenbrücke überqueren wir einen Zufluss des Allier und halten uns dahinter rechts. Die Straße mündet auf die Avenue Joffre, die wir an einer kleinen Grünanlage, geschmückt mit Blechskulpturen von Stevenson und Modestine, nach rechts verlassen. Leider müssen wir nun ein längeres Stück auf Asphalt laufen, jedoch ohne merklichen Verkehr. In der Linkskurve der langen Geraden kommt schließlich die Erlösung: Wir gehen rechts auf dem Feldweg weiter. Mit GR 70, GR 470 und GR 700 verlaufen gleich drei große Fernwege hier. Nach 10 Minuten geht am **Abzweig GR 700 ❸** der alte Pilgerweg Chemin de Regordane geradeaus weiter. Wir biegen am Wegweiser rechts ab in Richtung Cheylard. Wer die Abkürzung über 13 km einschlagen möchte, kann hier dem GR 700 folgen. Auf der Anhöhe biegen wir rechts ab. An der nächsten Kreuzung, wo sich der Weg wieder absenkt, bleiben wir auf der weiß-roten Markierung in Richtung Le Monteil und wandern auf dem Teersträßchen geradeaus weiter. Kurz darauf, am Eingang des Weilers, verlassen wir vor dem ersten Haus die Straße und gehen nach links auf schattigem Waldweg weiter. Der abschüssige Wurzel- und Steinpfad führt durch ein mit Gatter abgesperrtes, privates Waldgrundstück. Unten im Tal schwenkt der Weg nach rechts und wir überqueren das Flüsschen Le Langouyrou. Kurz darauf fordert ein Künstler den Erhalt alter Kleinbahnhöfe und hat ihnen mit skurrilen Installationen ein Denkmal gesetzt.

An der Kehre dahinter gehen wir links weiter hoch. Wir durchqueren den Weiler **St-Flour-de-Mercoire** 4 und biegen beim heiligen Saint Roche am alten Waschhaus links ab. Eine Trinkwasserstelle befindet sich kurz nach dem kleinen Theater (das Wasser an der Waschstelle ist ungenießbar). Vor der scharfen Linkskurve am Ende des Örtchens wandern wir geradeaus den Naturweg hoch, stoßen wieder auf die D71 und erreichen das Örtchen **L'Herm** 5. Wir biegen rechts ab und passieren die urige Gîte Tartine de Modestine, wo man in Nomadenzelten übernachten kann. Eine holprige Schotterpiste führt uns dahinter steil bergauf. Oben am Waldrand angekommen, biegen wir links ab und genießen den samtigen Waldpfad nach den vielen Steinen zuvor. Wenige Meter dahinter haben mächtige wollsackverwitterte Granitblöcke einen kleinen Dom geformt, der Ron de la Baoune. Kurz darauf lädt ein schöner Picknickplatz unter schattigen Tan-

Glückliche Gesichter trotz 12 kg auf dem Rücken.

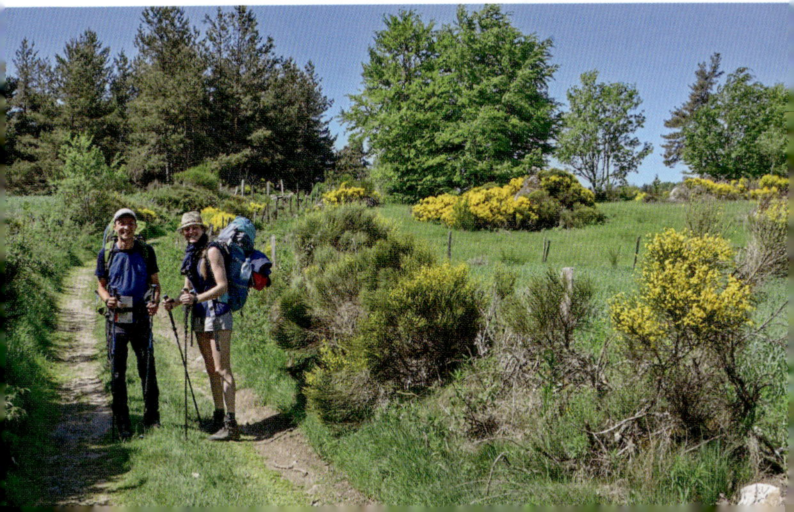

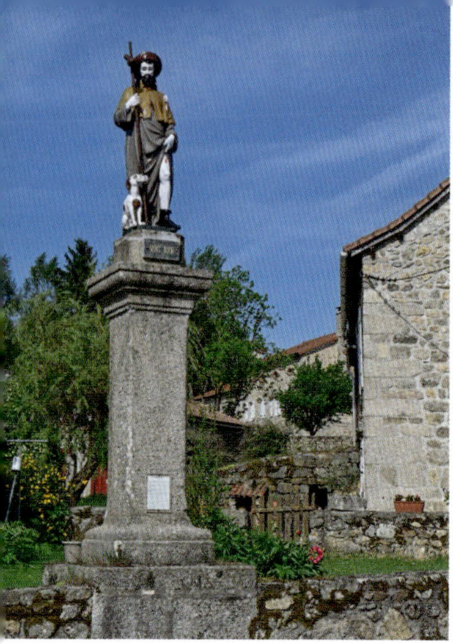

Der heilige Rochus schützt die Wanderer.

nen ein zum Stopp. Man kann sich gut vorstellen, dass Stevenson solche Plätze zum Übernachten ausgesucht hatte. Er liebte die Nächte in freier Natur unter den Wipfeln der Bäume. Mit überall dahingesprenkelten Granitblöcken wird die Heidelandschaft mit Krüppelkiefern immer uriger. *»Moor, Heide, Striche mit Felsblöcken und Kiefern, Birkenwälder im Schmuck herbstlichen Goldes, hier und dort ein paar leere Hütten und öde Felder – das waren die Merkmale der Landschaft. Hügel und Tal folgen auf Tal und Hügel«*, so beschrieb Stevenson die Gegend. Leider beendet eine Teerstraße die idyllische Etappe, auf der wir nach links fortsetzen. Wir durchqueren den nächsten Weiler Sagne-Rousse und verlassen am Ende die Teerstraße nach rechts. Es erwartet uns eine herrliche Waldetappe, die fast ohne Steigung durch lockere Kieferbestände führt. Der weiche Waldboden ist Balsam für die Füße. Nahe des Weilers **Fouzillac** 6 beschrieb Stevenson die Gegend als *»unentwirrbares Labyrinth«*, kreiste stundenlang umher, verirrte sich und war am Ende bis auf die Haut durchnässt. Gewaltige Ansammlungen riesiger aufgeschichteter Granitblöcke muten an wie keltische Fliehburgen. An der Kreuzung, wo es links zur Unterkunft von Les Hautes du Cheylard geht, wandern wir in spitzem Winkel nach rechts. Nach dem Richtungswechsel geht es weiter durch aufgelockerten Buchenwald talwärts nach **Cheylard-l'Évêque** 7. Eine Trinkwasserstelle finden wir am Dorfbrunnen. Getränke gibt es in der Refuge du Moure, an der Kreuzung im Ortsmittelpunkt, aber erst ab 14.30 Uhr.

***i* Cheylard-l'Évêque**

»Ein paar Dorfenden, ohne eine richtige Straße, eher eine Folge offener Plätze auf denen Stapel von Holzscheiten und Reisig lagen, ein paar windschiefe Kreuze, die Kapelle ***Notre-Dames-de-toutes-les-Grâces*** *oben auf einem kleinen Hügel; und all dies an einem rauschenden Gebirgsbach im Winkel eines nackten Talgrundes«. Mit diesen Worten beschrieb Stevenson den verschlafenen Weiler. Viel hat sich bis bis heute nicht geändert. Immer noch dominiert der landestypische Granitstein, aus dem die Häuser erbaut sind. Ein steiler Kreuzweg mit 14 Stationen führt hoch zur kleinen Kapelle.*

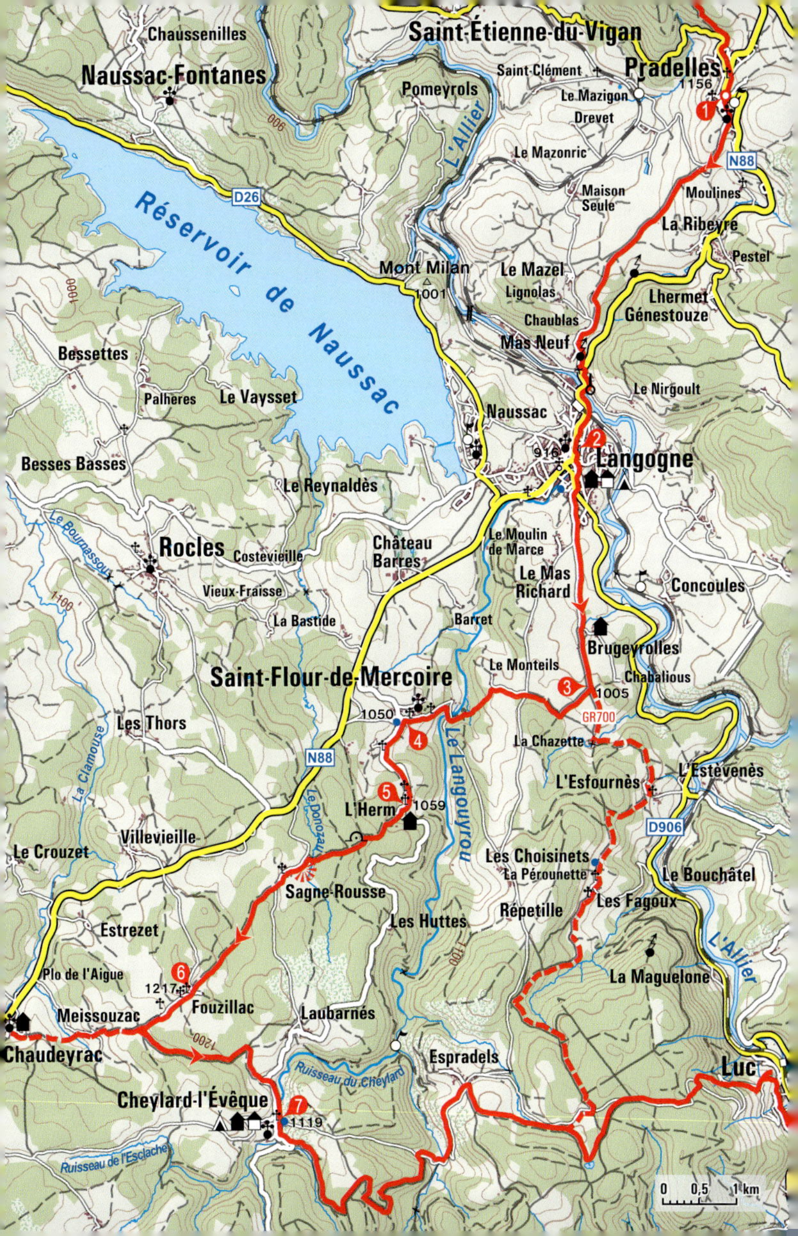
Chaussenilles
Saint-Étienne-du-Vigan
Naussac-Fontanes
Saint-Clément
Pradelles
1156
Pomeyrols
Le Mazigon
Drevet
L'Allier
Le Mazonric
N88
Moulines
Maison Seule
D26
La Ribeyre
Réservoir de Naussac
Pestel
Mont Milan
1001
Le Mazel
Lignolas
Lhermet
Génestouze
Chaublas
Mas Neuf
Bessettes
Palheres
Le Vaysset
Le Nirgoult
Naussac
916
Langogne
Besses Basses
Le Reynaldès
Le Bournassou
Rocles
Costevieille
Château Barres
Le Moulin de Marce
Le Mas Richard
Concoules
Vieux-Fraisse
La Bastide
Barret
Brugeyrolles
Saint-Flour-de-Mercoire
Le Monteils
Chabalious
1005
1050
GR700
Les Thors
La Chazette
Le Langouyrou
La Clamouse
N88
L'Estévenès
L'Esfournès
L'Herm
1059
Le Donozau
D906
Villevieille
Le Crouzet
Les Choisinets
La Pérounette
Le Bouchâtel
Sagne-Rousse
Les Fagoux
Répetille
Les Huttes
Estrezet
La Maguelone
L'Allier
Plo de l'Aigue
1217
Fouzillac
Meissouzac
Laubarnés
Chaudeyrac
Ruisseau du Cheylard
Espradels
Luc
Cheylard-l'Évêque
1119
Ruisseau de l'Esclache
0 0,5 1 km

S 5 Cheylard-l'Évêque – Luc

3.45 h	12.3 km
↗ 340 m	↘ 450 m

Unterkünfte : Luc (1007 m, 220 EW): **1.** GE L'Amandine, Le Village, 6 B, €, Tel. 06 40 60 50 52, mandou2109@yahoo.fr, HP, Wifi, Esel erlaubt. – **2.** GE Lou Pascalou, Place de l'Église, 6 B, €, Tel. 06 88 97 60 05, pilar.masmejean@orange.fr, HP, Wifi, Küche, Mai–Sept. – **3.** GE La Girolle, Le Village, 11 B, €, Tel. 06 21 03 57 07 oder 04 30 09 11 21, beatrice.brun29@laposte.net, HP, Wifi, Hunde erlaubt, April–Okt. – **4.** GE Le Chapelou, Route d'Espradels, 4 B, €, Tel. 06 81 71 24 05, valerie.chapi@gmail.com, Wifi, Esel erlaubt, März–Okt. – **5.** Camping Les Galets, €, Tel. 04 66 46 60 07, mairie.luc48@wanadoo.fr, Esel erlaubt, Mai – Mitte Sept, am Ufer des Allier.

Die Strecke: Gut markiert. Waldwege und -pfade wechseln sich ab. Zum Schluss gilt es einen steilen Abstieg nach Luc zu bewältigen.

Kritische Stellen: Der steinige Weg kurz vor und nach dem Château könnte bei Regenwetter rutschig sein.

Landschaft: Wir durchstreifen das waldreiche und nur spärlich besiedelte Hügelland des Gévaudan. Hier hat sich seit der Zeit Stevensons wenig geändert.

Infrastruktur: Luc 🏠 ⛺ ☕ 🚌 🚆.

Anmerkungen: Da zum Zeitpunkt der Recherche die Übernachtung im Kloster Notre-Dames des Neiges, dem Stevenson mehrere Seiten gewidmet hat, nicht möglich war, übernachten wir in Luc, was eine kurze Etappe zum Ausruhen bedeutet.

i *La Bête de Gévaudan*

In den Jahren 1764 bis 1767 tötete ein geheimnisvolles Raubtier in der Region Gévaudan, das etwa dem heutigen Département Lozère entspricht, mehr als 100 Menschen auf bestialische Art und verletzte mindestens genauso viele. Meist waren Kinder, Jugendliche und Frauen die Opfer, die in den Wälder und Weiden des ärmlichen Landstriches Kühe, Ziegen und Schafe hüteten. Als »la Bête de Gévaudan« (die Bestie des Gévaudan) wurde es in einem ersten Medienrummel der Neuzeit über die Presse weit über die Grenzen berühmt. Die Nachrichten schwappten selbst in die nordamerikanischen Kolonien über. Nach ersten Angriffen im Herbst 1764 ließ man die Kinder nur noch in Gruppen losziehen. So bekamen auch fünf Hirtenjungen das Biest zu Gesicht und konnten einen von ihnen nur leicht verletzt noch den Klauen des Ungeheuers entreißen. Erste Beschreibungen kursierten von dem Tier, das die Brust eines Leoparden, die Pranken eines Bären und die Größe eines Kalbs hätte. Die Landbevölkerung sprach gar von einem Werwolf, also einem Mensch, der sich auf teuflische Weise in einen Wolf verwandeln kann. Stevenson sprach vom »Bonaparte der Wölfe«. Da die Opfer oft brutalst zerstümmelt, ja sogar geköpft waren, kam der Verdacht auf, ein menschlicher Serienmörder würde dahinterstecken. Der Bischof von Mende nahm die Attacken zum Anlass, von seiner Kanzel zu predigen, die Bestie sei die Strafe Gottes, um die Menschen für ihre Sünden zu bestrafen. Es war ja noch nicht lange her, dass die Protestanten in den

Cevennen für Aufruhr sorgten. Nachdem mehrere Treibjagden mit bis zu 30.000 Teilnehmern keinen Erfolg hatten, sandte Ludwig XV. schließlich seinen besten Schützen, den königlichen Arkebusier Francois Antoine, mit seinen Truppen in die abgeschiedene Bergwelt des Gévaudan. Aber auch er vermochte nicht, dem mörderischen Treiben Einhalt zu gebieten. Er brachte zwar einen großen Wolf zur Strecke und erklärte dem König, dies sei die Bestie. Nach dreimonatiger Pause ging aber das Morden weiter. Erst im Juni 1767 erlegte der mit zweifelhaftem Ruf versehene heimische Wildhüter Jean Chastel das Tier, nachdem er zuvor seine versilberten Gewehrkugeln vom Pfarrer hatte segnen lassen. Er brachte den verwesten Kadaver zum Hof des Königs nach Versailles, dort wurden die Überreste jedoch umgehend verscharrt. Bis heute spekuliert man darüber, was damals im Gévaudan geschah. Die wohl verbreiteste These ist, dass es eine Mischung zwischen Hund und Wolf war, die tatsächlich ein außerordentliches aggressives Potential hervorbringen kann. Der deutsche Biologe Karl-Hans Taake vertrat in einem ausführlichen Buch die Meinung, es habe sich um einen jungen Löwen gehandelt, der aus einer Manege ausgebrochen sein könnte.

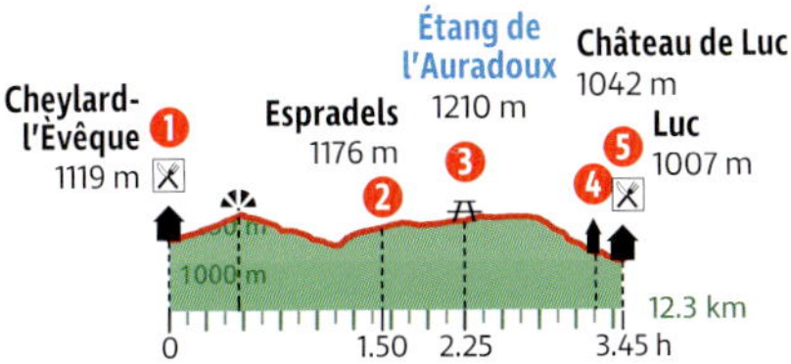

Am Étang de l'Auradoux.

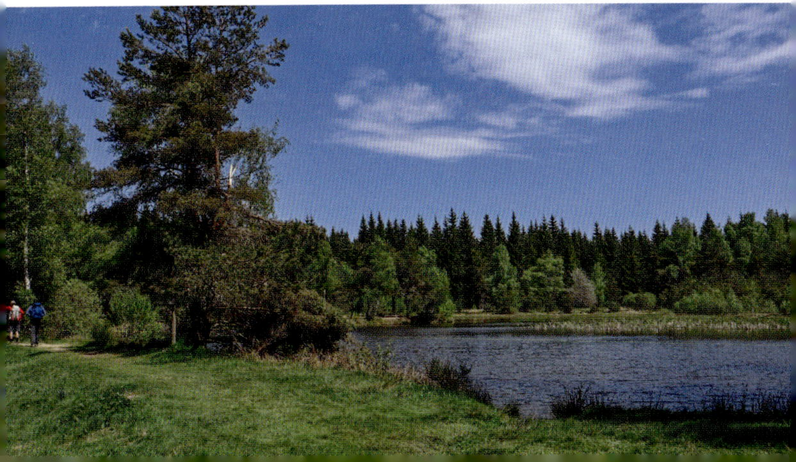

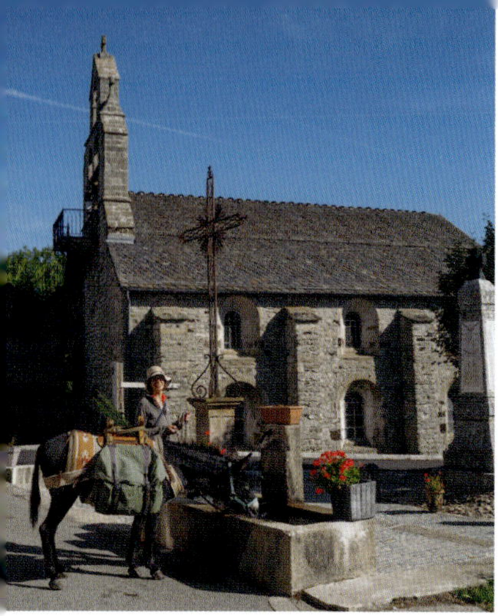

Trinkpause.

Wir starten an der Refuge du Moure inmitten des idyllischen **Cheylard-l'Évêque** ❶. Auf der D71 verlassen wir über zwei Brücken den Ort. Versäumen Sie nicht, sich umzudrehen, um den herrlichen Blick auf die mariengekrönte Kapelle über dem Örtchen zu werfen. Kurz nach dem Maison Forestière verlassen wir die Straße und wandern geradeaus weiter am Bach entlang. An einer Gabelung halten wir uns links und folgen dem breiten Forstweg, der uns stetig bergan führt. Nach einem Linksschwenk auf 1250 m Höhe leitet uns die Markierung wieder hinab. In mehreren Kurven geht es in herrlichem Mischwald talwärts und wir treffen schließlich auf eine Asphaltstraße, der wir nach rechts folgen. Im Tal überschreiten wir einen Bach und verlassen kurz dahinter die Straße nach rechts auf einen geröllligen Waldpfad, der sich steil emporschwingt. Wir queren erst die Teerstraße und wandern anschließend aussichtsreich auf dem Asphaltband weiter bergauf, bis die Straße links nach **Espradels** ❷ weiterführt. Dort biegen wir rechts ab und gehen auf breiter Erdpiste weiter sanft bergan. An der Gabelung nehmen wir den linken Zweig, der uns bald am Waldrand, dann wieder im Wald durch eine liebliche Tallandschaft geleitet. Am Schild mit dem Hinweis auf den Forêt Domaniale de Mercoire verlängern wir geradeaus auf der Schotterpiste. Wenige Minuten danach geht es, links haltend, auf urigem Waldpfad weiter. Ein Wanderschild mit der Aufschrift »Sentier de la Bête« verweist darauf, dass wir uns im Gebiet der Bestie des Gévaudan befinden, das in der zweiten Hälfte des 18. Jh. hier im Wald von Mercoire und im gesamten Gévaudan gewütet hat (siehe Infokasten S. 68).

Nach sachtem Anstieg treffen wir auf einen verträumten Waldsee, den **Étang de l'Auradoux** ❸, wo Picknickbänke einladen zu einer idyllischen Rast unter Tannen, die heute vermutlich kein Wolf mehr stört. Am See schwenken wir nach links, wandern ein paar Schritte am Ufer entlang und weiter auf der Promenade de l'Abiouradou. Ein Schild weist darauf hin, dass wir uns auf einem schon im Mittelalter vorhandenen Verbindungsweg zwischen den Massiven Mercoire im Südwesten und Montagne Ardéchoise im Nordosten befinden. Der Pfad mündet auf breiten Forstweg, trifft auf ein Teersträßchen, das wir nach einer Linkskurve nach rechts verlassen. Durch üppige Ginsterfelder geht es nun, zweimal die Straße kreuzend, recht stei-

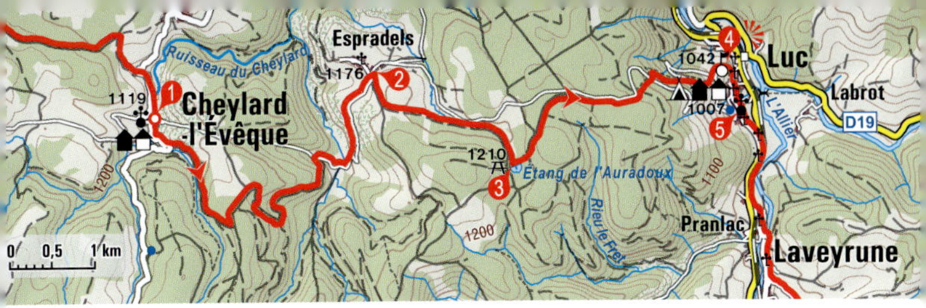

nig bergab bis zum **Château de Luc** ❹. Wir ziehen rechts am Schloss vorbei weiter auf steinigem Pfad die letzten Meter hinab nach **Luc** ❺.

Auch vom Ort unten im Tal war Stevenson nicht besonders angetan; *»Luc selbst bestand aus einer wirren Doppelreihe von Häusern, die zwischen Hügel und Fluß eingezwängt waren. Es besaß keine Schönheit, noch gab es sonst was Bemerkenswertes mit Ausnahme der alten Burg oben«*. Wer hier nur rasten möchte, findet unterhalb der Kirche schöne Picknickplätze mit Trinkwasser. Eine kleine Épicerie befindet sich am Gare SNCF, kurz vor der D906.

i Château de Luc

Das Schloss steht auf einem Felssporn über dem Allier, der schon zu keltischer Zeit als Kultstätte für den Gott Merkur genutzt wurde – daher auch der Name des Waldes von Mercoire, den wir zuvor durchschritten haben. Im 12. Jh. wurde die bedeutendste Festungsanlage der Region errichtet und später weiter ausgebaut. Unter dem Bischof von Le Puy diente sie auch dem Schutz der Pilger des Regordane-Weges. Während des Hundertjährigen Krieges versuchte eine Truppe von Engländern vergeblich, die Festung zu erobern. Während des Dreißigjährigen Krieges wurde sie von Kardinal Richelieu weitestgehend zerstört. Ihre Steine wurden wie andernorts von den Bauern der Umgebung zum Hausbau abtransportiert. 1878 wurde auf dem noch vorhandenen Bergfried die Statue von Notre Dame de Luc errichtet.

Stevenson war von dem Anblick weniger angetan. Er kam kurz vor diesem Ereignis hier vorbei und bemerkte schlecht gelaunt nach einem windigen und kalten Wandertag: »Ich kam schließlich oberhalb des Allier an. Man kann sich zu dieser Jahreszeit kaum eine häßlichere Aussicht vorstellen. Einer über dem anderen lagen die Hügel ringsum, hier mit Wald und Feldern bekleckst, dort zu Kuppen ansteigend, die mal kahl, mal borstig mit Kiefern bestanden waren. Die Farbe war durchweg schwarz oder aschfahl und konzentrierte sich in den Ruinen der Burg von Luc (lat. Lucus = heiliger Hain), die zu meinen Füßen schamlos aufgerichtet stand und auf einer Zinne eine mächtige weiße Madonnenstatue trug, die wie ich mit Interesse vernahm, fünfzig Quintals (historisches Gewichtsmaß, mit ungefähr 100 kg) wog und am 6. Oktober geweiht werden sollte«.

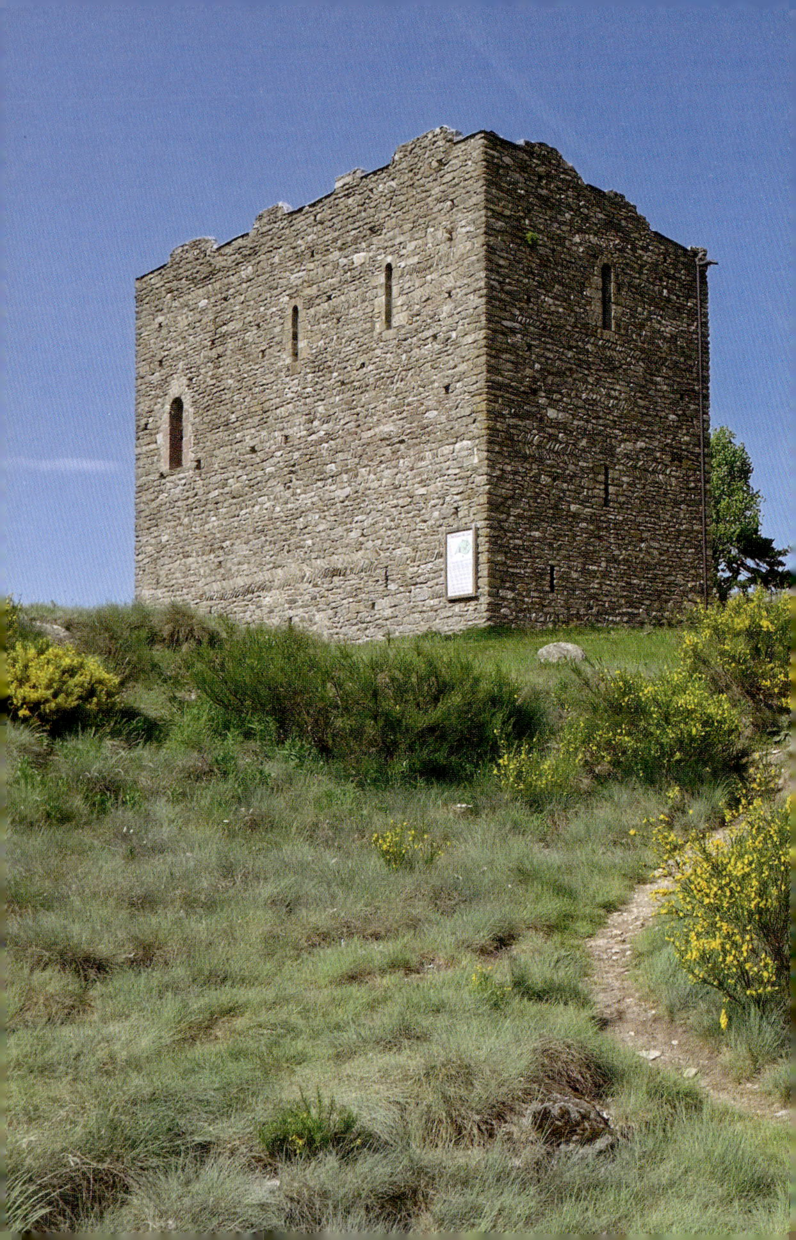

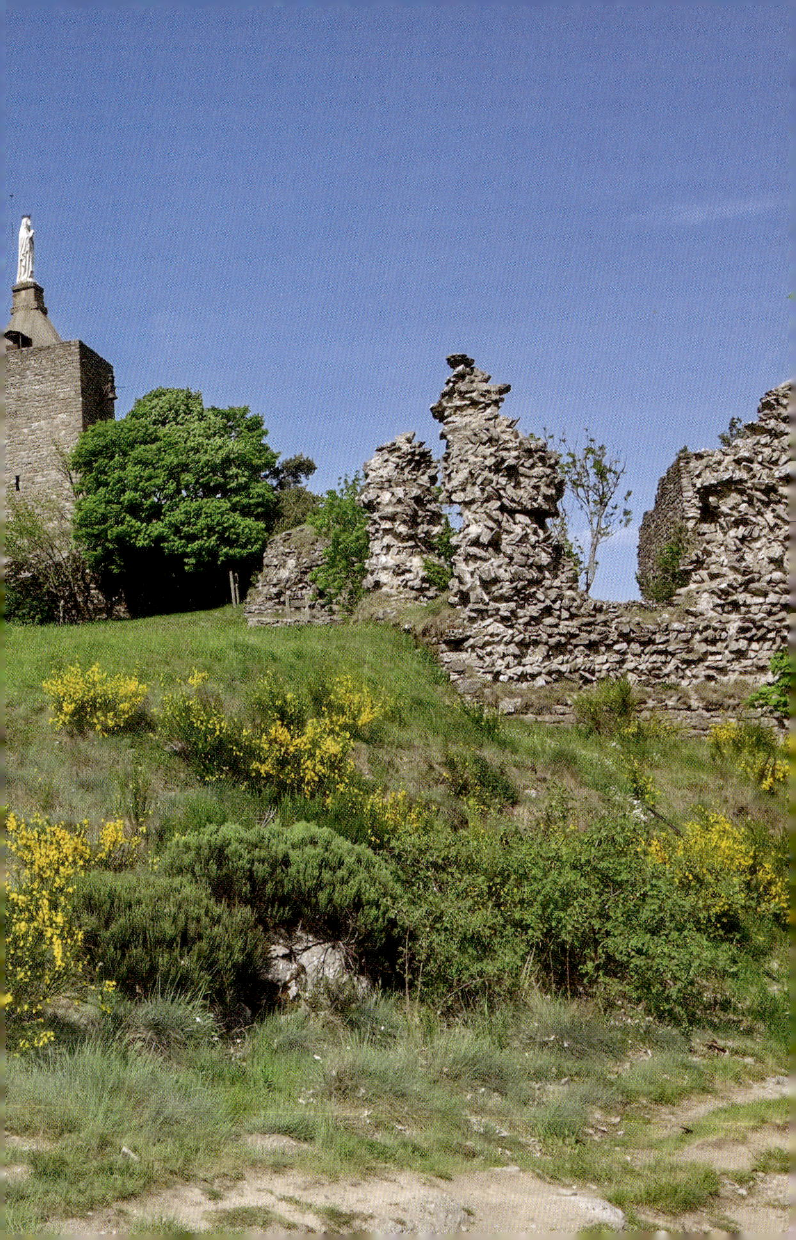

S 6 Luc – La Bastide-Puylaurent

4.15 h | 15.1 km | ↗ 430 m | ↘ 420 m

Unterkünfte : Laveyrune (974 m, 110 EW): GE Colonie L'Espoir, Le Village, 33 B, €€, Tel. 04 66 84 90 46 oder 06 42 10 58 33, colonielespoir.fr, HP, Wifi, Hunde und Esel erlaubt, Mai–Sept.
St-Laurent-les-Bains (1100 m): Maison de Zachée im Abbaye Notre-Dame des Neiges, 30 B, Spende erwünscht, Tel. 04 66 46 59 00, Reservierung per Mail, notredamedesneiges.com, HP, Esel erlaubt, Mai–Mitte Okt., Di geschlossen, ab 17 Uhr.
La Bastide-Puylaurent (1021 m, 160 EW): **1.** Hôtel Les Genêts, Rue des Tilleuls, 22 B, €€, Tel. 04 66 46 00 13, hotelgenets.com, Wifi, Hunde und Esel erlaubt, April–Okt. – **2.** GE und Hôtel La Grande Halte, Rue des Tilleuls, €, Tel. 04 66 46 00 35, hotel-lagrandhalte.fr, HP, Wifi, engl., Esel erlaubt, April–Mitte Nov. – **3.** CdH La Villa des 4 saisons, Chemin de la Narce, 8 B, €€, Tel. 04 66 46 39 24 oder 06 47 44 14 63, ludoetmimi@live.fr, HP, Wifi, Esel erlaubt, ganzjährig. – **4.** Maison d'hôtes L'Etoile, Route de Mende, 15 B, €€, Tel. 06 83 99 70 86, etoile.fr, Wifi, engl., ab 15.30 Uhr, Juni–Mitte Sept. – **5.** Camping de l'Allier, Route de Mende, €, Tel. 04 66 46 04 06, campingdelallier@wanadoo.fr, Wifi, Esel erlaubt, Mitte April–Mitte Okt. 2 km ausserhalb in Richtung Chasseradès.
Die Strecke: Gut markiert. Ruppiger Anstieg ohne Schatten auf Schiefergeröll zum Sattel bei Espervelouze.
Kritische Stellen: Keine.
Landschaft: Bei Laveyrune verlassen wir das Tal des Allier und machen einen Schlenker über ein paar Höhenzüge zum Kloster Notre Dame des Neiges. Die etwas teerlastige Etappe wird mit gut begehbaren Waldwegen unterbrochen. Etwas unangenehm ist der Anstieg zur Höhe bei Espervelouze. Nach dem Kloster geht es wieder hinab ins Tal.
Infrastruktur: Laveyrune; St-Laurent-les-Bains; La Bastide-Puylaurent.

Die weiße Madonna am Standort des ehemaligen Klosters.

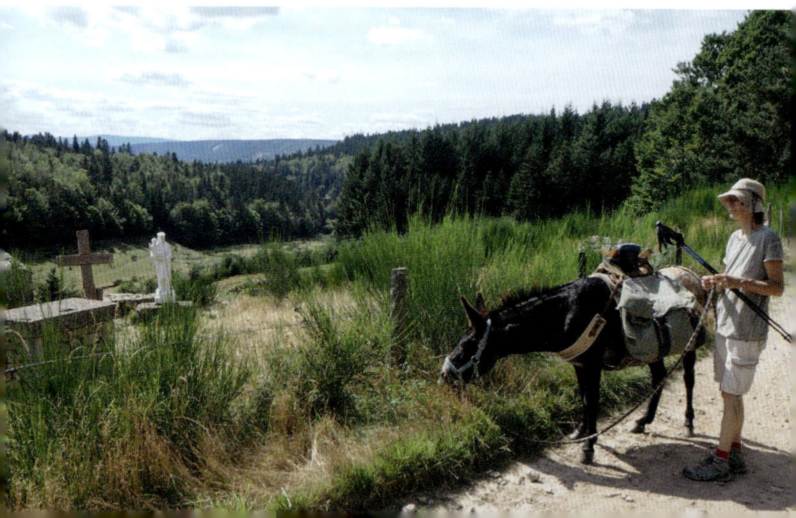

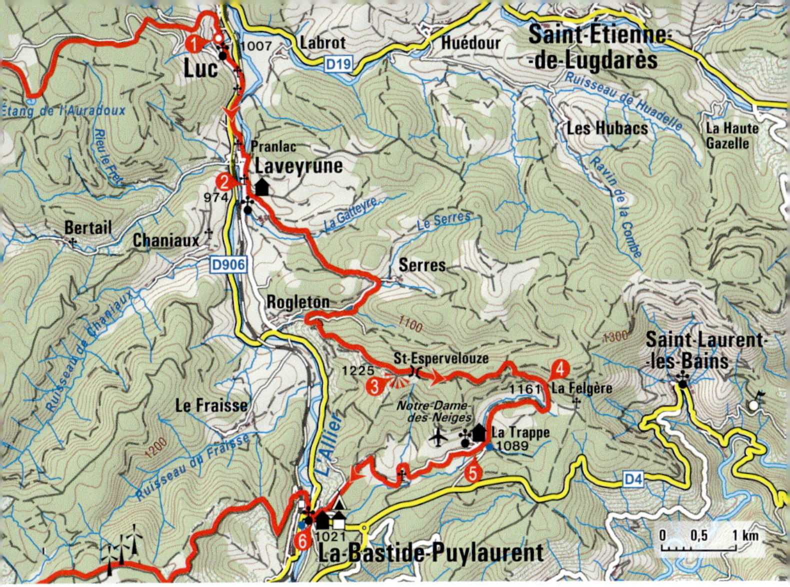

Am Place de l'Église, beim Brunnen im Ortsmittelpunkt von **Luc** ❶, ziehen wir los in südlicher Richtung. Bald nach dem Friedhof treffen wir auf die D906 und wandern auf dem Fußgängerstreifen für etwa 500 m daran entlang. Kurz nach dem mit Holzpallisaden eingefassten Wegstück überqueren wir die Straße und anschließend die Bahnlinie. In Pranlac treffen wir wieder einmal auf Stevenson. Ein hübsches Gemälde am Scheunentor zeigt ihn zusammen mit seiner Eseldame Modestine. Wir gehen dahinter nach links über die Brücke des Allier und halten uns rechts. Am Fluss entlang passieren wir die Mairie von **Laveyrune** ❷ und verlassen das Sträßchen gut hundert Meter weiter nach links. An einer größeren Kreuzung halten wir uns halb rechts, an der Gabelung nochmal rechts und überqueren den Hügel. Wir treffen auf ein Sträßchen, das nach links zum Weiler Serres führt. Hier biegen wir rechts ab, folgen der Straße 400 m und verlassen sie in der Kurve nach links auf einen Schotterweg. Auf einem Steg geht es nun über den Bach (könnte mit Esel eine Herausforderung sein) und rechts haltend im Tal unter schattigen Bäumen weiter. Der Weg mündet auf ein Sträßchen, das wir nach 5 Minuten in einer fast 180-Grad-Wendung wieder nach links verlassen auf einen steinigen Pfad. Nach einer Rechtskehre treten wir aus dem Wald und wandern nach erneutem Richtungswechsel einen geradlinigen Weg durch mannshohe Ginsterstauden unterhalb einer Hochspannungsleitung bergauf. Das grobe und kantige Schiefergestein ist leider keine Wohltat für die Füße.

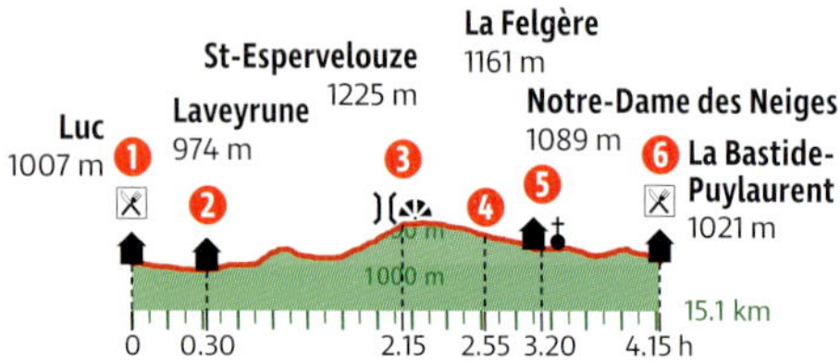

Am **Wegweiser St-Espervelouze** ❸, 1225 m, mit grandiosem Ausblick über das Tal des Allier, haben wir den Anstieg hinter uns und ziehen halb links weiter. Wer eine Abkürzung sucht, geht hier den geraden Weg nach rechts hinab, kommt allerdings dann nicht am Kloster vorbei, in dem Stevenson drei Nächte verbracht hat und darüber auf einigen Seiten ausführlich berichtet. An der nächsten Gabelung nehmen wir den linken Zweig (rechts ist das durchgestrichene Kreuz kaum zu erkennen). Wieder erreichen wir eine Verzweigung, halten uns erneut links und wandern nach einer Rechtskurve des Weges weiter bergab bis zum Waldaustritt. Wir treffen in der Lichtung bei **La Felgère** ❹ auf eine weiße Madonnenfigur, neben der einige Mauerreste auf ein 1912 niedergebranntes Kloster weisen, die Überreste des ursprünglichen Klosters (siehe Infokasten rechts).

Am Kloster Notre-Dame des Neiges.

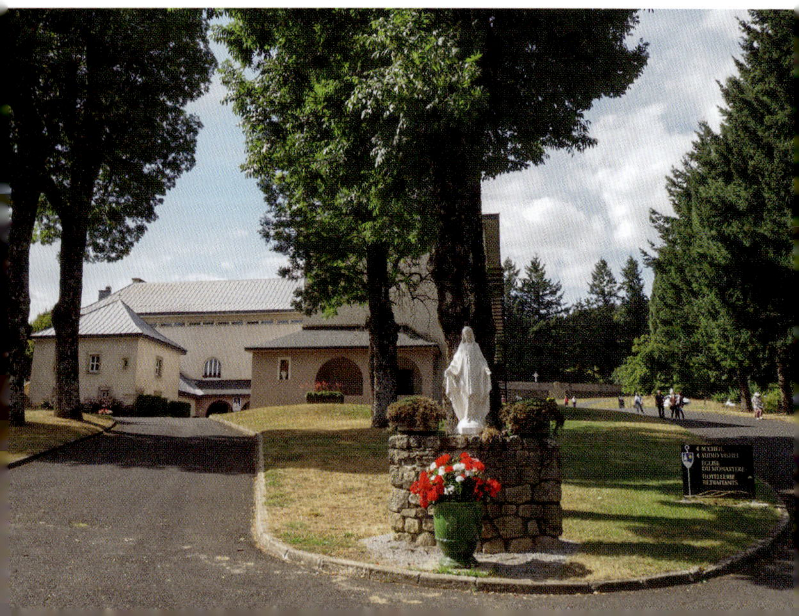

Abbeye Notre-Dame des Neiges

Seit 1850 existiert das Kloster Notre Dame des Neiges. Zwei Brüder beschlossen, ihr Erbe, den Hof Mas de la Felgère, in eine Abtei umzuwandeln. Schon wenige Jahre darauf lebten bis zu 90 Trappistenmönche in den Mauern des Klosters, damals die kälteste und höchst gelegene Abtei Frankreichs. Landwirtschaft und Weinausbau von Reben aus dem Languedoc waren die Haupterwerbsquellen der Klosterbrüder. Zeitweilig diente es auch als Zufluchtsort für Flüchtlinge. So versteckte sich 1942 auch der deutsch-französische Staatsmann Robert Schumann hier. Nach kurzem Leerstand wurde das Kloster im Dezember 2022 von acht Zisterziensernonnen des Klosters Boulaur (Département Gers) wiedereröffnet. Das heutige bauliche Erscheinungsbild geht allerdings auf einen Wiederaufbau nach einer Brandkatastrophe im Jahr 1912 zurück. Die weiße Madonna ca. 1 km vor dem jetzigen Kloster markiert den ursprünglichen Standort. »Ein spinnenhaftes Kreuz auf jeder Hügelkuppe wies auf die Nähe eines Ordenshauses, und eine viertel Meile weiter, wo sich der Blick nach Süden öffnete und mit jedem Schritt ausdrucksvoller wurde, wieß eine weiße Madonnenfigur an der Ecke einer jungen Schonung dem Reisenden den Weg zu Notre-Dame des Neiges. Hier bog ich nun links ab und ging weiter, meinen weltlichen Esel in knarrenden weltlichen Stiefeln samt Gamaschen vor mir hertreibend, auf das Asyl des Schweigens zu«.
Stevenson blieb drei Tage dort und widmete drei Kapitel dem Kloster. Mit großem Interesse studierte er die Motive der Mönche und unterhielt sich gerne mit ihnen. Eine Form des Daseins, das ihm als protestantischen Schotten völlig fremd war. Erstaunt stellte er fest, dass ein solches Leben voller Entsagung dennoch glückliche Menschen hervorbrachte. »Diejenigen, mit denen ich sprach, waren ausnehmend sanftmütig, mit einer Heiterkeit in Art und Wort, die ich nur heilig nennen kann«. Einen heftigen Disput führt er mit einem ebenfalls im Kloster weilenden Landpfarrer, der ihn zum katholischen Glauben bekehren wollte.
Im Kloster befindet sich auch eine Ausstellung eines japanischen Künstlers, die sich dem Thema Wasserscheide zwischen Mittelmeer und Atlantik widmet. Infos unter notredamedesneiges.com.

Nach einem Richtungswechsel geht es rechts am Waldrand entlang auf breitem Forstweg hinab zum Kloster von **Notre-Dame des Neiges** ❺. Am Kloster setzten wir geradeaus, an der kleinen Kapelle vorbei, die Richtung fort. Von unten blicken wir nochmal zurück auf die Anlage und können erst aus dieser Perspektive die Größe des Gebäudes ausmachen. Wir bleiben auf dem Teersträßchen und halten uns nach der 180-Grad-Kehre rechts. An einem Bauernhof vorbei, geht es auf breiter Piste weiter, die bald darauf wieder auf eine Straße mündet. Kurz vor dem Ort ziehen wir rechts einen steinigen Pfad hinab, der direkt ins Zentrum von **La Bastide-Puylaurent** ❻ führt.

S 7 La Bastide-Puylaurent – Chasseradès

3.30 h | 12.4 km | ↗410 m | ↘250 m

Unterkünfte: Chasseradès (1174 m, 140 EW): **1.** GE Les Airelles, Route de la Gare, 15 B, €€, Tel. 06 70 74 38 38 oder 06 86 61 66 60, lesairelles48.fr, HP, Wifi, Mitte April – Mitte Nov, ab 16 Uhr. – **2.** CdH Le Relais de Modestine, Village, 14 B, €€, Tel. 04 66 46 29 16 oder 06 69 52 75 90, lerelaisdemodestine.fr, HP, Wifi, Esel erlaubt, Jan–Mitte Nov., ab 15.30 Uhr. – **3.** GE und CdH Le Sous-Bois de Jade, Le Village, 20 B, €€, booking.com, Wifi, Esel und Hunde erlaubt, Mitte April–Mitte Okt. – **4.** Hôtel Les Sources, Village, 30 B, €€, Tel. 04 66 46 01 14, hotel-lozere.fr, HP, Wifi, engl., Hunde und Esel erlaubt, April–Okt. – **5.** Camping Municipal, Route de Grossefage, 30 Pl, €,Tel. 06 49 59 06 65, campingmunicipalchasserades@orange.fr, Wifi, Esel und Hunde erlaubt, Mai–Sept. – **6.** Camping Ferme de Prat Claux, 25 Pl, €, Tel. 04 66 46 06 64 oder 06 73 04 14 08, fermedepratclaux.e-monsite.com, Küche, Esel und Hunde erlaubt, Mai–Okt.

Die Strecke: Gut markiert. Auf breiten Wirtschaftswegen wandern wir über das Plateau de la Mourade an gigantischen Windkraftanlagen entlang.

Kritische Stellen: Keine.

Landschaft: Wir verlassen das Tal des Allier und blicken im Aufstieg zum ersten Mal auf die kahlen Kuppen des Mont-Lozère-Massivs in einiger Entfernung. Von der Hochebene geht es nochmal hinab zum Fluss und in einem idyllischen Seitental weiter.

Infrastruktur: Chasseradès.

»Dann folgten Modestine und ich dem Lauf des Allier flußaufwärts, der uns zurück ins Gévaudan führte, in Richtung seiner Quellen im Wald von Mercoire. Er war nur noch ein unscheinbarer Bach, als wir von seinem Geleit abließen. Von da ging es über einen Hügel und eine kahle Hochfläche, bis wir bei Sonnenuntergang Chasseradès erreichten«.

An der zentralen Kreuzung in der Ortsmitte von **La Bastide-Puylaurent** ❶ biegen wir rechts ab, überqueren den Allier und wandern Richtung Gare SNCF. Wir gehen am Wartehäuschen vorbei und überqueren dahinter nach links die Gleise. Achtung – der Fußgängerdurchgang muss von Hand geöffnet werden. Wir folgen den Markierungszeichen, anfangs auf Asphalt und nach der Kehre auf geschottertem, schattigem Waldweg bergauf. Auf dem langen, aber gemächlich ansteigenden Wirtschaftsweg nimmt uns

i *La Bastide-Puylaurent*

Bis zum 18. Jh. war der Ort ein Weiler entlang des Regordane-Weges mit wenigen Häusern, in denen vorwiegend Maultiertreiber lebten, die den Pilgern den beschwerlichen Weg durch die Cevennen erleichterten. Erst im 19. Jh., mit der Eröffnung der Bahnlinie von Nîmes nach St-Germain-des-Fosses, wuchs die Gemeinde. 1741 wurde die Kirche errichtet, und rund um den höchsten Bahnhof der Strecke siedelte sich bescheidene Infrastruktur an. Heute ist er Etappen- oder Zielort vier großer GR-Fernwanderwege.

sofort die Stille des Waldes wieder auf, wenn nicht gerade ein Trupp laut parlierender Wanderer vor oder hinter uns marschiert. An einer Kreuzung halten wir uns links und genießen die prächtige Aussicht auf die Berge des Parc Régional des Mont d'Ardèche gegenüber. Schattige Abschnitte wechseln sich ab mit sonnigen. Nach fast einstündigem Anstieg haben wir uns am Picknickplatz **La Mourade** ❷ die Pause wirklich verdient. Wir biegen rechts ab und wandern auf dem Plateau de la Mourade direkt auf die mächtigen Windkraftanlagen (Parc Éolien des Taillades Sud) zu. Je nach Windstärke begleitet uns nun das Rauschen der gigantischen Rotoren auf etwa zwei Kilometer Länge. Ein Geräusch und Anblick, dem wir Wanderer uns in Zukunft nicht mehr verschließen können – sind doch eben die Höhen, die wir lieben, prädestiniert, um auf diese Art Strom zu erzeugen. Am Wegweiser **Les Taillades** ❸ biegen wir links ab. In der Ferne blicken wir schon auf unser nächstes Zwischenziel, das flache und kahle Plateau des Mont Lozère. Etwa 15 Minuten nach dem Ende der Windkraftanlagen erreichen wir die Kreuzung **Réchaubo** ❹ mit vier Wegen und biegen links ab. Ähnlich wie beim Anstieg

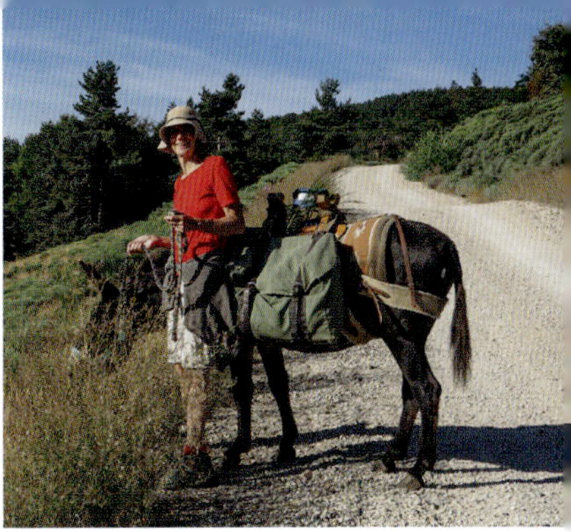

Jede Gelegenheit wird zum Fressen genutzt.

Unter dem Rauschen der Windkraftanlage.

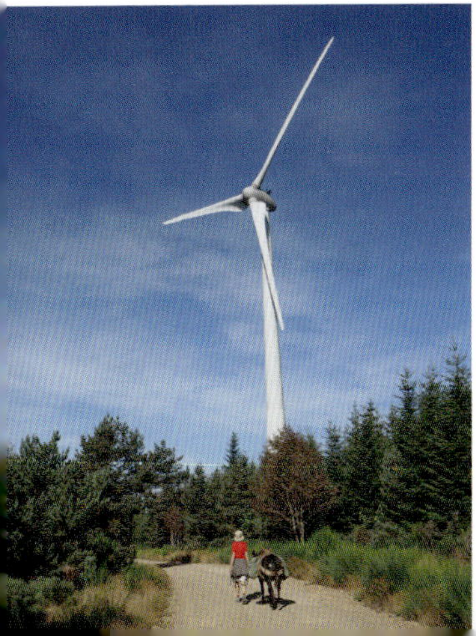

Eigenwillige Interpretation von Stevenson und Modestine.

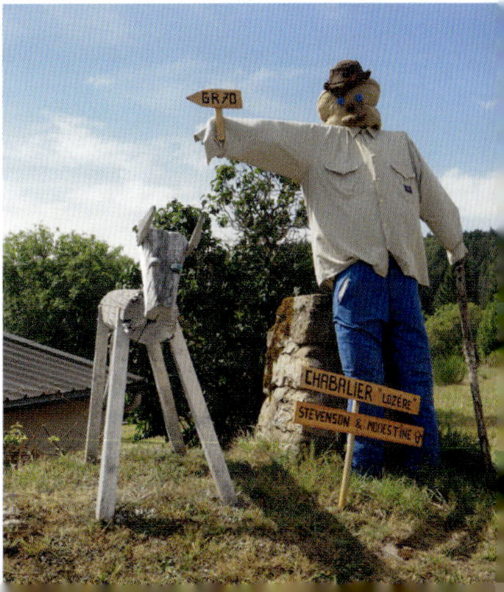

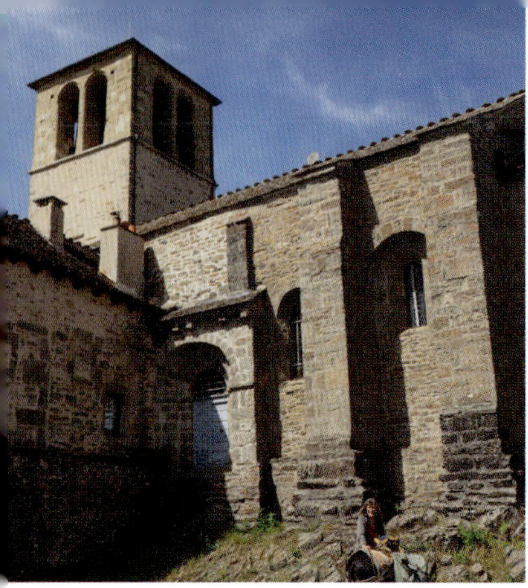

Die romanische Kirche von Chasseradès aus dem 12. Jh.

zuvor, verlassen wir die Hochebene auf breiter Piste und schlendern langsam und stetig talwärts. Im Weiler **Chaballier** ❺ vollziehen wir fast eine 180°-Wende nach rechts und spazieren auf dem Teersträßchen hinab ins Tal des Allier. Die Wiese unterhalb der Brücke ist ein beliebtes und lauschiges Plätzchen für eine Rast am klaren Wasser des hier noch moderaten Cevennenflusses. Nach der Brücke im Tal verlassen wir die Straße wieder nach rechts und wandern mit sanftem Anstieg auf Naturweg durch eine hübsch geschwungene Landschaft mit Wiesen und Feldern. Nach einem gepflegten Anwesen biegen

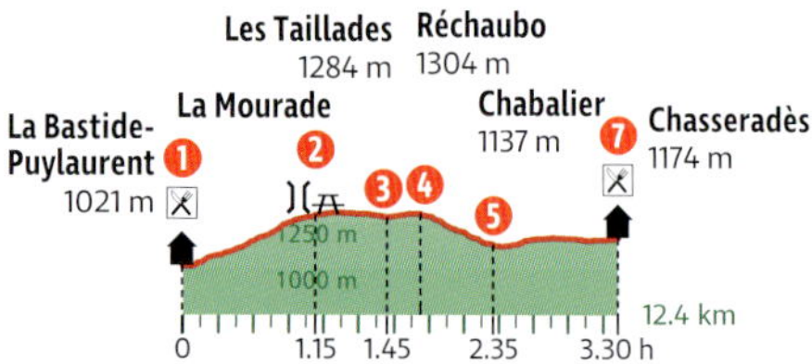

Am Picknickplatz La Mourade.

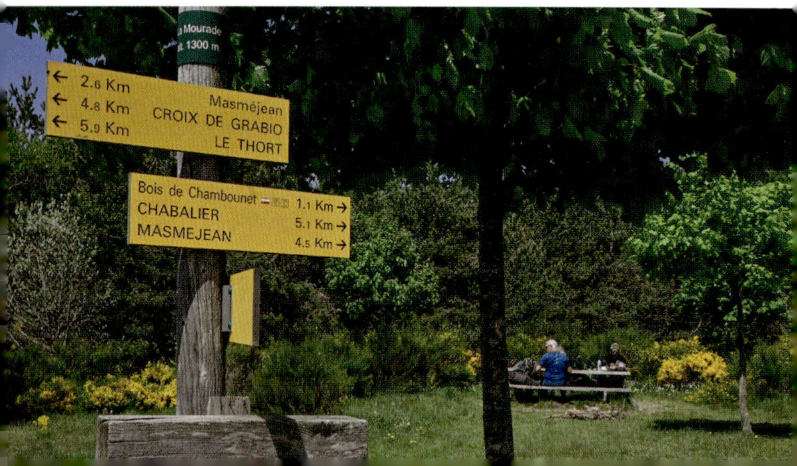

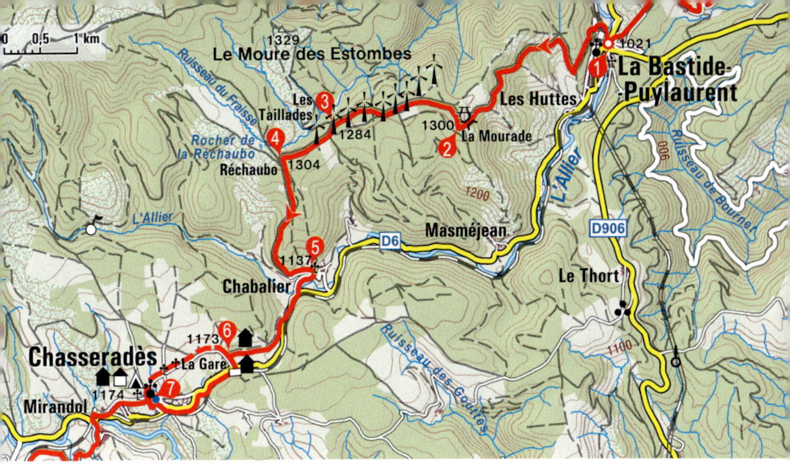

wir an der Kreuzung **La Gare** ❻ links ab (der Bahnhof befindet sich allerdings jenseits der D6). Sollten Sie nicht in den Unterkünften Le sous bois de Jade, Hôtel Les Soures und Gîte Les Airelles übernachten, gehen Sie an dieser Stelle entgegen der Markierung nach rechts. Dieser Weg führt ebenfalls nach Chasseradès, ist aber wesentlich ruhiger und angenehmer, da er nicht an der gut befahrenen D6 entlangführt. Ansonsten biegen wir links ab, schwenken nach 200 m nach rechts auf die D6, an deren Seitenstreifen wir nun für gut einen Kilometer entlangmarschieren. Interessant zur Linken: die Schneeverwehungstunnel der Bahnstrecke, die hier in den niederschlagsreichen und windigen Wintern für freie Gleise sorgen. Wir verlassen die D6 nach rechts und wandern an der Épicerie Le Panier Gourmand und am Relais du Modestine vorbei in das verträumte Cevennendörfchen **Chasseradès** ❼ mit seiner dominierenden romanischen Kirche aus dem 12. Jh.

i ***Chasseradès***

Die romanische Kirche mit ihrem imposanten quadratischen Glockenturm und verzierten Kapitellen stammt wie viele andere der Gegend aus dem 12. Jh. Ein Bahnhof der 1902 in Betrieb genommenen Bahnlinie zwischen Mende und Alès verhalf dem Dörfchen zu einem bescheidenen Aufschwung. Vom kleinen Park oberhalb des Dorfes genießt man einen herrlichen Blick über Kirche und Tal. Stevenson nächtigte hier im einzigen Gasthaus zusammen mit Vermessungsarbeitern für die neue Eisenbahnstrecke (siehe Etappe S 11). »In dem kleinen Zimmer oben standen vier Betten, und wir schliefen zu sechst. Doch ich bekam ein Bett für mich allein und konnte sie dafür gewinnen, das Fenster offen zu lassen«.

S 8 Chasseradès – Station Mont Lozère

6.45 h | 22.4 km | ↗ 880 m | ↘ 640 m

Unterkünfte: Les Alpiers (1181 m): GE, CdH und Tipis Loz'Air, 19 Pl, €, in Gîte und Tipi, Tel. 06 74 58 64 67 oder 06 76 39 03 55, lozair.net, HP, Wifi, engl., Esel erlaubt, ganzjährig.
Le Bleymard (1079 m, 380 EW): **1.** GE Le Poulitou, 32 Rue Principale, 9 B, €, Tel. 04 66 48 60 62 oder 06 87 12 58 02, gite-chez-le-poulitou.fr, Küche, engl., Mitte April–Mitte Okt. – **2.** GE und Cdh L'Escoutal, Le Bonnetès, 20 B, €, Tel. 04 66 48 64 08 oder 06 66 90 72 54, escoutal.com, HP, Wifi, engl., Küche, Esel erlaubt, April–Mitte Nov., ab 16 Uhr, dort wo GR 70 nach links die D120 verlässt, noch 900 m auf der Straße bleiben. In einer scharfen Rechtskurve nach links die Straße verlassen und der Beschilderung folgen. – **3.** CdH Les Chalets du Goulet, 28 B, €€, Tel. 04 66 45 85 77 oder 07 89 63 35 94, leschaletsdugoulet.com, HP, Wifi, deutsch, engl., Esel erlaubt, ganzjährig, ca. 1,2 km nördlich vom Ort, an der D120. – **4.** CdH La Combette, St-Jean-du-Bleymard, 7 B, €€€, Tel. 06 86 34 01 86, www.lacombette.com, HP, Wifi, April–Okt, ab 16 Uhr, an Kreuzung in Le Bleymard nach rechts und 800 m auf La Route de Mende gehen (D901). – **5.** Hôtel La Remise, Village, 55 B, €€, Tel. 04 66 48 65 80, hotel-laremise.com, HP, Wifi, engl., Hunde und Esel erlaubt, Mitte Feb–Dez. – **6.** Camping municipal La Gazelle, Route de Villefort, 25 Pl, €, Tel. 06 85 76 95 63, mairie@montlozere-goulet.fr, Wifi, Küche, Hunde und Esel erlaubt, Mai–Okt.
Station Mont Lozère (1416 m): **1.** Hôtel GE und Camping Le Refuge, Station du Mont-Lozère, 75 B, €€, Tel. 04 66 48 62 83, vacances-cevennes-lozere.com, HP, Wifi, engl., Küche, Hunde und Esel erlaubt, April–Mitte Okt., Mitte Dez.–März. – **2.** Hôtel und GE Le Relai des Cerfs, Station du Mont Lozère et Goulet, 80 B, €, Tel. 04 66 48 35 21, montlo-cerfs.fr, HP, Wifi, Hunde erlaubt, ganzjährig.

Die Strecke: Gut markiert. Die Anstiege werden heftiger und befinden sich meist auf schattigen Waldwegen und -pfaden.

Kritische Stellen: Der alte Maultierpfad vor Carrefour Cubizolle ist anstrengend.

Landschaft: Wir verlassen die Niederungen des Allier und überschreiten den Höhenzug Montagne du Goulet, auf dem der Lot entspringt. Dunkle Wälder wechseln sich ab mit kahlen Hochflächen, die oft zerschnitten sind von den breiten Viehpfaden (drailles) der Transhumanz (s. Seite 89).

Infrastruktur: Les Alpiers; Le Bleymard €@; Station Mont Lozère.

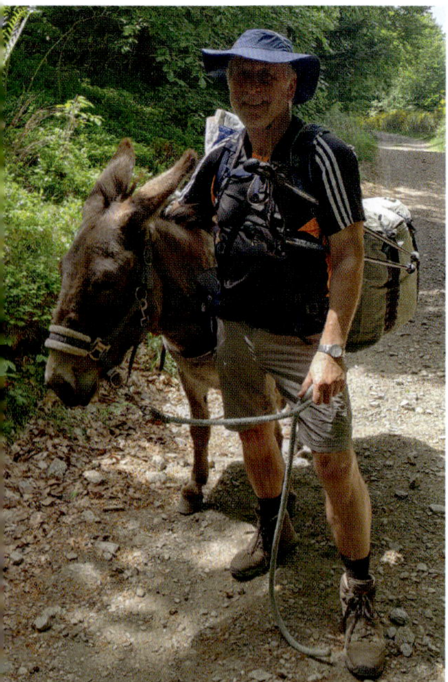

Treuer Begleiter.

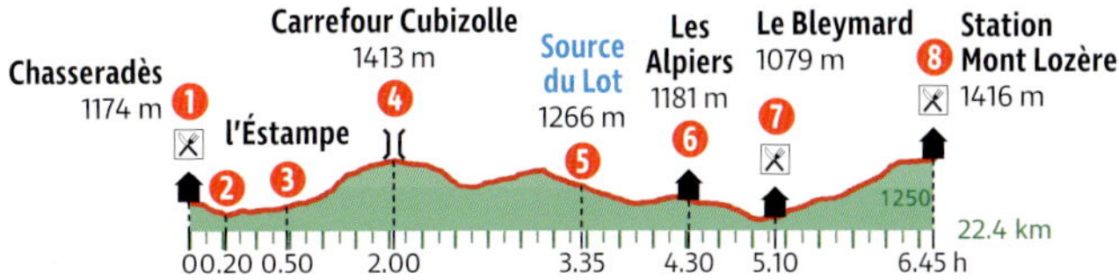

Wir starten an der romanischen Kirche St-Blaise aus dem 12. Jh. im Ortsmittelpunkt von **Chasseradès** ❶ und verlassen den Ort in westlicher Richtung, am Friedhof (Trinkwasserstelle) vorbei. Schon von Weitem sticht das gewaltige Viadukt ins Auge, das den Fluss Chassezac überspannt. Über zwei Kehren steigen wir, an herrlichen alten Steinhäusern des Örtchens **Mirandol** ❷ vorbei, hinab ins Tal und unterqueren an den mächtigen Pfeilern die Bahnlinie. Die Bahnstrecke von Monastier nach La Bastide-St-Laurent-les-Bains, auch als »Dachlinie Frankreichs« bezeichnet, erreicht eine Höhe von 1200 m und überquert zwischen Margeride und Mont Lozère die Wasserscheide zwischen Atlantik und Mittelmeer. Während 2021 noch Züge fuhren, wurden 2022 die Züge durch Busse ersetzt. Ob es dabei bleibt, ist momentan nicht bekannt.
Hinter dem Ort biegen wir rechts ab und steigen auf einem steinigen Pfad empor. Die Landschaft wird zusehends wilder und rauer. Der Weg senkt

Im kleinen Cevennen-Dorf Chasseradès.

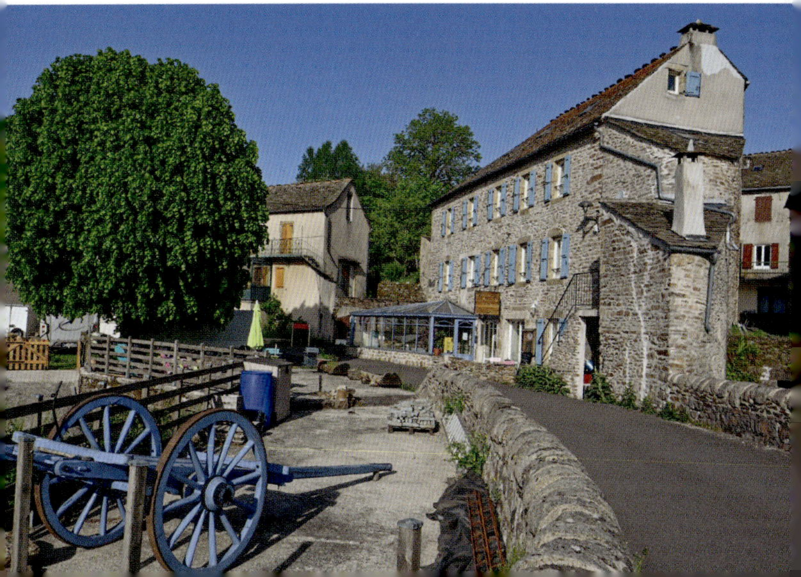

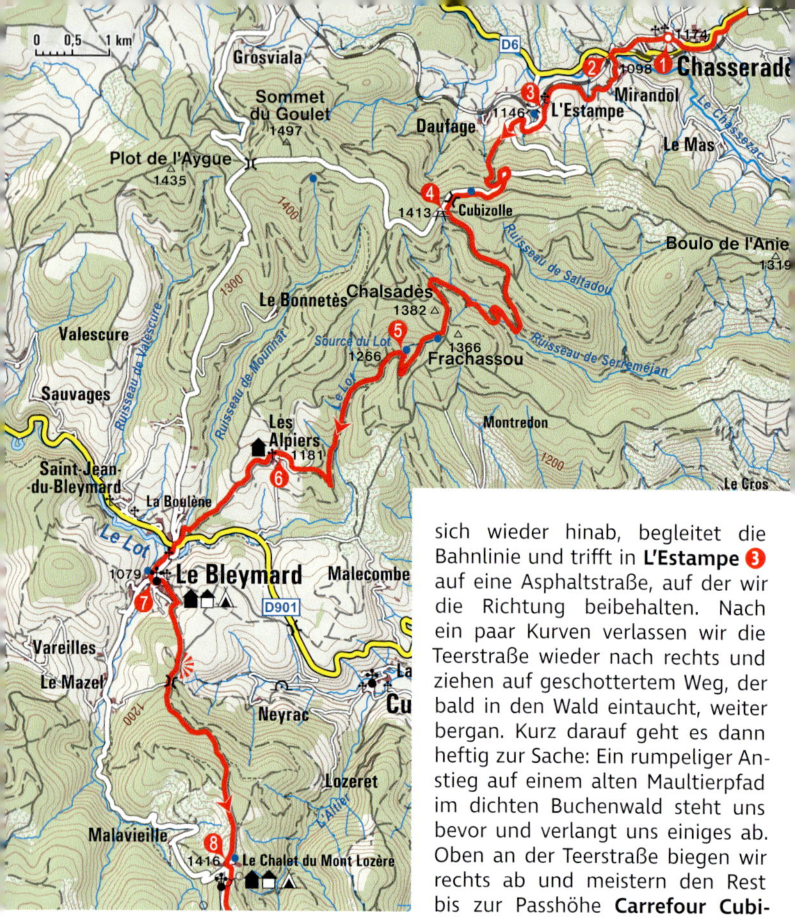

sich wieder hinab, begleitet die Bahnlinie und trifft in **L'Estampe** ❸ auf eine Asphaltstraße, auf der wir die Richtung beibehalten. Nach ein paar Kurven verlassen wir die Teerstraße wieder nach rechts und ziehen auf geschottertem Weg, der bald in den Wald eintaucht, weiter bergan. Kurz darauf geht es dann heftig zur Sache: Ein rumpeliger Anstieg auf einem alten Maultierpfad im dichten Buchenwald steht uns bevor und verlangt uns einiges ab. Oben an der Teerstraße biegen wir rechts ab und meistern den Rest bis zur Passhöhe **Carrefour Cubizolle** ❹ wieder auf Asphalt. Am Gedenkstein haben wir mit 1410 m die höchste Stelle der Etappe in der Montagne du Goulet erreicht.

Wir halten uns links und wandern auf angenehmen Waldwegen gemütlich abwärts. An einer Gabelung wenden wir uns rechts, wie auch an der darauffolgenden Kehre. Dahinter passieren wir die überwucherten Ruinen des verlassenen Dorfes Serremejan. Zweihundert Meter weiter lädt ein schattiger Picknickplatz unter Tannen am glasklaren Wasser eines Bächleins zur Rast ein. Am Wegweiser Frachassou (1356 m) queren wir die breite Piste der Draille des Mulets, einen alten Weg, der früher von Schafherden genutzt

Le Bleymard

Eine Fülle der landestypischen Häuser aus Schiefer und Granitgestein findet man entlang der Hauptstraße. Besonders das Haus Peytavin und das heutige Rathaus sind hervorzuheben. Die imposanten Gebäude wohlhabender Bürger besitzen oft einen L-förmigen Grundriss und einen runden oder quadratischen Treppenturm, der häufig von einem Taubenschlag überragt wird. Ornamente und Wappen zieren die Eingangstür.

wurde. Wir wandern etwas links haltend weiter auf sandigem Waldpfad bergab in Richtung Le Bleymard (6,5 km). Danach geht es auf fast ebenem, herrlichem Weg durch wilden Birken-Kiefern-Mischwald. Am Wegweiser Lou Feyra (1289 m) haben wir schließlich zwei Möglichkeiten, nach Les Bleymard zu gelangen: Wir bleiben dem GR 70 treu, der uns bald zum Abzweig **Source du Lot** **5** bringt. Wer zur Quelle möchte, geht ca. 350 m nach rechts. Mit fast 500 km Länge zählt der Lot zu einem der bedeutendsten Flüsse in Frankreich. Er quert die Cevennen von Ost nach West und mündet schließlich in die Garonne.

Nach einer Linkskehre eröffnet sich das prächtige Tal des jungfräulichen Flüsschens. Inmitten von blühenden Wiesen mit Narzissen und Ginsterstauden beginnt einer der schönsten Abschnitte dieser Etappe. Am Ende des inzwischen schon wieder ansteigenden Talweges biegen wir am handgeschnitzten Schild rechts ab in Richtung Les Alpiers. Oben angekommen, eröffnet sich uns ein prächtiger Ausblick auf den Gebirgszug des Mont-Lozère-Massivs. Vor uns in einer Senke taucht der Weiler **Les Alpiers** **6** auf. Am Abzweig dahinter gehen wir links. Wenn Sie das Glück haben, Mitte Mai nach Les Bleymard hinunterzulaufen, so wandern Sie durch ein gelb blühendes, duftendes Ginsterblütenmeer, das alles bisher Gesehene noch toppt. Wir verlängern kurz auf der D901 und biegen nach dem Supermarkt links ab. Falls Sie noch Bedarf an Lebensmitteln oder Getränken haben und weiter als Station

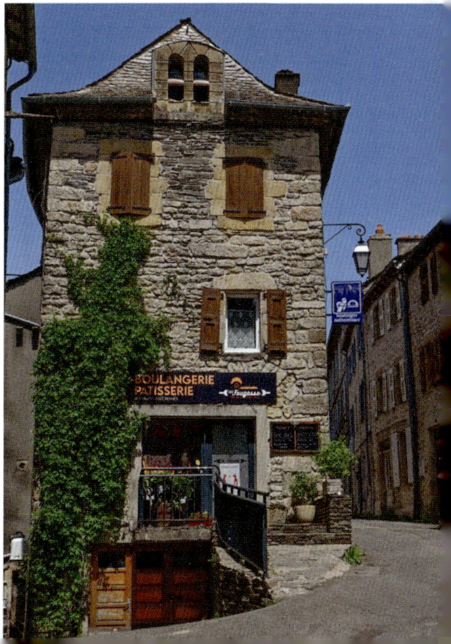

Boulangerie in Le Bleymard.

Mont Lozère marschieren, sollten Sie jetzt einkaufen, bis Le Pont-de-Montvert gibt es keine Möglichkeit mehr.
Wir überqueren den Lot und bleiben dahinter auf dem rechten Zweig (rechts vom Obelisken) und betreten das hübsche Örtchen **Le Bleymard** 7. Gegenüber der Boulangerie gehen wir links hoch und biegen an einem ansehnlichen alten Bürgerhaus sofort wieder rechts ab. Dahinter auf dem Place de l'Église finden wir das Office de Tourisme. Wir marschieren links daran vorbei und ziehen sofort wieder rechts steil bergauf. Oben an der Ortsausgangsstraße biegen wir scharf rechts ab und verlassen diese wieder am Trinkwasserbrunnen nach rechts auf den Schotterweg. Am Schild Col Santel heißt es etwas aufzupassen: Wir lassen uns von anderen weiß-roten Markierungen nicht verwirren und bleiben geradeaus in Richtung Mont Lozère (3 km) und betreten damit die Kernzone des Cevennen-Nationalparks. Nach schweißtreibendem Anstieg auf steilem Waldweg behalten wir ständig die

Viadukt über den Fluss Chassezac bei Mirandol.

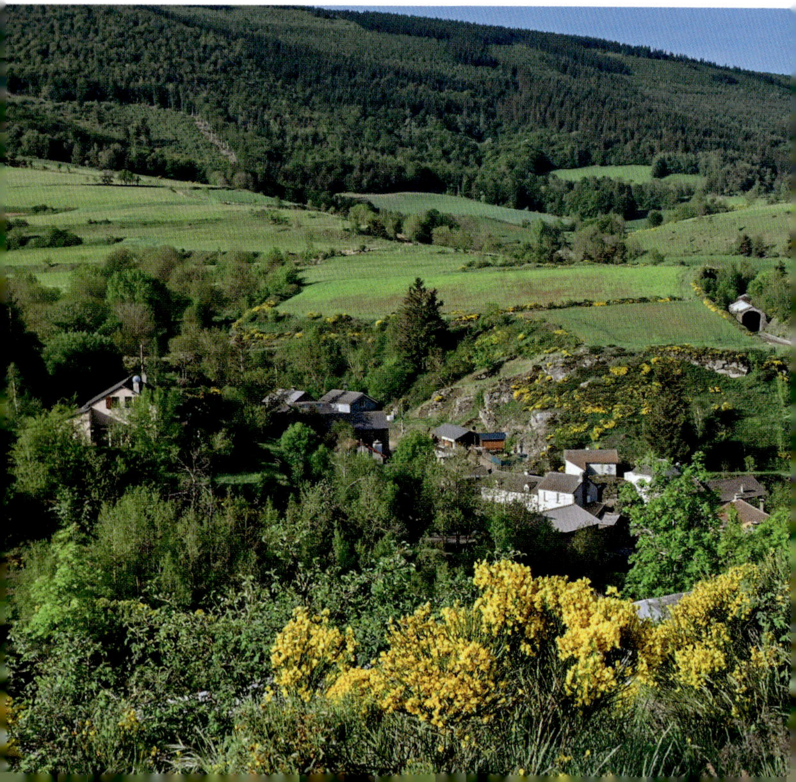

Richtung bei und erreichen nach einer dreiviertel Stunde die Hotelanlagen von **Station Mont Lozère** 8. Damit haben wir den schlimmsten Teil des Anstiegs hinter uns und können dem Rest gelassen entgegensehen.

i ***Montagne du Goulet***

Vorgebirge des Lozère-Massivs, das in derselben Streichrichtung in West-Ost-Richtung verläuft. Der 20 km lange Kamm gehört zum Margeride-Massiv, ist geologisch mit den südlichen Cevennen verbunden und besteht vorwiegend aus Schiefer, auf dem Fichten und Tannen gedeihen. Den reichlichen Niederschlägen von 1100 bis 1500 mm im Jahr entsprechend, entspringen viele Flüsse auf dem bis zu 1497 m hohen Höhenzug. Der bekannteste davon ist der Lot, der nach 485 km in die Garonne mündet. Die Montagne du Goulet bilden die Wasserscheide zwischen Mittelmeer und Atlantik.

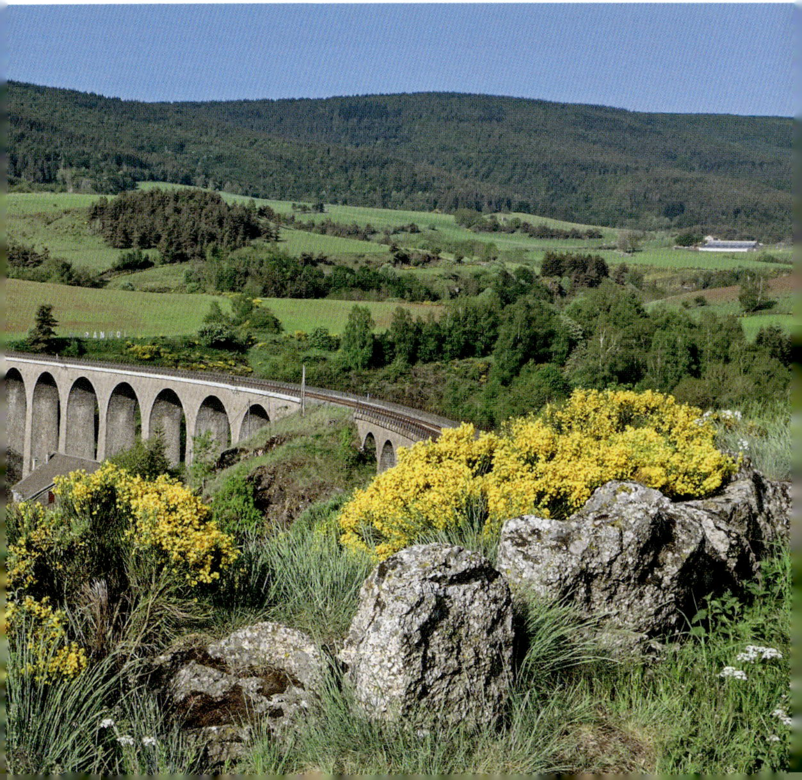

S 9 Station Mont Lozère – Le Pont-de-Montvert

4.45 h | 15.1 km | ↗ 310 m | ↘ 840 m

Unterkünfte: Finiels (1241 m): **1.** CdH Maison Victoire, 13 B, €€, Tel. 04 66 45 84 36, gites-mont-lozere.com, HP, Wifi, engl., Esel erlaubt, ganzjährig. – **2.** Camping La Barette, 25 Pl, €, Tel. 04 66 45 82 16, gites-mont-lozere.com, Küche, Hunde und Esel erlaubt, Mai–Sept.
Le Pont-de-Montvert (876 m, 330 EW): **1.** Gîte du Chastel, Quartier de la Moline, €, Tel. 06 11 59 76 93 oder 06 80 21 14 10, cevennes-gites.com, HP, Wifi, Küche, engl., ganzjährig. – **2.** GE communal, L'Estournal, €, Tel. 04 66 45 80 10 oder 06 98 61 05 69 (Camping 04 66 45 82 88), gite@mairiepontdemontvert.fr, Küche, Hunde und Esel erlaubt, März–Ende Sommerferien. – **3.** Hôtel Auberge des Cévennes, la Placette, €€, Tel. 04 66 45 80 01, auberge-des-cevennes.com, HP, Wifi, engl., Esel erlaubt, April–Mitte Nov., historisches Hotel in dem Stevenson schon nächtigte. – **4.** Hôtel La Truite Enchantée, Le Quai, 16 B, €€, Tel. 04 66 45 80 03, HP, Wifi, engl., Hunde erlaubt, Mitte April–Okt. –
5. Camping municipal Le Gilliaou, Quartier du Chambon, €, Tel. 04 66 45 82 88, pontdemontvert-sudmontlozere.fr, Küche, Hunde und Esel erlaubt, Mitte März–Okt.

Die Strecke: Gut markiert, außer oben auf dem Sommet de Finiels. Wiesenwege, Pfade und Forstwege im Wechsel. Bei Nässe heißt es aufpassen beim Abstieg nach Le Pont-de-Montvert. Keine Versorgungsmöglichkeit unterwegs.

Kritische Stellen: Bei schlechter Witterung mit Regen, Schnee oder Nebel (la pluie, la neige ou le brouillard) kann die Orientierung auf dem vegetationslosen Sommet de Finiels beeinträchtigt sein. Man sollte der ausgeschilderten Variante folgen.

Landschaft: Wir überschreiten den höchsten Punkt des Cevennen-Nationalparks mit eindrucksvollen Aussichten in alle Richtungen – gutes Wetter vorausgesetzt. Im Abstieg durchwandern wir eine traumhaft schöne und abwechslungsreiche Landschaft, in der überall die rundlichen Granitblöcke dahingesprenkelt liegen. Eine der schönsten Etappen des Stevensonweges.

Infrastruktur: Finiels; Le Pont-de-Montvert (Juli/Aug.).

Die Pierres de Montojes weisen den Wanderern den Weg.

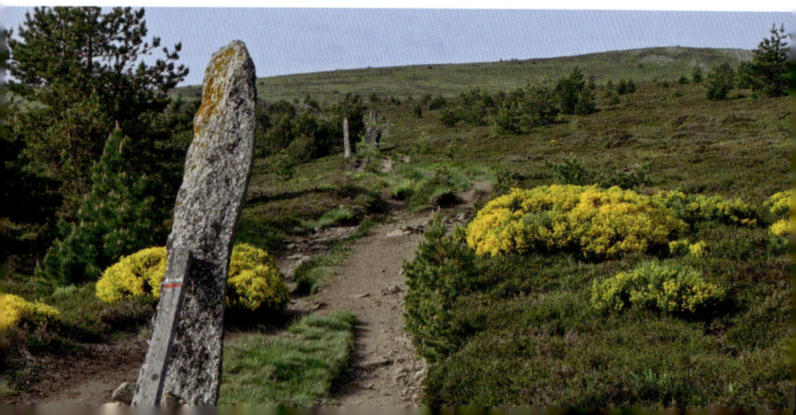

Transhumanz

Auf noch heute deutlich erkennbaren Pisten, auch Draille genannt, zogen früher im Sommer bis zu 100.000 Schafe aus den trockenen Ebenen des Südens zu den kühlen Hochgebirgswiesen des Mont Aigoual, des Mont Lozère und der Montagne du Goulet. Die großen Grasflächen auf den Höhen boten beste Weideflächen, im Gegensatz zu den ausgedörrten Weiden in den südlichen Trockengebieten. Im Mai wurden die Schafe geschoren und danach mit einem individuellen Zeichen gekennzeichnet, damit die unterschiedlichen Eigentümer ihre Tiere auseinanderhalten konnten. Der Herdenauftrieb, die »Transhumance« war ein großes Ereignis, bei dem die Schäfer ihre Tiere aufwendig mit bunten Wollbüscheln auf Kopf und Rücken schmückten und zum Teil mit Glöckchen ausstatteten. In den Herden sammelten sich im Laufe des Zuges bis zu mehrere Tausend Tiere, die Anfang Juni dann gemeinsam in die Höhe zogen – ein Vorgang, der sich über Wochen hinziehen konnte und in den Dörfern gefeiert wurde. Schäfer mit ihren Hunden begleiteten die Herden und blieben den ganzen Sommer oben bei ihren Schützlingen. Zum Übernachten hatten sie einen Schäferwagen oder eine transportable Holzkiste, die mit Stroh ausgefüllt war. Im September, nach den ersten Kälteeinbrüchen, ging es wieder zurück in die Heimatregionen im Languedoc, wo anschließend manche der Schafe auf dem Michaelismarkt verkauft wurden.

Heute ist die Tradition fast ausgestorben. Nur noch wenige Tausend Schafe werden auf die Hochflächen gebracht, manchmal nur noch als Touristenattraktion. Im Nationalpark erfährt man das Datum der Herdentriebe. Lediglich die Spuren in der Landschaft, meist breite, vegetationslose Schneisen, sind noch deutlich auszumachen. Der Name des Col de la Draille, kurz vor dem Sommet de Finiels, weist auf die Tradition hin.

Vom Parkplatz vor den Gebäuden der Hotels und Skiressorts der **Station Mont Lozère** ❶ ziehen wir los in Richtung der kahlen Kuppe des Mont Lozère, vorbei an der futuristischen Kirche, die komplett aus grauem Schieferstein erbaut ist. Auf ausgetretenem Trampelpfad neben der Straße oder auf der breiten Piste geht es sanft bergan. Mannshohe Hinkelsteine aus Granit, die »Pierres de Montjoies«, weisen uns den Weg und sind dem Wanderer, Pilger oder Reisenden dienlich, vor allem bei Nebel oder schlechtem Wetter, was hier oben nicht selten ist. Schon Stevenson nutzte die Wegweiser: *»Der Pfad, dem ich am Abend gefolgt war, verlor sich bald und ich folgte nun bei meinem Aufstieg über die karge Grasnarbe einer Reihe von Marksteinen, wie sie mir schon den Weg über den Goulet gewiesen hatten«.* Auf manchen der Steine, kurz vor dem Gipfel, sind achtzackige Malteserkreuze eingeritzt. Der Malteserorden besaß über 600 Jahre Besitzungen am Mont Lozère.

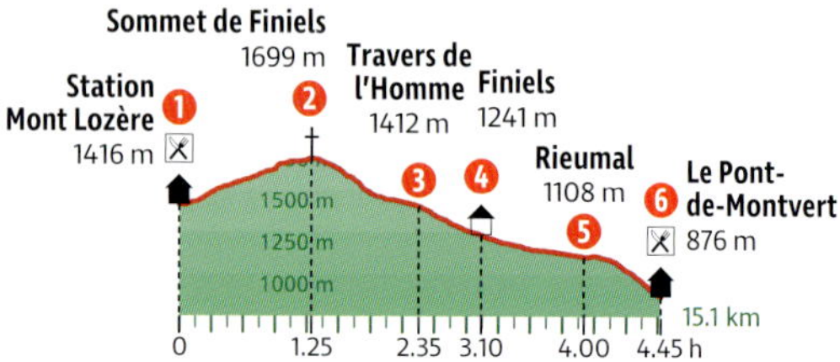

Bald erreichen wir die Baumgrenze, und eine Heidelandschaft macht sich breit. Der karge, mit Granitblöcken gesprenkelte Bergrücken liegt direkt vor uns. Das von Ost nach West ausgerichtete Massiv des Mont Lozère besteht aus Granit, das vor etwa 300 Millionen Jahren im Innern der Erdkruste erstarrte. Durch Erosion aus Wind, Regen Schnee und Eis entstand das rundlich geformte Relief mit den wollsackverwitterten Felsblöcken. Oben, kurz vor dem Gipfel, am Wegweiser Col de la Draille (1633 m) ist die abkürzende Variante (geradeaus) ausgewiesen, die bei Nebel oder Schnee begangen werden soll. Wer über den Gipfel geht, biegt rechts ab.
Allmählich werden die wegweisenden Stelen weniger und es wird deutlich, warum die Warnung ernst genommen werden sollte. Bei schlechtem Wetter und geringer Sichtweite ist die Gefahr, die Orientierung zu verlieren, groß. Kurz vor dem Gipfel kann eine Fliehburg aus Lesesteinen im Falle kräftiger Winde Schutz bieten. Wir wenden uns nach links und erreichen nach kurzem letztem Anstieg den **Sommet des Finiels** ❷, 1699 m. Oben bieten Panoramatafeln in alle Himmelsrichtungen Orientierung über die umliegenden Höhenzüge. Angeblich solle man von hier zuweilen die Segel

Auf dem kargen Sommet des Finiels (1699 m), dem höchsten Punkt des Stevensonweges.

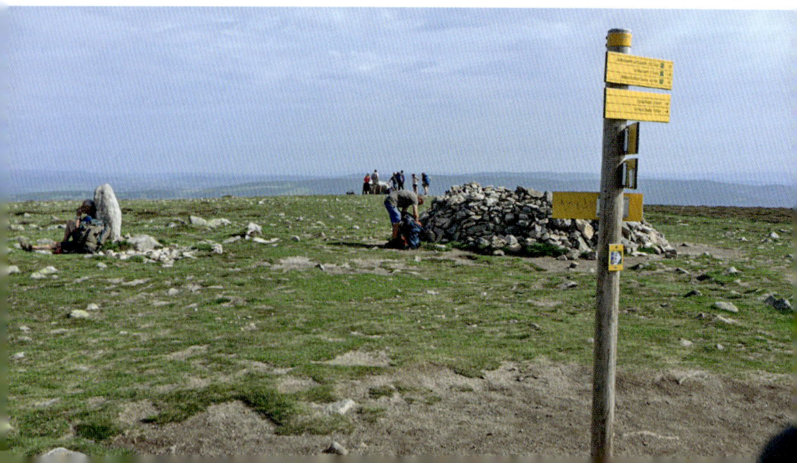

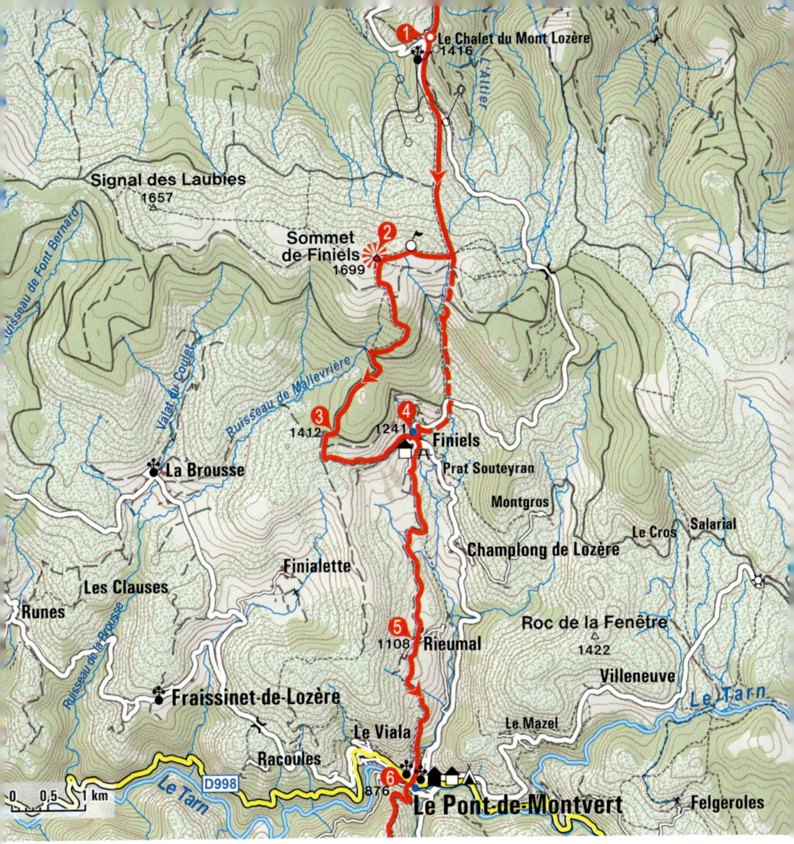

von Schiffen im Mittelmeer erblicken können, berichtete Stevenson von Erzählungen Einheimischer.

Am höchsten Wegweiser unserer Tour biegen wir links ab und wandern auf der deutlich zertrampelten Grasnarbe in südlicher Richtung bergab. An der Baumgrenze geht es nach links, nun auf befestigtem Weg weiter. Wenige Meter danach steigen wir rechts bergab durch ein Meer von Zwergkiefern in herrlicher Heidelandschaft. Fast wie im Märchen muten die zum Teil moosüberzogenen Bäume zwischen den bizarren Felsbrocken an. Stevenson schreibt über den Abstieg vom Mont Lozère: *»Wenig tiefer zeichnete sich so etwas wie ein Pfad ab und schlängelte sich in Korkenzieherwindungen einen halsbrecherischen Hang hinunter. Er führte in ein Tal zwischen abschüssigen Hügeln, stoppelig mit Felsbrocken wie ein abgeerntetes Korn-*

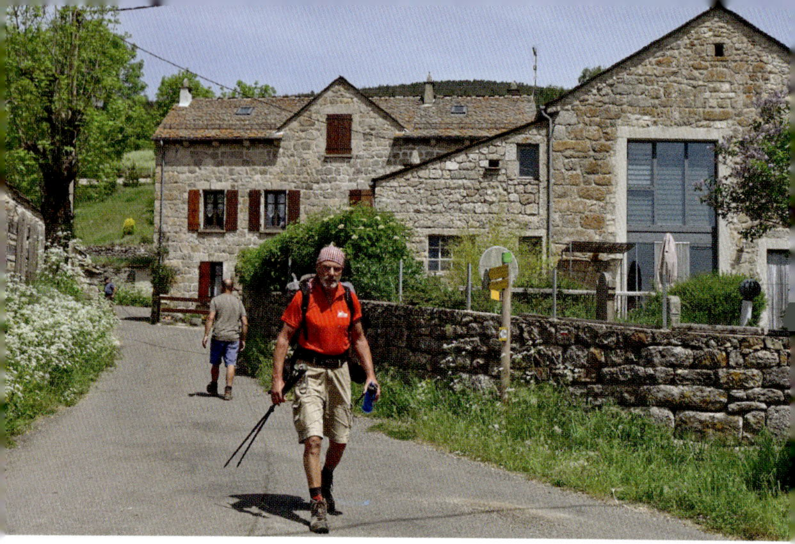

Weiter geht's mit frisch gefüllter Wasserflasche.

feld und weiter unten mit grünen Wiesenteppichen ausgelegt«. Am Ende dieses Wurzel- und Steinpfades biegen wir rechts ab (1481 m) und wandern kurz dahinter in spitzem Winkel nach links weiter. Eine Schutzhütte bietet eine Möglichkeit zur Rast. Der Tannenwald nimmt uns wieder auf, und auf breitem Forstweg erreichen wir die Kreuzung **Travers de l'Homme** ❸, wo wir rechts abbiegen. Kurz darauf geht es links haltend auf ruppigem Steinpfad weiter bergab. Nach Verlassen des Waldes eröffnet sich uns eine zusehends karge, fast mediterran wirkende Landschaft aus Kalkstein. Wir verlassen den holprigen Pfad nach links. Pittoresk wirken rechts und links des Weges die mit Steinmauern untergliederten Weideflächen, die zum Teil mit gelb blühendem Ginster überzogen sind. Auch an den abgebrannten Flächen erkennen wir, dass wir immer mehr in südliche Gefilde vorstoßen.
In **Finiels** ❹ biegen wir am Brunnen (Trinkwasser) rechts ab und folgen der Beschilderung durch den Weiler. Hier beginnt einer der Höhepunkte des gesamten Stevensonweges: Ein traumhaft schöner Feldweg mäandert durch eine Weidelandschaft mit eingesprenkelten Granitblöcken in allen Größen und Formen. Dazwischen verlaufen plätschernde Bächlein, deren Ufer mit blühendem Ginster eingerahmt sind. Wie von Riesenhänden aufeinander gestapelt, liegen zum Teil ganze Haufen von Steinkolossen übereinander oder in Reihen nebeneinander. Jede Kurve bietet einen neuen fantastischen Anblick.
Im Weiler **Rieumal** ❺ überqueren wir ein Sträßchen und setzen auf einem Wiesenweg fort. Beim Abstieg nach Le Pont-de-Montvert ist wieder

Le Pont-de-Montvert

Das pittoreske Ensemble der Häuser rund um die alte Bogenbrücke aus dem 17. Jh. über den Tarn mit seinem alten, an dem früher Durchreisende und auch Wanderschafherden ihren Zoll entrichten mussten, könnte man fast als Gesamtkunstwerk bezeichnen. Ohne Zweifel ist es der schönste Ort am Stevensonweg, der allerdings auch dunkle Zeiten hinter sich hat (siehe Camisardenkriege, Infokasten Seite 96). Und welcher Kontrast blickt man zurück auf die baumlose Steppenlandschaft des Mont Lozère. Man muss Stevenson beipflichten, der bei seiner Durchreise entzückt schrieb: »Dem Ort mit seinen Häusern, seinen Gassen, seinem glitzernden Flußbett haftete eine nicht zu beschreibende südliche Note an«.

Mehrere GR-Fernwanderwege führen durch den Ort, der vom Tourismus lebt, aber dennoch seinen Charme bewahrt hat. Viele Häuser der Grand Rue sind mit Schildern versehen, die über die Architektur und auch seine Bebauer und Bewohner Auskunft geben.

Konzentration angesagt: Auf rumpeligem Steinpfad, eingesäumt mit Natursteinmauern, geht es bergab. Wer in der Gite Communal übernachtet, biegt nach dem Ortseingang scharf links ab. Am Weg dorthin befindet sich auch ein kleines, alternatives Fast-food-Restaurant (Le Buffadou). Ansonsten geht es geradeaus weiter, der Markierung folgend, bis zur D998. Dort biegen wir links ab und sind nach ein paar Schritten im Zentrum des zauberhaften Örtchens **Le Pont-de-Montvert** 6 an der Brücke über den Tarn.

Mahnmal für den Krieg gegen die Camisarden: die Brücke in Le Pont-de-Montvert.

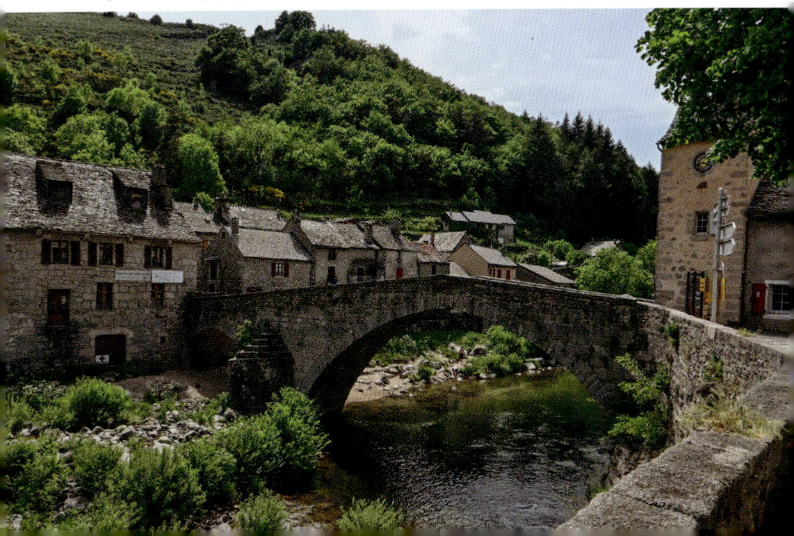

S 10 Le Pont-de-Montvert – Florac

8.45 h | 29.5 km | ↗800 m | ↘1130 m

Unterkünfte: Mijavols (940 m): **1.** GE à la Ferme de Mijavols, 14 B, €, Tel. 04 66 45 09 04, fabien-martine.chaptal@orange.fr, Küche, Hunde und Esel erlaubt, ganzjährig, 2,8 km abseits des Weges, beim Abstieg vom Signal du Bougès kurz vor der Schutzhütte dem ausgeschilderten Abzweig nach links folgen. **Bédouès** (583 m, 280 EW): **1.** CdH La Petite Auberge, Impasse de la Serve, 8 B, €€, Tel. 07 50 29 40 96, lapetiteaubergelozere.com, Wifi, Hunde und Esel erlaubt, ganzjährig. – **2.** CdH La Collegiale, Quartier de lÉglise, 15 B, €€, Tel. 04 66 31 61 93 oder 07 88 28 54 76, lacollegialenicoledidier@gmail.com, Wifi, Hunde und Esel erlaubt, ganzjährig. – **3.** Camping Chon du Tarn, €, Tel. 04 66 45 09 14, camping-chondutarn.com, Wifi, engl., Hunde und Esel erlaubt, Mai–Okt. – **4.** Camping Chantemerle, Lieu di La Pontèze, €, Tel. 04 66 45 19 66 oder 07 49 94 58 10, camping-chantemerle.com, Wifi, deutsch, engl., Hunde und Esel erlaubt, März–Okt. **Florac** (550 m, 1900 EW): **1.** GE Carline-Presbytère, 18 Rue du Pêcher, 14 B, €, Tel. 04 66 45 24 54 oder 06 74 33 69 94, gite-florac.fr, Wifi, Küche, Mitte April–Mitte Sept. – **2.** GE Relais des Cévennes, 7 Place du Saguenay, €, Tel. 06 44 95 33 68, relaisdescevennes@gmail.com, HP, Wifi, Hunde und Esel erlaubt. – **3.** CdH Les Chambres du Thérond, 26 Rue du Thérond, 8 B, €€, Tel. 04 66 45 17 22 oder 06 87 48 86 39, du-therond.com, Wifi, engl., deutsch, April–Okt., ab 16.30 Uhr. – **4.** CdH Les Tables de la Fontaine, 31 Rue du Thérond, 11 B, €€, Tel. 04 66 65 21 73, tables-de-la-fontaine.com, HP, Wifi, engl., ganzjährig. – **5.** Hôtel Le Pont Neuf, 25 quartier de la Croisette, €€, Tel. 04 66 45 01 67 oder 06 82 56 56 50, florac-hotel-pontneuf.fr, HP, Wifi, Hunde erlaubt. – **6.** Grand Hôtel du Parc, 47 Av Jean Monestier, €€, Tel. 04 66 45 03 05 oder 06 07 24 22 69, grandhotelduparc.fr, HP, Wifi, engl., Pool. – **7.** Camping und Gîte Le Val des Cévennes, 5 Route de Mende, €, Tel. 04 66 31 34 20 oder 06 77 53 95 26, levaldescevennes.com, HP, Wifi, deutsch, engl.,

Nebel auf der Hochebene hinter dem Col de la Planette.

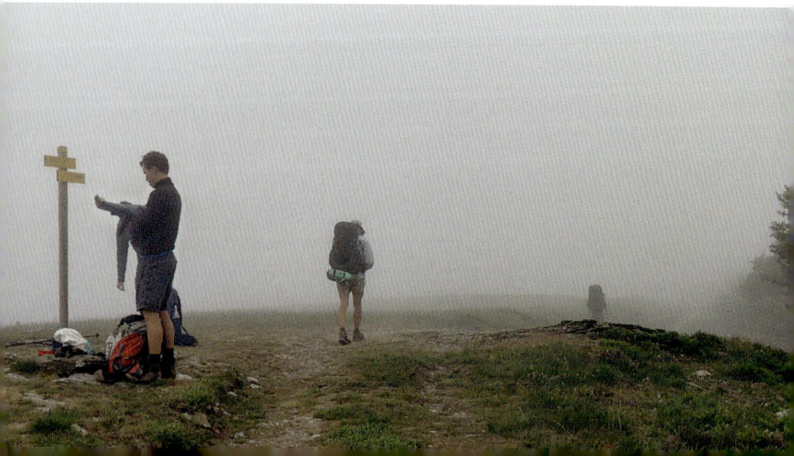

Hunde und Esel erlaubt, März – Okt., vor der Pont Vieux nach links gehen. – **8.** Camping La Tière, Quartier La Tière, €, Tel. 07 88 17 82 88, camping-la-tiere.fr, Wifi, engl., Hunde und Esel erlaubt, Mai–Mitte Okt., an der Pont du Barre 200 m auf D907 weitergehen. – **9.** Camping Le Vagabond, RN 106, €, Tel. 06 80 90 73 07, campinglevagabond.fr, Wifi, Hunde erlaubt, engl., Juli–Aug.

Die Strecke: Gut markiert. Herrlicher, aber auch anstrengender Weg bis zum Signal du Bougèt auf 1416 m Höhe. Meist auf gut begehbaren Pfaden und Waldwegen. Die Etappe ist die anstrengendste der gesamten Tour. Eine Unterteilung wäre in Mijavols möglich. Keine Versorgungsmöglichkeit unterwegs.

Kritische Stellen: Am Wegweiser Fiarouse den Abzweig nicht verpassen.

Landschaft: Nach Le Pont-de-Montvert setzt sich die mit Felsbrocken übersäte Landschaft fort und geht allmählich in die bewaldeten und aussichtsreichen Höhen des Bougès über – eine grandiose Landschaft aus Wald, Wiesen und Kastanienhainen. Beim Abstieg in die Täler von Tarn und Tarnon bekommen wir einen ersten Eindruck über die zertalten Kalkhochflächen der Causses.

Infrastruktur: Mijavols; Bédouès; Florac.

Anmerkungen: Für diese Etappe sollten Sie sich mit Getränken und Lebensmitteln gut eindecken. Es gibt bis Bédouès keine Möglichkeit, etwas zu besorgen.

Variante GR 68: Wir biegen am Abzweig Bédouès 5 links ab und folgen der breiten Piste, die kurz nach einer bemoosten Quelle in der Felswand sanft bergab führt. Gegenüber blicken wir auf die kahlen Höhenrücken der Causse Méjean. An der ersten Gabelung nehmen wir den linken Zweig, der nochmal bergauf führt. An der Kreuzung mehrerer Wege wählen wir den rechts bergab führenden, markierten Forstweg (Florac 3 km). Beim Austritt aus dem Wald eröffnet sich uns ein wunderbares Panorama auf die markanten Felswände der Gorges du Tarn gegenüber. Am Schild des Nationalparks verlassen wir den Forstweg nach links auf einen schmalen Pfad, der uns schöne Ausblicke über die Stadt der drei Flüsse gewährt. Wir überqueren die Straße und den Tarnon und wandern Richtung Stadtmitte.

Wir beginnen in **Le Pont-de-Montvert** 1 an der historischen Brücke über den Tarn, die weniger ruhmvoll in die Geschichtsbücher einging. Dahinter, nach der Bäckerei (Mo und Di geschlossen), links und sofort wieder rechts bergan, stoßen wir auf einen Pfad, der bald durch ein Gatter führt. Zwischen Ginsterstauden zieht der Pfad in steinigen Serpentinen die Flanke des Hügels hoch und gewährt in jeder Kurve herrliche Rückblicke auf den Ort am Zusammentreffen der beiden Flüsse Tarn und Rieumalet. Auch hier flankieren malerische, rundlich geformte Granite den Weg. Nach gut einer halben Stunde haben wir die Hochfläche Cham de l'Hermet erreicht. Hinter den Steinmauern glotzen wiederkäuende Kühe interessiert den Wanderern entgegen. Rechter Hand passieren wir eine alte Schäferei. Im Nordwesten blicken wir auf die Pueches des Bondons, zwei Hügel aus schwarzem Mergel, die der Erosion widerstanden haben.

Am Abzweig zum Weiler Hermet (Chantelout) halten wir uns links und treffen nun auf breiterem Wirtschaftsweg am Rand eines Kiefernwaldes auf den Wegweiser **Fiarouse** 2. Hier haben wir zwei Möglichkeiten, um nach Florac zu kommen:

Camisarden

Als Schlusspunkt der französischen Religionskriege zwischen Katholiken und Protestanten gewährte das Edikt von Nantes 1598 den calvinistischen Protestanten (Hugenotten) Religionsfreiheit. Heinrich von Navarra, selbst vom Protestanten zum Katholizismus konvertiert, leitete damit eine Beruhigung der Auseinandersetzungen zwischen den Konfessionen ein. Die Protestanten durften fortan Kirchen errichten und bekamen ihre vollen Bürgerrechte zurück. Im Oktober 1685 widerrief König Ludwig XIV. das Edikt und die Protestanten wurden erneut aller Rechte beraubt. Hunderttausende flohen in die calvinistischen Gebiete von Holland, Preußen und der Schweiz. In den Cevennen und auch im Languedoc riefen die ersten Laienprediger – Pastoren durften ihren Beruf nicht mehr ausüben – zur Revolte auf. In geheimen Versammlungen, oft in Höhlen oder an abgelegenen Orten, forderten sie zum Widerstand gegen die königliche Willkür auf. Der Terror der königlichen Truppen und die berüchtigten Dragonaden, die Einquartierung der königlichen Dragoner in den ärmlichen Hütten, schürten den Hass der Bevölkerung weiter an und trieben sie erst recht in die Arme der religiösen Guerillaarmee der Camisarden (von okzitanisch camiso = Hemd).

»Sie hatten eine Organisation, Arsenale, eine militärische und religiöse Hierarchie. Ihre Taten waren das Gespräch jedes Londoner Kaffeehauses. England sandte Flotten zu ihrer Unterstützung«, schrieb Stevenson, der sich intensiv mit dem Thema beschäftigte. Im Jahr 1702 gipfelten die Auseinandersetzungen nach der Ermordung des Abbé du Chayla in Le Pont-de-Montvert. Der für seine Grausamkeit verhasste Abt hatte mehrere protestantische Kämpfer eingekerkert und misshandelt. Am 24. Juli 1702 überfielen 50 Camisarden seine Residenz, befreiten ihre Kameraden und ermordeten den Abt auf der Brücke von Le Pont-de-Montvert. Stevenson beschreibt im Detail den Ablauf des Geschehens und auch andere Begebenheiten des Krieges.

Der berüchtigte Camisarden-Anführer Esprit Séguier wurde Tage darauf gefasst und an der Brücke von Le Pont-de-Montvert vor dem Zollturm bei lebendigem Leibe verbrannt. Dies war der Auftakt für mehr als zweijährige brutale Auseinandersetzungen zwischen 2000 bis 3000 Camisarden und 25.000 Soldaten der königlichen Armee. Nach anfänglichen Erfolgen der protestantischen Kämpfer, die mit ihren kleinen flexiblen Truppen viel Unterstützung im Volk hatten, wendete sich allmählich das Blatt. Zur Niederschlagung des Aufstands ließ Ludwig XIV. schließlich 446 Dörfer niederbrennen und verwüsten. Die Cevennen versanken in einem blutigen Gemetzel und wurden für viele Jahrzehnte entvölkert. Im April 1704 erlitt Jean Cavalier, einer der bekanntesten Kämpfer, eine Niederlage und ließ sich auf Friedensgespräche ein. Viele Camisardenführer wurden hingerichtet, anderen gelang die Flucht. Im Lauf der Folgejahre kam es immer

wieder zu neu aufflammenden Kämpfen. Erst im Jahre 1778 wurde von Ludwig XVI. wieder Religionsfreiheit gewährt.
In Mialet (Etappe S 14) wurde im Geburtshaus von Rolland, einem der glühendsten Kämpfer der Camisarden, das Musée du Désert mit einer sehenswerten Ausstellung eingerichtet (März bis Nov. 10–12.30 und 14–18 Uhr, Juni–Sept.: durchgängig geöffnet, museedudesert.com).

Wir bleiben auf der etwas längeren GR 70-Route und biegen links ab. Durch dichten Mischwald, vorbei an mannshohen Farnen, führt uns der Weg hinab zur D20, der wir an der Brücke nach links für etwa 500 m folgen. Wir verlassen die Straße wieder nach rechts und ziehen auf der Betonpiste geradeaus erneut bergauf. Nach einer Weile geht es auf einem Naturweg weiter, schier endlos zieht sich der fast gerade Weg unter Tannen empor. Vorbei am alten Gehöft Champlong-du-Bougès geht es auf schattigem Waldweg weiter, bis wir am Gedenkstein für Raymond Senn, dem Initiator des GR 68, das Gröbste geschafft haben. Wir biegen rechts ab und erreichen nach letztem steilem Anstieg auf schotterigem Schiefer den mit Steinpyramiden übersäten **Col de la Planette** 3. Wer eine kürzere Variante wählt und Florac nicht besuchen möchte, kann hier nach links auf dem GR 72 nach Cassagnas wandern und stößt dort wieder auf den Stevensonweg.
Zehn Minuten danach, am Wegweiser Les Trois Fayard, weist ein Schild (Haute Lieu des Camisards 20 m) auf den Treffpunkt hin, wo sich am 24. Juli 1702 die sechzig Camisarden mit ihrem Kommandanten Esprit Séguier trafen, um

Auf der Hochfläche Cham de l'Hermet.

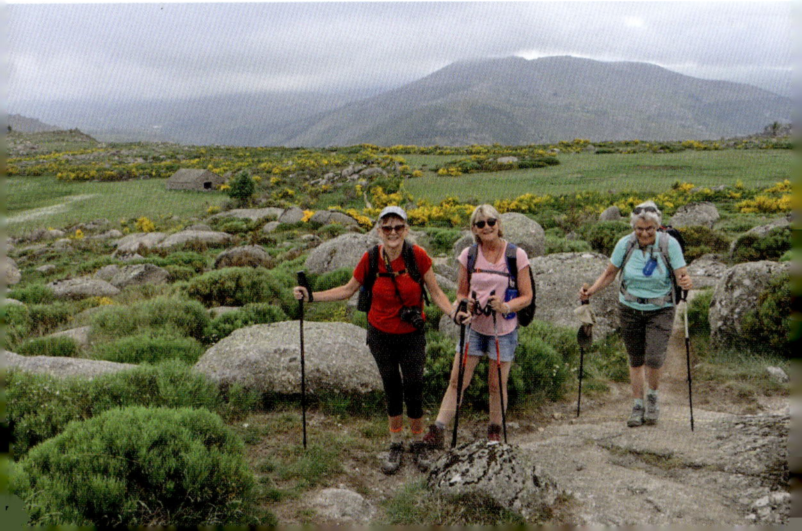

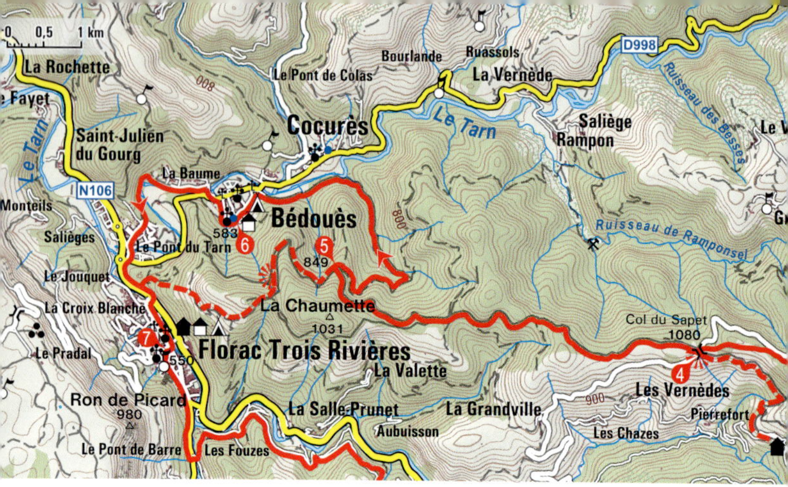

ihren schicksalhaften Gang nach Le-Pont-de-Montvert anzutreten (siehe Infokasten Seite 96). Wir bleiben auf dem GR 70 und ziehen am Waldrand entlang zum höchsten Punkt der Etappe am Signal du Bougès (1416 m). Unerwartet geht es links ab in dichten Buchenwald, wo wir kurz darauf an der Schutzhütte Cabane de Bonnal vorbeimarschieren, in der Schäfer oder Wanderer im Notfall auch übernachten können. Kurz davor befindet sich einer der beiden Linksabzweige nach Mijavols. Danach geht es wieder auf wunderbarem Märchenpfad über die Höhe und in einigen Kurven hinab zum **Col du Sapet** ❹, 1080 m, wo man ebenfalls noch links nach Mijavols abbiegen kann. Wir queren die Straße, können uns an einigen Infotafeln über den Nationalpark Cevennen informieren und setzen geradeaus die Richtung fort. Der breite Holzabfuhrweg bietet teilweise prächtige Aussichten, bevor er wieder in dichten Wald eintaucht. Alle Abzweige ignorierend, treffen wir nach ca. einer Stunde auf eine Fünf-Wege-Kreuzung und gehen geradeaus weiter auf dem leicht bergab führenden Weg. Nach langem Abstieg können wir uns in der ersten Kehre des Weges, am **Abzweig Bédouès** ❺, entscheiden, ob wir den kurzen Weg nach Florac mit 4,5 km nehmen (GR 68, siehe Variante S. 95) oder den Stevensonweg, der noch 8,7 km lang ist. Für Liebhaber schöner Ausblicke empfehle ich den GR 68, Kulturliebhaber werden ihre Freude auf dem GR 70 an der wunderbaren Kapelle in Bédouès haben.

Der GR 70 führt scharf nach rechts auf breiter Forstpiste weiter bergab. An der Gabelung, wo der GR 670 hinzustößt, halten wir uns links und wandern das Tal hinab, bis der mitunter aussichtsreiche Weg nach Westen abknickt und das Tal des Tarn erreicht. Oberhalb des Flusses treffen wir am Ortsbeginn von **Bédouès** ❻ auf den Chemin del Parro und zweigen links ab. Wir

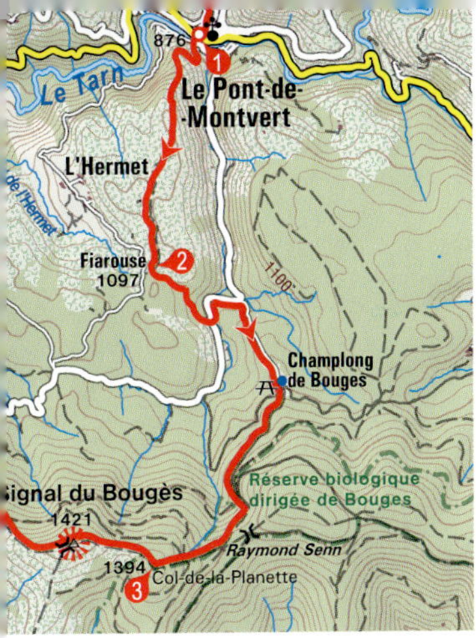

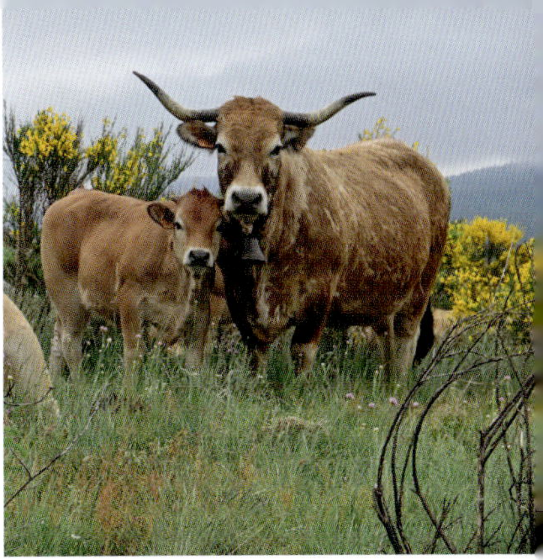

Zwei der wenigen Bewohner der einsamen Hochebene.

folgen der Markierung zum alten Ortskern und biegen rechts ab in die Rue de la Chapelle. Dort passieren wir die Chapelle St-Saturnin. Sollte sie geöffnet sein, besichtigen Sie unbedingt die prächtigen Wandmalereien der romanischen Kirche aus dem 12. Jh. Die Familie des Marquis Cabot de la Fare überließ die Gestaltung der damaligen Begräbniskapelle einem italienischen Meister, der die Techniken der Freskenmalerei des 15. Jh. beherrschte.

Wir biegen rechts ab und gehen über die Rue du Couderc zur D998. Dort links und sofort wieder rechts, überqueren wir den Tarn und wandern am anderen Flussufer in Richtung Florac weiter. An mächtigen Kastanienbäumen vorbei, steigt der Weg nochmal an und mündet auf eine Teerstraße. Nach den ersten Häusern von Florac überqueren wir erneut den Tarn und ziehen ab dem Kreisverkehr etwa 500 m an der N106 entlang. Nach rechts über die Pont de la Bessède, die den Tarnon überspannt, betreten wir die Außenbezirke des Städtchens und wandern, links haltend, auf der Avenue Jean Monestier in Richtung Centre Ville von **Florac** 7.

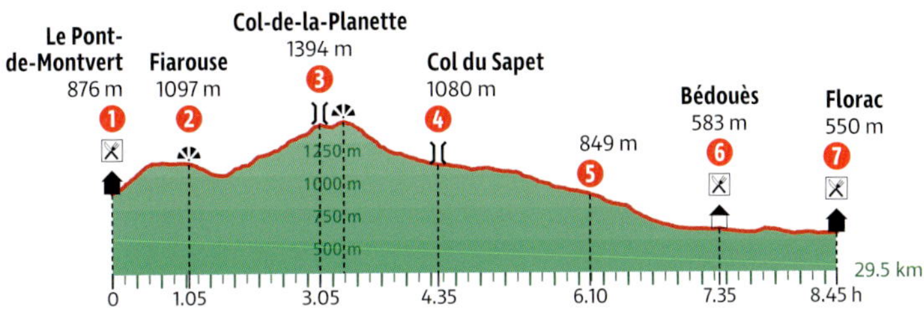

Florac

Das aus einem Kloster hervorgegangene Städtchen am Fuß der Causse Méjean, ist wirtschaftliches Zentrum der Region und nennt sich seit 2016 Florac-trois-Rivière. Neben drei Flüssen, die nahe des Ortes zusammenfließen, ist auch die Stadt selbst von Wasser geprägt. Inmitten der Altstadtgassen findet man die malerischen Kaskaden und Stauwehre des Vibron, der vom episodischen Wasser der Karstquelle **Source du Pêcher** *im Park Paul Arnal oberhalb des Schlosses gespeist wird. Fast schon mediterran wirkt die breite Esplanade, wo man unter schattigen Platanen seinen Café genießen kann.*

Stevenson fand den Ort schon damals ähnlich vor, war allerdings mehr von den schönen Frauen angetan: »An einem Arm des Tarn liegt Florac, Sitz einer Sous-Préfecture, mit einem alten Schloß, einer Platanenallee, vielen originellen Straßenecken und einer munteren Quelle, die aus dem

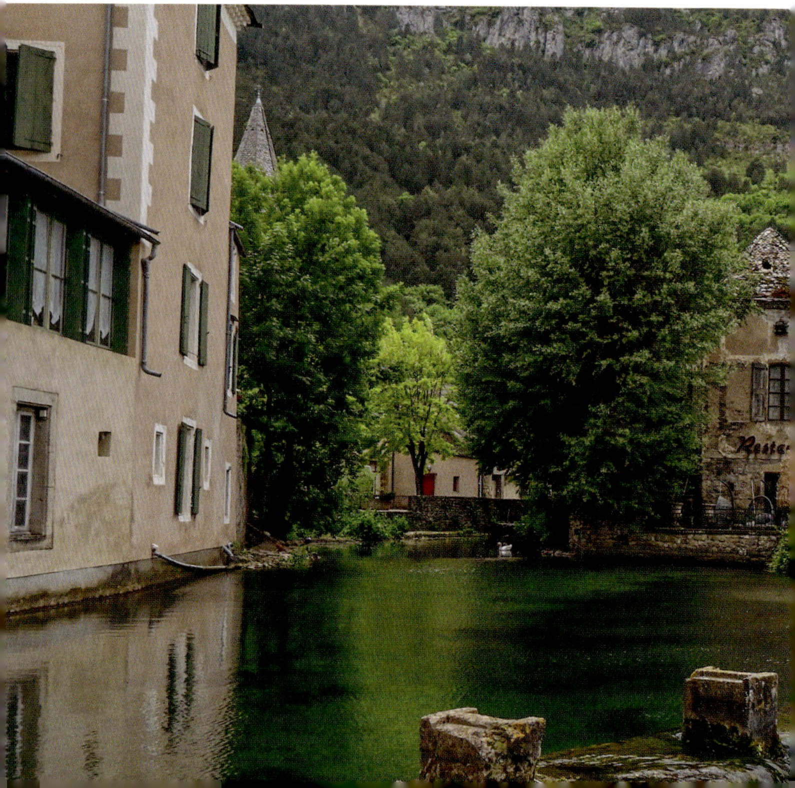

Berg sprudelt. Bemerkenswert ist es außerdem für hübsche Frauen und als einer der beiden Hauptorte des Landes der Camisarden«.
Florac bezeichnet sich gerne als Kreuzungspunkt von drei Gesteinen, dem Schiefer der Cevennen, dem Granit des Mont Lozère und dem Kalkstein der Causses. Das Schloss aus dem 13. Jh. wurde nach Zerstörung in den Religionskriegen in der Mitte des 17. Jh. neu aufgebaut. Während der Französischen Revolution diente es als Kornspeicher und Gefängnis. Heute ist die Verwaltung des Cevennen-Nationalparks darin untergebracht. Das ***Maison du Tourisme*** *(9.30–12 und 14.30–18 Uhr, außer So) befindet sich auf der anderen Seite des Flusses Tarnon, in der Verlängerung des Eisenstegs (Pont de la Gare) am Place de l'ancienne Gare. Es bietet eine Fülle von Informationen über den Cevennen-Nationalpark. Ein Besuch ist auf jeden Fall zu empfehlen (Wochenmarkt Do Vormittag).*

Am Stauwehr des Vibron mitten in Florac.

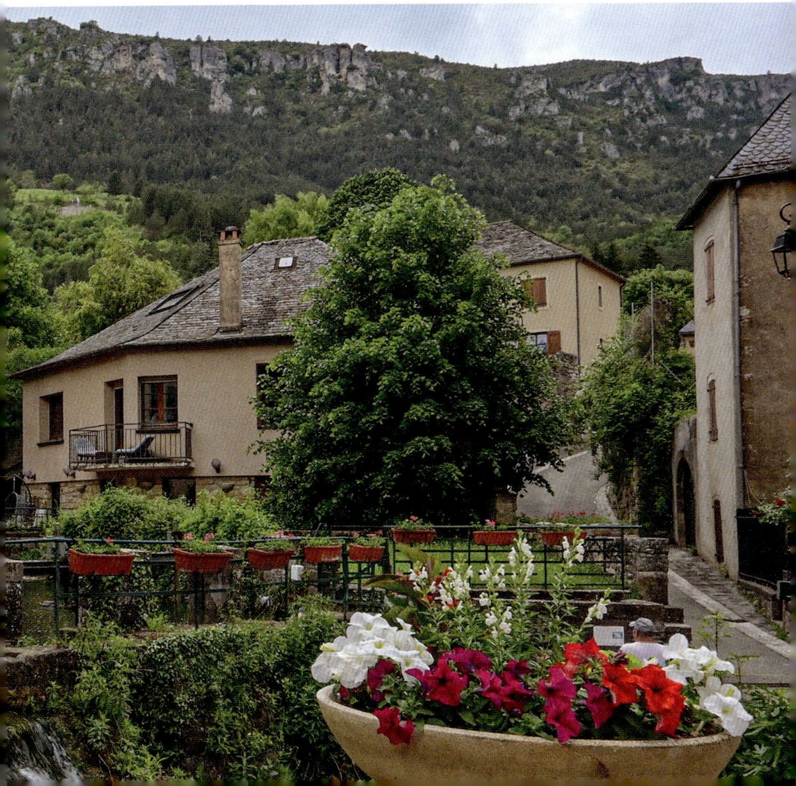

S 11 Florac – Cassagnas

4.30 h | 17.0 km | ↗510 m | ↘360 m

Unterkünfte: St-Julien-d'Arpaon (613 m, 90 EW): GE und CdH Les Copains à bord, Domain de 3 tilleuls, 5 Z. und 3 Roulottes, €, Tel. 04 66 45 25 94 oder 06 13 58 36 38, chambre-table-hotes-cevennes.com, HP, Wifi, engl., Hunde und Esel erlaubt, Mitte April–Sept., nach der Brücke in Richtung St.-Julien-d'Arpaon gehen. **Cassagnas** (703 m, 120 EW): **1.** GE, CdH und Camping Espace Stevenson, Ancienne Gare, 21 B, €, Tel. 04 66 45 20 34, relais-stevenson.fr, HP, Wifi, deutsch, engl., Küche, Hunde und Esel erlaubt, Samstags geschlossen, April–Mitte Okt. – **2.** CdH Pelous, Les Hermes, 4 B, €€, Tel. 06 79 03 15 39 oder 06 79 03 08 78, pelous-chambre-dhote.fr, Wifi, Hunde und Esel erlaubt, ganzjährig, 3 km abseits des Weges, am Ancienne Gare in Richtung Cassagnas gehen, ab Friedhof 600 m auf Route de Currières. – **3.** CdH Lo Cap del Lioc, Le Village, 4 B, €€, Tel. 06 16 63 75 37, locapdelliocfranpat@gmail.com, Wifi, engl., Mai–Sept., am Ancienne Gare in Richtung Cassagnas gehen, auf D62 erste Straße nach links. – **4.** CdH Le Mimentois, 15 B, €€, Tel. 06 72 85 28 01, lemimentois.fr, HP, Wifi, engl., Hunde und Esel erlaubt, Pool, ganzjährig, am Ancienne Gare in Richtung Cassagnas gehen und der Beschilderung folgen.

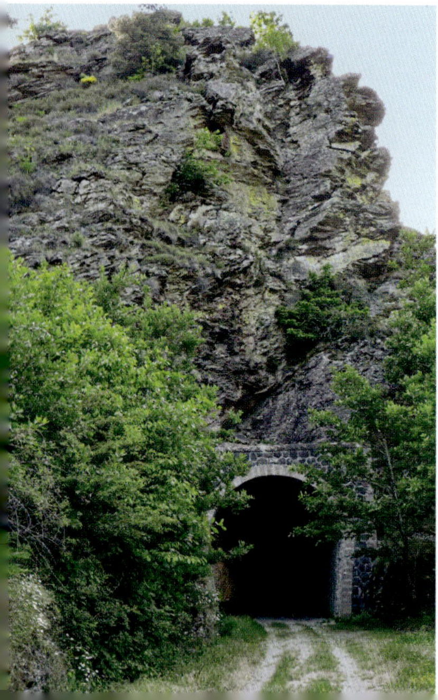

Die Strecke: Gut markiert. Die geteerte Straße geht nach wenigen Kilometern in einen gemütlichen Wanderpfad über, der durch üppige Kastanienhaine verläuft. Ab St-Julien-d'Arpaon dürfen wir es uns auf einer alten Bahntrasse gemütlich machen.

Kritische Stellen: Überquerung der N106 nahe einer Kurve. Vor allem mit Eseln ist hier höchste Vorsicht geboten. Eine zweite Person sollte unbedingt den Verkehr vor der Kurve im Auge behalten. Achten Sie auf das Anrollgeräusch der schnellen Fahrzeuge.

Landschaft: Wir wandern auf dem Höhenzug mehrere Hundert Meter oberhalb des Tarn. Stevenson ging seinerzeit noch direkt neben dem Fluss, wo heute eine Autostraße entlangführt.

Infrastruktur: St-Julien-d'Arpaon; Cassagnas.

Anmerkung: Um in den Ort Cassagnas zu kommen, gehen Sie von Cassagnas-Gare entweder auf der Bahntrasse weiter und biegen kurz vor der nächsten Brücke über die Mimente links ab. Oder Sie wandern neben der Autostraße D162 und D62 in den Ort.

Auf der ehemaligen Bahntrasse wandern wir auch durch Tunnels.

Am Ehrenmal von **Florac** ❶ unterhalb der Esplanade geht es los. Wir durchqueren den Ort der Länge nach auf der Rue du Pêcher. Am Kreisel am Ortsende setzen wir die Richtung fort und begleiten den Fluss Tarnon knapp 700 m bis zur **Pont de Barre** ❷. Stevenson verließ Florac am 1. Oktober 1878 und fand damals noch eine holzüberdachte Brücke vor, die aber nach einer Überschwemmung im Jahr 1900 zerstört wurde. Wir überqueren auf der Bogenbrücke den Fluss und steigen links hoch. Nach einem kurzen Waldpfad geht es nach rechts auf einem Teersträßchen weiter. Auf gegenüberliegender Talseite blicken wir auf das schlichte Châteaux Montvaillant.

***i* Cevennen und Kastanien**

Auf den Schiefer- und Garnitböden in den Höhen zwischen 500 – 800 Metern ist die Heimat der Edelkastanien. Seit Benediktinermönche im 12. Jh. die Bäume eingeführt hatten, wurden sie in den südlichen Cevennen flächendeckend angepflanzt. »In jeder Klamm reckten sich die vierschrötigen Edelkastanienbäume unter ihrem Laubzelt gen Himmel. Manche waren auf ihrer eigenen Terrasse, kaum größer als ein Bett gepflanzt. Andere vertrauten auf ihre Wurzeln und holten sich die Kraft zu wachsen und zu gedeihen auf den steilen Berglehnen«, bemerkte Stevenson. Der »Brotbaum der Cevennen«, wie er oft genannt wird, war eine Ernährungsgrundlage der Bewohner in der kargen Umgebung, wo landwirtschaftlicher Anbau kaum möglich war. Die nussartigen Früchte sind sehr nahrhaft und versorgten Mensch und Tier. Neben der Ernährung liefert der Baum Holz für Dachstühle, Möbelbau, Fassreifen, Pfähle und viele andere Zwecke. Er wurde nicht nur zum Eigenverbrauch angebaut, die Cevennengemeinden exportierten ihre Ware auch bis ins südliche Languedoc, die Provence und bis nach Italien. Nach der Erntezeit im Oktober und November wurden die Kastanien gegrillt, gekocht oder auf andere Art zubereitet. Um sie ganzjährig haltbar zu machen, legte man sie in kleinen Steinhäusern, die meist in den Plantagen standen, zum Trocknen aus. Ein schwelendes Feuer, das zwei bis drei Wochen brannte, unterstützte den Vorgang. Die getrockneten Maronen konnten dann gemahlen und zu Mehl verarbeitet werden.

Unterwegs entdeckt man immer wieder die sogenannten »clèdes« mitten im Wald. Durch diese sichere Ernährungsgrundlage waren die Cevennen bis ins 17. Jh. dicht besiedelt. Ein strenger Winter Anfang des 18. Jh. und eine spätere Pilzkrankheit vernichteten große Bestände und führten schließlich zum Niedergang der Brotfrucht. Kranke Bäume mussten flächenweise gefällt werden. Erst in den letzten Jahrzehnten, vor allem durch Initiativen des Cevennen-Nationalparks, findet eine Wiederbelebung der Kastanienhaine statt. In vielen Orten trifft man im Oktober auf Kastanienfeste »Fête de la chataigne«, wo die Früchte auf vielfältige Art angeboten werden. Geröstet oder gekocht, selbst als Likör gebrannt, finden sie wieder Abnehmer unter Einheimischen und Touristen.

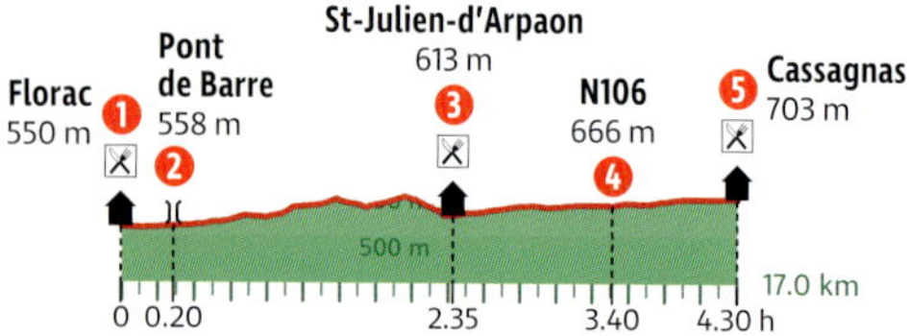

An einer Gabelung nach der Rechtskurve nehmen wir den rechten Zweig. Terrassierte Mauern aus Bruchstein im Wald rechts von uns zeugen von alten Terassen, die für den Esskastanienanbau errichtet wurden. *»Steile rote Felsen ragten über den Fluß, große Eichen und Kastanien wuchsen an den Hängen oder auf steinigen Terrassen, hier und da gab es ein rotes Hirsefeld oder ein paar Apfelbäume dicht voll roter Äpfel«*, schreibt Stevenson.
In der Kehre einer anderen Straße wandern wir nach rechts weiter in Richtung la Ferme des Cevennes. Endlich, nach über 2 Kilometern, dürfen wir die Teerstraße nach links verlassen. Auf gemütlichem Waldpfad geht es weiter, anfangs auf gleichem Niveau. Nach einer Weile führt der Pfad in einem Seitental, das wir queren müssen, wieder bergauf. Gewaltige alte Kastanien mit mehreren Metern Stammdurchmesser säumen unseren Weg. Von roten und grünen Pfeilen lassen wir uns nicht verwirren und folgen weiterhin unserer weiß-roten Markierung. An einem spitz aufragenden Felsblock müssen wir leider nach links nochmal mit einer Teerstraße vor-

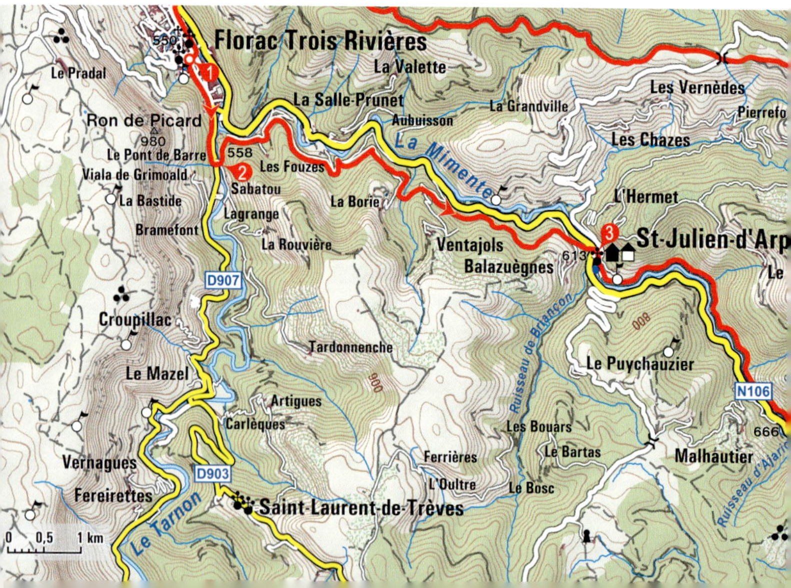

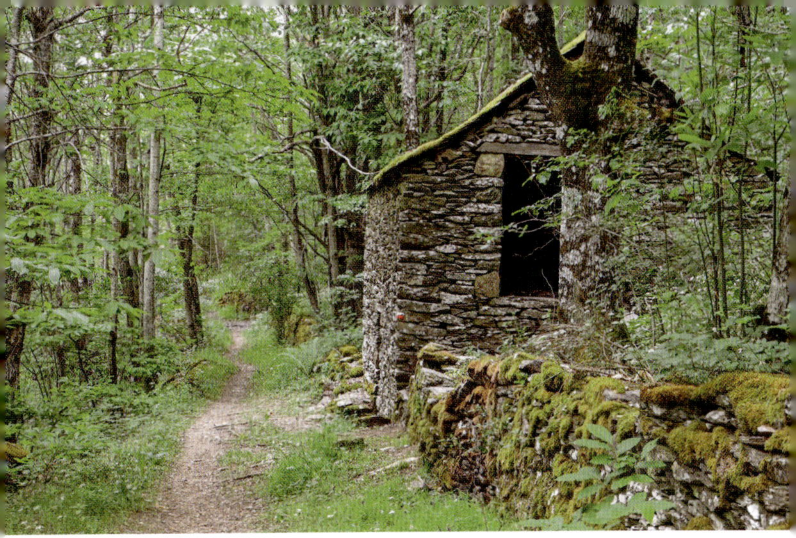

Steinhaus zum Trocknen von Kastanien.

lieb nehmen, die wir aber nach 5 Minuten wieder verlassen dürfen. Die Landschaft wird zusehends wilder, eine zweite kleine Furt muss bezwungen werden. Im märchenhaften Kastanienwald passieren wir eine alte Schieferhütte, die früher zur Trocknung der Kastanien diente. In leichtem Auf und Ab zieht sich der Pfad dahin und trifft auf die Straße, die uns im Talgrund begleitete. Wir halten uns rechts, gehen wenige Meter an der Straße entlang und biegen links ab über die Brücke der Mimente. Wer in **St-Julien d'Arpaon** 3 übernachtet, folgt hier nach links der Beschilderung (Trinkwasserstelle). Ansonsten geht es nach rechts weiter, an einem kleinen Campingplatz vorbei, auf dem in der Hochsaison an der kleinen Snackbar auch Getränke angeboten werden.

Wir gehen durch ein Eisentor und wandern erst mal gemächlich oberhalb des Flussbettes auf breitem Wirtschaftsweg, begleitet vom Rauschen des kristallklaren Wassers der Mimente. Schon bald türmen sich dunkle Schieferfelsen vor uns auf. Die kaum wahrnehmbare Steigung bezeugt, dass wir nun auf einer ehemaligen Bahntrasse laufen dürfen (siehe Infokasten Seite 106). Nach einer lang gezogenen Rechtskurve durchqueren wir den ersten Tunnel. Durch grau schimmernde Schieferwände fließt unten im Flussbett glasklares Wasser zu Tale, ein Weg zum Schlendern und Genießen. Auch

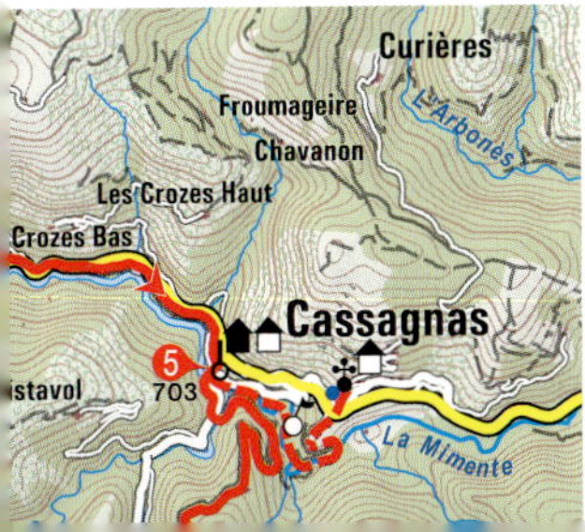

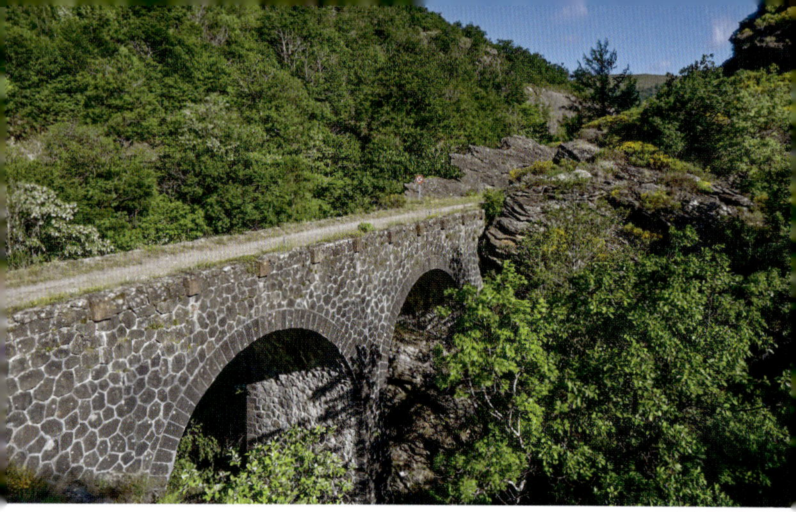

Auf der Trasse der ehemaligen Schmalspurbahn.

Train de l'Andorge en Cevennes

Um Florac an das nationale Schienennetz anzubinden, wurde 1879 der Beschluss gefasst, eine Schmalspurbahn von dort über Cassagnas (heute am Stevensonweg) bis nach St-Cécile d'Andorge zu bauen. Dort hatte sie Anschluss an die Cevennenbahn (Vichy - Nimes). Im Jahr 1904 begannen die Bauarbeiten dafür, die 1909 abgeschlossen waren. Die gigantische Leistung bestand darin, auf 50 km Länge etwa 150 Höhenmeter zu überbrücken. Dafür mussten 53 Viadukte und 15 Tunnels von 25 bis 350 m Länge gebaut werden – eine immense Ingenieursleistung für die Zeit nach der vorigen Jahrhundertwende. Gewaltige Stützmauern mussten im gebirgigen Gelände errichtet werden. Schade, dass keine Tafel daran erinnert und diese Leistungen würdigt.

Durch die sehr engen Kurvenradien konnte die Bahn nur langsam fahren und brauchte für die Strecke 2,5 Stunden. Von den Bergregionen wurden Erz und Kohlen in Richtung Süden transportiert und auf dem Rückweg Weine und Lebensmittel aus dem Gard. Viele Bergleute aus dem Cevennenbecken nutzten die creme-rotfarbenen Triebwagen, genauso wie die Landbevölkerung, die ihre Waren in die Städte transportierten. Auch der Tourismus profitierte davon in einer Zeit, wo man noch sein Reiseziel mit der Bahn aufsuchte. Zum großen Bedauern vieler Bewohner und Nutznießer wurde 1968 der Betrieb eingestellt und die Infrastruktur abgebaut. Neben Radfahrern nutzen heute Wanderer des Stevensonweges die angenehme Strecke mit der kaum merklichen Steigung.

aus Seitentälern rauscht es, und stellenweise stürzen Kaskaden von Wasser herunter. Ein zweiter, nun etwas längerer, düsterer Tunnel öffnet seinen Schlund vor uns, ist aber noch ohne Taschenlampe begehbar. Nach gut 6 km überqueren wir an einem ehemaligen Bahnwärterhäuschen die Nationalstraße **N106** 4. Achtung, dies ist eine der gefährlichsten Straßenquerungen des gesamten Stevensonweges!

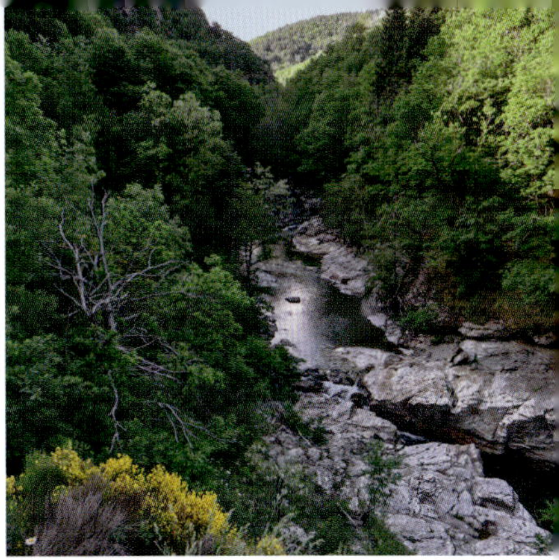

Blick hinunter ins ausgewaschene Tal der Mimente.

Weiter geht es unterhalb der Nationalstraße. Etwa 200 Meter vor dem **ancienne Gare de Cassagnas** 5 klärt ein Plan auf über die möglichen Wege rund um Cassagnas. Wer im Ort Cassagnas sein Quartier hat, folgt weiter der Bahntrasse und biegt an der ersten Möglichkeit links ab in den Ort (vor der Brücke). Bar und Restaurant gibt es allerdings nur am l'ancienne Gare. Sandwiches oder Brot für die weitere Wanderung können hier am Vortag bestellt werden.

Auch Esel brauchen Pausen.

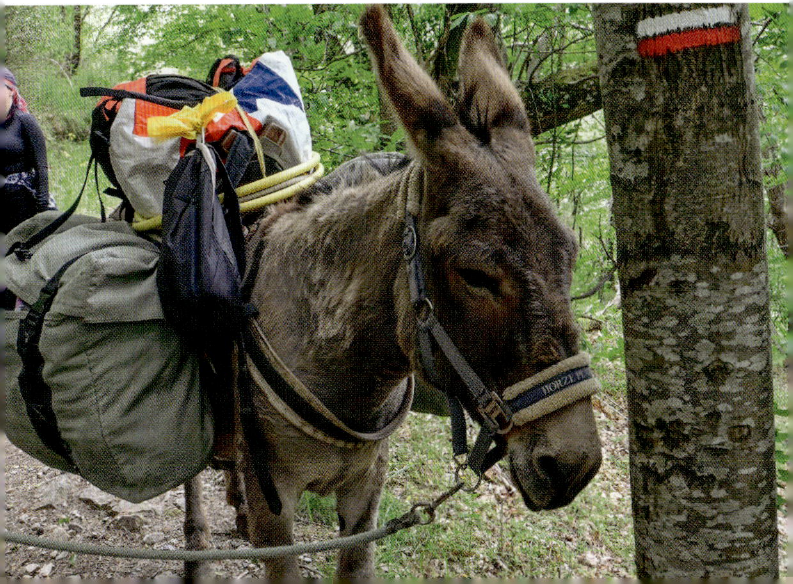

S 12 Cassagnas – St-Germain-de-Calberte

5.00 h | 16.4 km | ↗570 m | ↘770 m

Unterkünfte: St-Germain-de-Calberte (497 m, 450 EW): **1.** GE und Auberge Le Petit Calbertois, Le Serre de la Can, 18 B in Vor- und Nachsaison, €€, Tel. 06 13 63 92 16, leserredelacan.com, Wifi, Küche, engl., Hunde erlaubt, Mai–Nov., ab 14.30 Uhr, So Abend und Mo geschlossen. – **2.** GE und CdH La Lune Rousse, 10 B, €€, Tel. 06 83 77 16 45, lalunerousse-cevennes.fr, HP, Wifi, Pool, Mitte Jan.–Nov., ab 14.30 Uhr. – **3.** CdH Le Figuier des Cévennes, 15 B, €€, Tel. 04 66 32 07 64 oder 06 50 18 55 65, gite-etape-cevennes.fr, HP, Wifi, Hunde und Esel erlaubt, ganzjährig. – **4.** CdH Chez Gatou, Place du Monument aux Morts, €€, Tel. 06 04 15 71 55, do.le.maire@icloud.com, Wifi, engl., Hunde und Esel erlaubt, ganzjährig. – **5.** Camping und GE La Garde, 25 Pl, €, Tel. 06 66 36 53 29, cevennes-voyages.com, HP, Wifi, engl., Hunde erlaubt, April–Sept., die D13 bis zur Kirche, links hinauf zum Kastanienwald und auf D13 noch 100 m nach rechts gehen.

Die Strecke: Gut markiert. Anfangs auf breiten Forstwegen, erst zum Schluss ziehen wir auf holprigem und steinigem Maultierpfad hinab nach St-Germain-de-Calberte. Keine Versorgungsmöglichkeit unterwegs.

Landschaft: Noch immer im Nationalpark der Cevennen, durchstreifen wir die mit Buchen und Kastanien überzogenen, fast unbewohnten Höhenrücken mit fantastischem Fernblick weit in den Süden.

Infrastruktur: St-Germain-de-Calberte .

Cassagnas

Den Ort an der Südflanke des Massivs von Bougèt, im Tal der Mimente, beschreibt Stevenson als »eine Gruppe schwarzer Dächer am Berghang in diesem wilden Tal, inmitten von Kastaniengärten und in der klaren Luft überragt von vielen Felsengipfeln«. Detailreich schildert er, dass in Höhlen ganz in der Nähe eines der bedeutenden Arsenale der Camisarden war, wo sie Waffen und Schießpulver herstellten und sich sogar ein Hospital verbarg. Im Geburtsort des berüchtigten Pierre (Esprit) Séguier lebten im Jahr 1850 über 800 Einwohner. Heute sind es gerade noch ca. 125, die dank des bescheidenen Tourismus hier wohnen können.

Unterhalb des Ancienne Gare von **Cassagnas** ❶ überqueren wir auf der Croupatas-Brücke die Mimente und verlängern auf der Straße. *»Kurz nach zwei Uhr überquerte ich die Mimente und schlug einen holprigen Fußweg nach Süden ein, einen Hügelhang hinauf, der mit losen Steinbrocken und Büscheln von Heidekraut bedeckt war. Wie es so der Brauch des Landes ist, verlor sich der Pfad auf der Höhe«*. Schilder weisen uns daraufhin, dass wir uns wieder im Inneren des Nationalparks der Cevennen befinden. Nach wenigen Metern verlassen wir das Teersträßchen, überqueren nach links einen

Pausenplatz mit Geschichte.

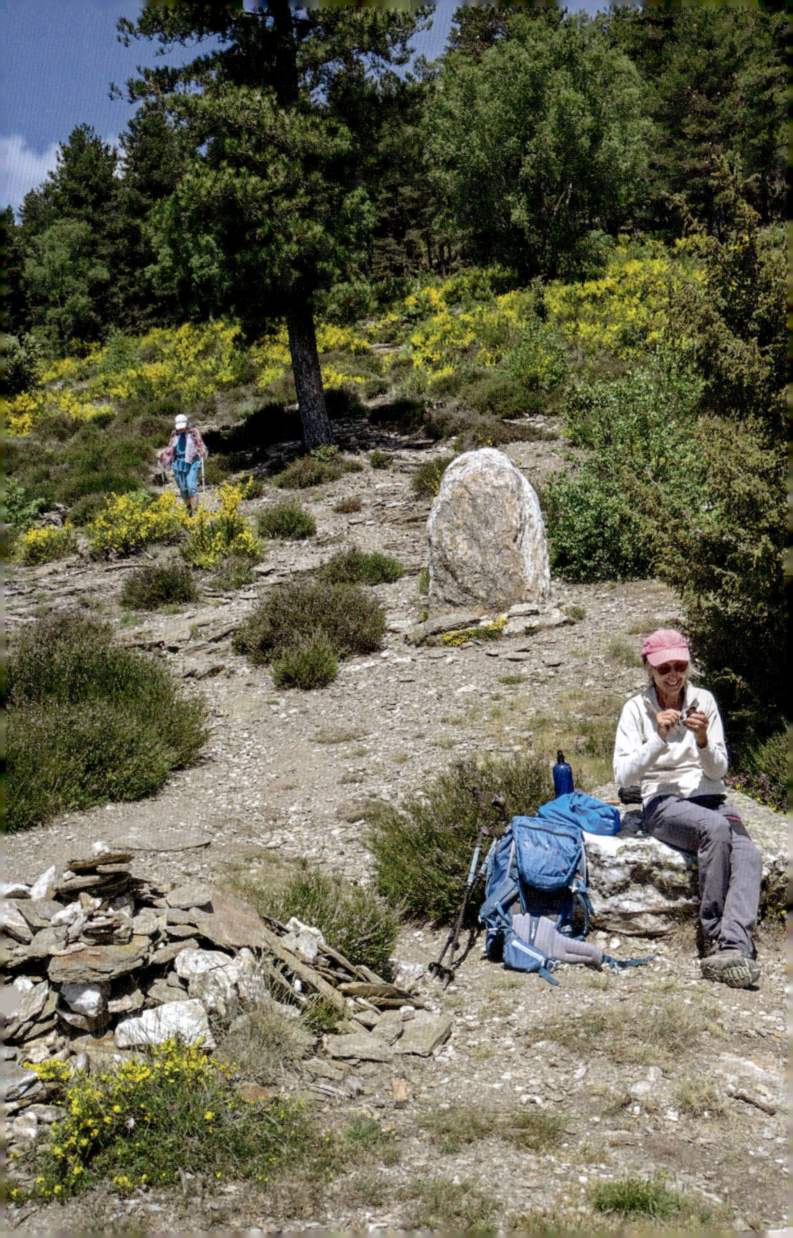

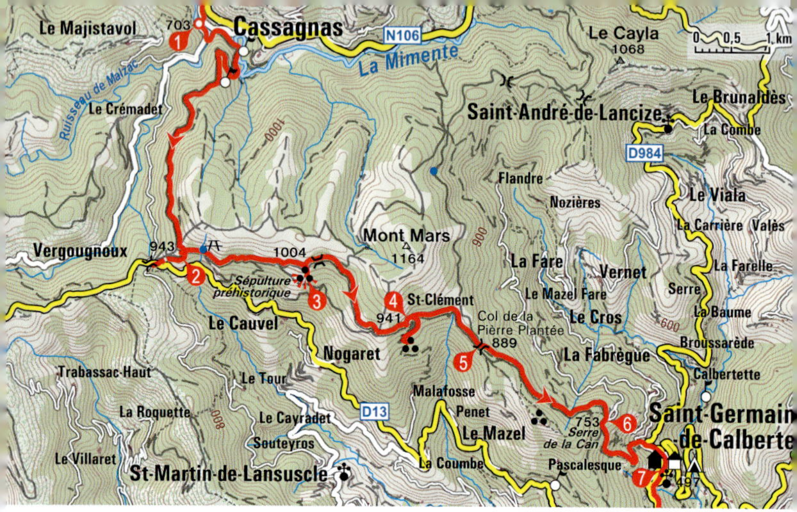

Zufluss und wandern auf dem Forstweg weiter bergan im Foret Domaniale de Fontmort. An der ersten Verzweigung des Schotterweges bleiben wir rechts auf dem Hauptweg, der bald eine 180°-Kehre beschreibt. Die Ruinen von Boubaux links des Weges sind traurige Reste der einstigen Revolte (siehe S. 96). Nachdem wir den nächsten Anstieg hinter uns gebracht haben, geht es auf angenehmen, schattigen Höhenwegen weiter. Nach einer Absenkung des Weges treffen wir auf die Kreuzung am **Abzweig Plan de Fontmort 2**. Wir halten uns links in Richtung Serre de la Can.

Ein Abstecher nach rechts (GR 7 und GR 67) führt in 500 m Entfernung zu einem Obelisken, der 1867 in Gedenken an die Camisardenkriege errichtet wurde. Hier, am Plan de Fontmort, trafen sich im Juli 1702 die Anstifter des Rachezuges gegen den Abbé du Chayla, der zum Ausgangspunkt des Krieges wurde. Im Mai 1704 legten die Camisarden am selben Ort einen erfolgreichen Hinterhalt gegen 300 königliche Soldaten. Ein Rastplatz lädt ein zum Verweilen und Gedenken.

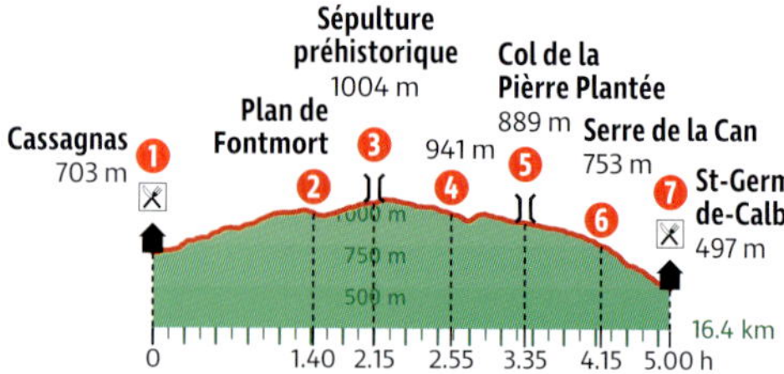

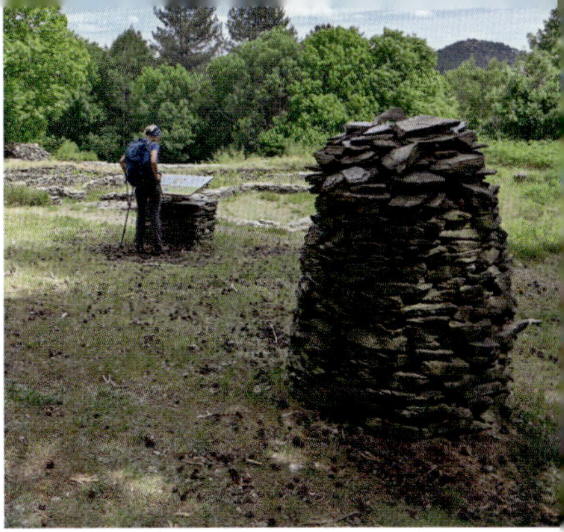
Ausgrabungen einer gallo-römischen Villa.

Zurück am Wegweiser geht es weiter auf der Königsstraße, die Plan de Fontmort mit St-Germain-de-Calberte verbindet. Nach 5 Minuten finden wir einen Brunnen mit frischem Wasser, der von einem Reservoir darüber gespeist wird. Eine Bank daneben bietet sich als Picknickmöglichkeit an. Etwas weiter erinnert eine Tafel ebenfalls an die Camisardenkämpfe. Im Tal blickt man auf das Châteaux Fontanilles, in dem sich überlebende Soldaten nach dem Überfall der Camisarden zurückgezogen hatten.
Weiter zieht sich der breite Forstweg über die Höhe und führt uns, fast am höchsten Punkt angelangt, an einer breiten Lichtung zu einem Ort mit prähistorischer Geschichte, der dazu noch atemberaubende Aussichten über die südlichen Cevennen bietet. Wir gehen am Hinweisschild **Sépulture préhistorique** 3 50 m nach rechts über die ginsterbewachsenen Felsen und finden ein in den Fels eingearbeitetes Grab mit einem Menhir daneben. Auch wenn die historischen Funde nicht so spektakulär sind, die Aussicht ist es auf jeden Fall. Es könnte hier gewesen sein, wo Stevenson schrieb:

Prähistorisches Grab auf dem Höhenweg nach St-Germain.

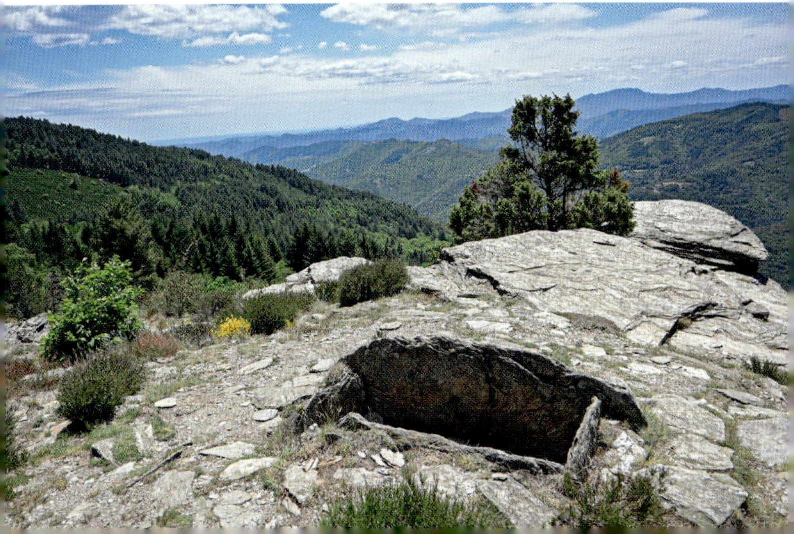

i St-Clément

In 500 m Entfernung vom Stevensonweg (die Ruine auf dem Weg davor ist jüngeren Datums) finden wir die Grundmauern einer gallo-römischen Villa aus dem 2. Jh. n. Chr., von der einige Räume mit römischem Komfort durch Fußbodenheizung erwärmt wurden. Mehrere Nebenräume und der Grundriss von etwa 20 x 20 m deuten darauf hin, dass hier ein Bewohner mit hohem sozialem Rang gelebt hatte. In der Nähe des Hauses befindet sich eine Quelle, die der Wasserversorgung diente, was Bleirohre und ein Waschbecken bezeugen, die ausgegraben wurden. Auf der Königsstraße oberhalb, einer der vielen Straßen, die einst die Cevennen durchzogen, wurden schon zu gallo-römischer Zeit Keramikwaren gehandelt und transportiert. In der Nähe von Millau wurden anderthalb Jahrhunderte lang mehr als 500 Keramikwerkstätten betrieben, deren Waren über die Berge transportiert wurden.

»Und dennoch war es die wildeste Aussicht meiner gesamten Reise. Gipfel über Gipfel, Hügelkette über Hügelkette verliefen brandend in Richtung Süden«.
Kurz dahinter, an der nächsten Verzweigung, halten wir uns rechts. Weiterhin dürfen wir herrliche Blicke beim Abstieg nach Westen genießen. Durch lockeren, mit Felsen durchsetzten Kiefernwald geht es nun bergab. Am **Abzweig St-Clément** 4 bietet sich für archäologisch Interessierte ein weiteres Highlight (siehe Infokasten oben).
Zurück am Abzweig, erreichen wir die Kreuzung am **Col de la Piérre plantée** 5 mit dem aufgestellten Menhir daneben und nehmen halb links den

Ehemalige Weinterrassen in St-Germain-de-Calberte.

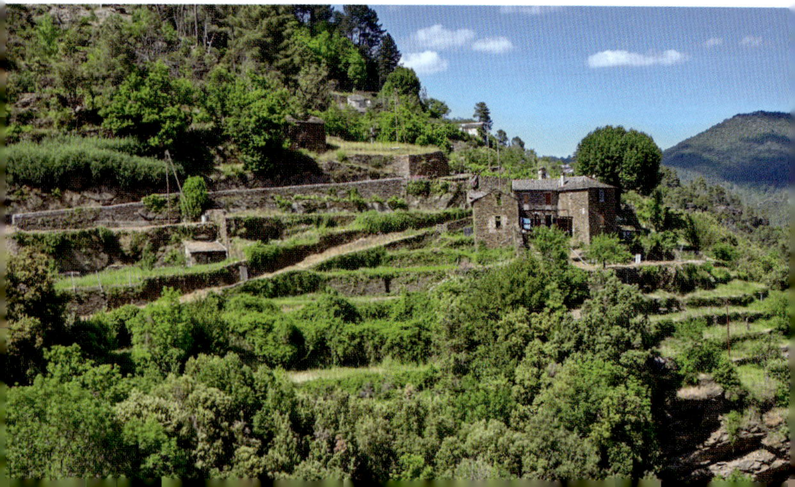

schmalen Pfad in Richtung Serre de la Can. Der Weg führt auf eine breite und sandige Holzabfuhrpiste, auf der wir fortsetzen. Wieder einmal marschieren wir durch herrliche Kastanienhaine.

Am Wasserreservoir gehen wir links um die Kehre und biegen sofort wieder nach rechts ab. Am großen Hof links des Weges, le Petit Calbertois, in **Serre de la Can** 6 bietet sich die Möglichkeit für eine Rast im Restaurant, ansonsten ziehen wir geradeaus weiter. Nach einem kurzen Felspfad biegen wir links ab auf einen breiten Forstweg. An der Kehre des Weges halten wir uns geradeaus und steigen zuletzt auf einem ruppigen Maultierpfad in Serpentinen hinab nach **St-Germain-de-Calberte** 7, wo wir am Ortsbeginn die Gîte la Lune Rousse passieren, die vom Patron Claude liebevoll betrieben wird.

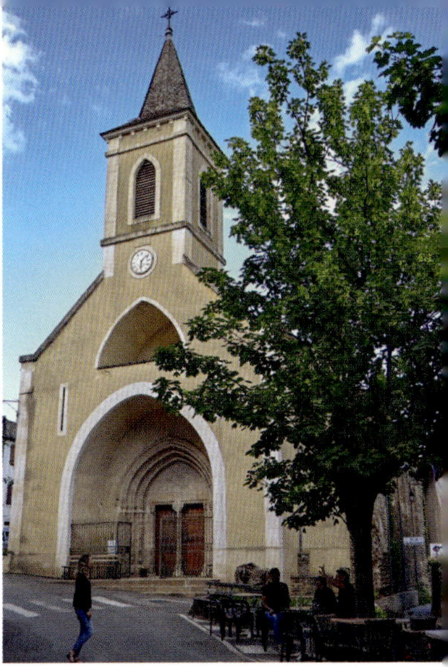

Kirche von St-Germain-de-Calberte.

St-Germain-de-Calberte

Stevenson beschreibt den Ort so, wie er sich auch heute noch zeigt: »Er liegt auf Terrassen an einem steilen Hang inmitten prächtiger Kastanien. Die protestantische Kapelle steht unterhalb auf einem Buckel, die originelle alte katholische Kirche mitten in der Stadt«. Diese Kirche aus dem 14. Jh., die mit einem bemerkenswerten gotischen Portal aus Holz aufwartet, ist wie viele Orte der Gegend mit einem Ereignis des Camisardenkrieges verknüpft. Der berüchtigte Abt von Chayla (siehe Etappe S 10) fand hier seine letzte Ruhestätte. Er hatte im Ort eine Bibliothek und betrieb eine Missionarsschule mit bis zu 80 Schülern. Stevenson berichtet, dass während seiner Begräbnisrede die Camisarden mit ihrem Anführer Esprit Séguier anrückten und die christliche Versammlung in alle Himmelsrichtung zerstob, allen voran der Pfarrer, der bis nach Alès floh. Hinter der Kirche steht die Bronzestatue »Der Mann der Cevennen« der iranischen Künstlerin Shirin Afrouz, die einige Jahre hier lebte. Sie würdigt die Männer der Cevennen, die im Laufe der Jahrhunderte unzählige Mauern aus Stein errichteten. Daneben befinden sich das kleine Office de Tourisme und eine Trinkwassergelegenheit. 1850 zählte das Dorf noch knapp 2000 Bewohner, die zum Teil ihr Einkommen in der Seidenspinnerei (siehe Infokasten Seite 116) fanden. Heute lebt weniger als ein Viertel davon im Ort.

S 13 St-Germain-de-Calberte – St-Jean-du-Gard

7.00 h | 22.3 km | ↗890 m | ↘1190 m

Unterkünfte: Pont-de-Burgen (280 m): GE Pont de Burgen, 21 B, €, Tel. 04 66 45 75 30 oder 06 50 58 08 43, gites-randos-cevennes.com, HP, deutsch, engl., Esel erlaubt, Mitte April–Mitte Nov., GR 70 bei La Roquette im Tal nach links verlassen und auf anderer Seite der D984 ca. 700 m zurück laufen.
Lébou (270 m): GE Le Mas Stevenson, Lébou, 21 B, €€, Tel. 04 66 47 06 12 oder 06 67 98 00 51, lemasstevenson.fr, Esel erlaubt, April–Mitte Okt., ab 16 Uhr.
St-Étienne-Vallée-Française (257 m, 500 EW): **1.** GE Las Catoussieire, Rue de la Fontaine de Bourret, 9 B, €, Tel. 06 61 37 26 77 oder 09 83 67 92 53, las.catoussieires@gmail.com, HP, engl., Küche, Hunde erlaubt, ganzjährig. – **2.** CdH Domaine du Château de Cambiaire, €€€, Tel. 06 13 38 03 98, chateau.cambiaire@icloud.com, HP, Wifi, ganzjährig.
St-Jean-du-Gard (195 m, 2610 EW): **1.** GE Le Pré de Modestine, Le Moulin de Camboneral, 20 B, €€, Tel. 04 66 85 11 36 oder 06 49 32 62 56, gite-stevenson-cevennes.com, HP, Wifi, Mitte April–Mitte Okt. – **2.** GE La Lambrusque, Ruelle de Combedase, 5 B, €€, Tel. 06 81 01 48 08, d.roziere@orange.fr, Wifi, Küche, engl., Pool, April–Sept., ab 17 Uhr. – **3.** CdH Au p'tit bonheur, Ch d'Arbousse, 10 B, €€, Tel. 06 26 92 16 33 oder 04 34 24 34 22, chambres-dhotes-gard-cevennes.com, HP, Wifi, engl., Esel erlaubt. – **4.** GE und CdH Au Ruisseau de Rose, 7 Rue du Général Lafont, 4 B, €€, Tel. 04 66 54 51 07 oder 06 07 38 48 34, ruisseauderose.fr, Küche, engl., ganzjährig. – **4.** Hôtel La Corniche des Cevennes, Route de Florac, 30 B, €€, Tel. 04 66 85 06 99, info@corniche-cevennes.com, HP, Wifi, Hunde erlaubt, ganzjährig. – **5.** Hôtel Auberge du Peras, Route de la Corniche, 30 B, €€, Tel. 04 66 85 35 94, aubergeduperas@free.fr, HP, Wifi, engl., Hunde erlaubt, Mitte März–Mitte Nov. – **6.** Hôtel Les Bellugues, 13 Rue Pelet de la Lozère, 40 B, €€, Tel. 04 66 85 15 33, hotel-bellugues.com, Wifi, engl., Pool, Hunde erlaubt, März–Nov. – **7.** Hôtel L'Orange, Place de la Revolution, 40 B, €€, Tel. 04 66 86 05 52, hotelo-ronge@orange.fr, Wifi, Hunde erlaubt. – **8.** Camping Les Sources, Route de Mialet, 67 Pl, €, Tel. 06 88 39 54 85 oder 04 66 85

Blick auf St-Étienne-Vallée-Française.

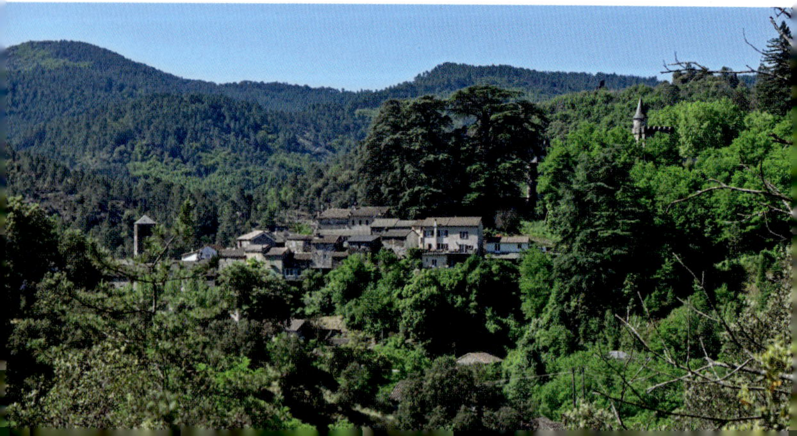

38 03, camping-des-sources.fr , HP, Wifi, engl., Hunde erlaubt, Pool, April–Okt.
Die Strecke: Gut markiert. Nach kurzem Anstieg geht es auf gut begehbaren Naturwegen wieder hinab ins Vallée Française. Nach Überquerung des Gardon St-Croix erwartet uns ein knackiger Anstieg bis zum Col-St-Pièrre. Auf abenteuerlichem Gratweg geht es weiter und danach auf Forstwegen talwärts.
Kritische Stellen: Der Gratweg nach dem Col-St-Pièrre erfordert höchste Aufmerksamkeit. Besonders bei Nebel sollte man unbedingt auf die Beschilderung achten.
Landschaft: Der Gardon mit seinen Nebenflüssen bestimmt die Bergwelt aus Schiefergestein der südlichen Cevennen. Auch hier sind Kastanien die landschaftsprägenden Bäume. Auf der waldreichen Etappe erwarten uns immer wieder großartige Aussichten.
Infrastruktur: St-Étienne-Vallée-Française ; St-Jean-du-Gard .

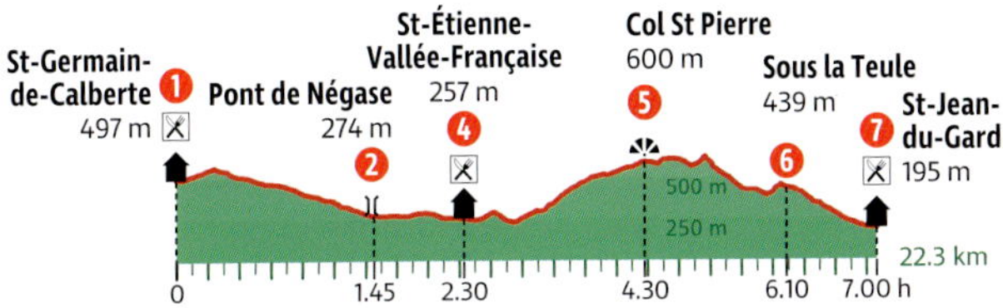

Wir durchqueren das sympathische **St-Germain-de-Calberte** ❶ und gehen am Ortsende rechts, der leicht ansteigenden D984 folgend. Nach der Linkskehre bleiben wir noch kurz auf der Straße und verlassen sie erst bei den Wertstoffcontainern nach rechts. Unter dichten Kronen eines Kastanienwaldes geht es nun wieder bergauf. Stevenson schreibt voller Euphorie an diesem schönen Oktobertag: *»Wenn ich aufsah, konnte ich die braune Marone durch die schon geplatzte Hülle sehen. Und zwischen den Stämmen erfaßte das Auge ein Amphitheater aus Hügeln, sonnenbeschienen und grün von Blättern«.* Wir überqueren erneut die Asphaltstraße. Malerisch zieht sich der Weg an der Flanke des Tales entlang und gibt von Zeit zu Zeit Blicke auf die gegenüberliegenden Berge und Hügelketten frei. Eine Wandertafel informiert uns, dass auf diesem alten Weg einst das Getreide zur Mühle von Croisance transportiert wurde, die etwas südlicher liegt. Achtung: In der Linkskurve mit weiter Aussicht auf einer Lichtung bleiben wir, links haltend, auf dem Hauptweg! Wundervoll schlängelt sich der Weg an den Weilern La Liquière und La Liquierolle mit ihren Natursteinhäusern aus Schiefer vorbei. Durch mannshohes Ginsterspalier geht es bald wieder herab ins Tal des Gardon des Saint Germain. Auf der D984 im Talgrund angekommen, biegen wir rechts ab, gehen nach links über die **Pont de Négase** ❷ und halten uns dahinter erneut links. Ein Schild weist auf heftige Kämpfe im April 1944 zwischen der Résistance und deutschen Besatzungstruppen hin, die vier Stunden andauerten. Zwei junge Kämpfer der Résistance wurden gefangen genommen und am 31. Mai 1944 bei Villeneuve hingerichtet. Sie waren 19 und 23 Jahre alt.

Seidenraupenzucht

»Das Vallée-Française wird seit jeher französisch genannt, ohne dass man wirklich weiß warum. ... Herbsthimmel, blau und rosa. Die ersten Blätter lösen sich und verirren sich in goldene Gänge. Der weiße Maulbeerbaum – leuchtend grün – wird zum goldenen Baum. Die Seidenraupe, die das Vermögen der Cevennen machte, knabbert nicht mehr an den Blättern der Maulbeerbäume, aber der Baum steht immer noch da und steht wie ein Zeuge« (aus: Eric Pointron, Belle étoiles, mit Stevenson in den Cevennen). Schon seit dem 13. Jh. ist die Seidenraupenzucht in den Cevennen bezeugt, aber erst im 16. Jh., nach dem Ende der Religionskriege, breitete sie sich auf Initiative von Oliver de Serres, einem protestantischen Agronomen, flächendeckend aus. Heinrich IV. protegierte die Anpflanzung von Maulbeerbäumen und verhinderte gleichzeitig mit Zöllen die Einfuhr von Seide aus China. Ein kurzfristiger Rückgang brachte die Aufhebung des Edikts von Nantes, da zahlreiche Protestanten und mit ihnen das Know-how ins Ausland abwanderten. Nach einem Kälteeinbruch mit der Vernichtung vieler Esskastanien im Jahr 1709 wurden jedoch wieder vermehrt Maulbeerbäume angepflanzt. Mit der Verlagerung der Spinnerei aus der familiären Produktion in Manufakturen setzte eine wahre Industrialisierung in den Cevennen ein. In zahlreichen Kommunen wurden die Seidenkokons gezüchtet, an die Spinnereien verkauft und dort zu Seide verarbeitet. Mitte des 19. Jh. gab es allein in St-Jean-du-Gard 23 Seidenspinnereien. Japanische Neuzüchtungen von Maulbeerbäumen brachten schließlich bis zu fünf Ernten im Jahr. In den Cevennen gab es etwa 400.000 Maulbeerbäume. Für die Bergdörfer um St-Jean-du-Gard brach ein goldenes Zeitalter heran, das stattliche Landhäuser hervorbrachte. Viele Häuser wurden aufgestockt und auf ihren Terrassen Maulbeerbäume gepflanzt. Im obersten Stockwerk wurde die »Magnanerie« eingerichtet, wo die Seidenraupen auf Holzgestellen gewärmt wurden. Dann kam der Niedergang: 1853 trat zum ersten Mal eine Raupenkrankheit auf, die sich rasch verbreitete. Dazu überschwemmte mit Öffnung des Suezkanals und Abschaffung der Schutzzölle asiatische Seide den Markt. Viele Seidenzüchterfamilien verließen das Land, und wieder einmal standen die Cevennen vor einem Umbruch. Die letzten Spinnereien schlossen 1965 in Vallée Française und in St-Jean-du-Gard ihre Pforten. Im »Maison Rouge Musée des Vallées cevenole« in St-Jean-du-Gard erfährt man mehr zum Thema (maisonrouge-musee.fr April–Juni und Sept.–Okt. 10–12.30 und 13.30–18 Uhr, Hochsaison 10–18 Uhr).

An der Wasserführung sehen wir deutlich, dass wir inzwischen in südlicheren Gefilden sind. Es ist Ende Mai und das Flussbett ist fast ausgetrocknet. Auf der Straße passieren wir im Weiler **Lébou** ❸ die Gîte »le mas Stevenson«, direkt dahinter die schicke »Ferme de Patience«. 10 Minuten danach verlassen wir die Straße nach rechts (Dourmen) und nähern uns schließlich längs des Gardon dem Bergdorf **St-Étienne-Vallée-Française** ❹. Achtung: Vor der großen Allee, hinter dem Ehrenmal, befindet sich die letzte Wasserstelle vor St-Jean-du-Gard. Auch eine Bar und Épicerie finden wir im Örtchen. 100 m dahinter gibt es schattige Picknicktische vor der Mairie (Tourist Info). Am Ortsende, im Linksknick der Straße, gehen wir rechts durch den Mauerdurchbruch und sofort wieder links hoch. Nach Überquerung eines Hügels treffen wir erneut auf die Straße und ziehen rechts haltend talwärts. Beim Restaurant von Le Martinet überqueren wir nach links den Gardon de St-Croix. Kleine Pfade hinunter zum Fluss laden zum Baden am glasklaren Gewässer ein. Direkt nach der Brücke geht es rechts auf grob steinigem Maultierpfad in Serpentinen bergauf. Ein langer und schweißtreibender Anstieg, an manchen Stellen über den blanken Fels der Schieferplatten, steht uns nun bevor. Nach einer knappen Stunde treffen wir auf einen breiten Forstweg und setzen die Richtung fort. Kurz bevor der Weg sich wieder etwas absenkt, bleiben wir geradeaus auf der breiten Piste. 5 Minuten darauf verlassen wir sie nach links, gehen durch ein Holztor und erreichen, rechts haltend, die D9. Weitere 100 m nach links sind wir an der Schutzhütte des **Col de St-Pierre** ❺ angekommen, auf der Corniche des Cevennes, der seit Jahrhunderten genutzten Verbindung zwischen Languedoc und dem Gévaudan. In der Hütte oder daneben im schattigen Wald gönnen wir uns eine wohlverdiente Rast. Stevenson, der bei einsetzender Dunkelheit oben ankam, nahm fast wehmütig Abschied von seiner Eseldame Modestine, die ihm inzwischen ans Herz gewachsen war: *»Modestine und ich – es war unser letztes gemeinsames Mahl – nahmen auf dem Gipfel des Mont St-Pierre einen Imbiß zu uns; ich auf einem Steinhaufen, sie neben mir im Mondlicht stehend und schicklich Brot aus meiner Hand fressend. Die arme Kreatur fraß lieber so, denn sie hatte eine Zuneigung zu mir gefaßt, die ich bald verraten sollte«.*

Brücke über den Gardon in St-Jean-du-Garde.

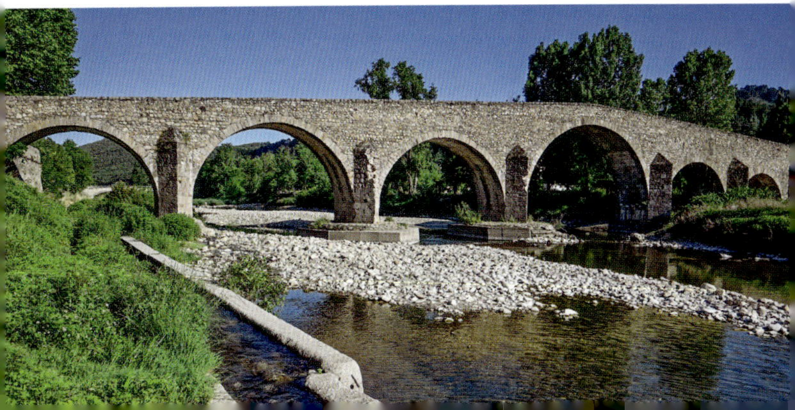

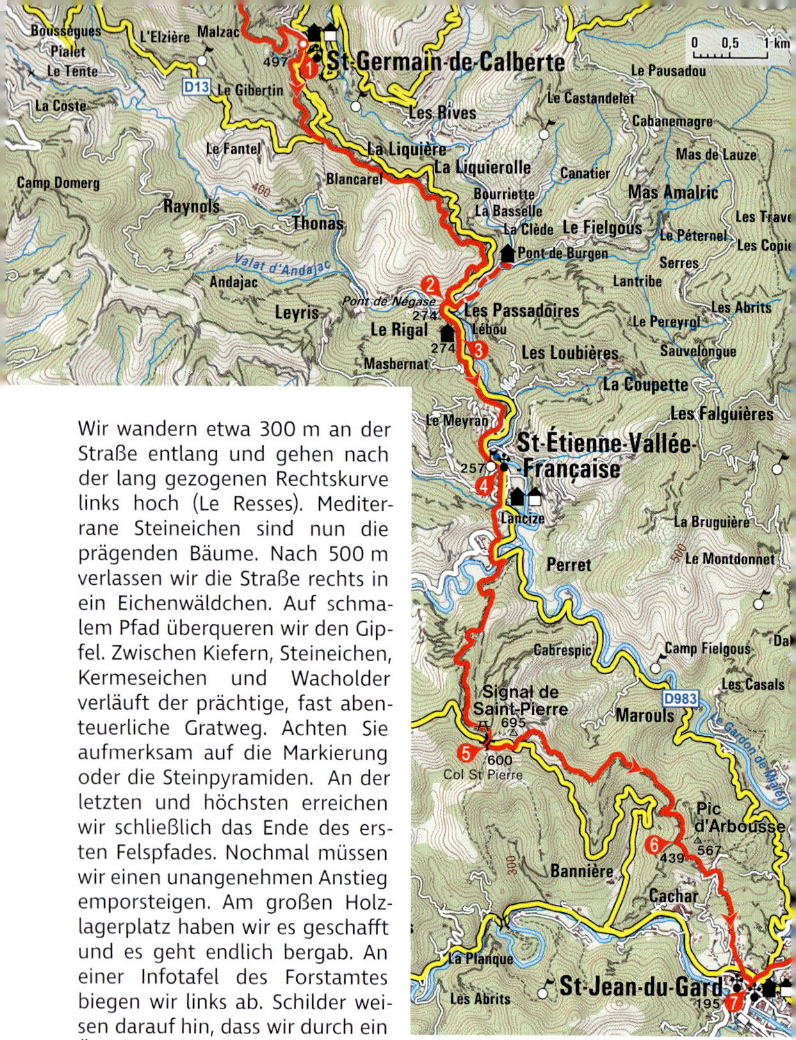

Wir wandern etwa 300 m an der Straße entlang und gehen nach der lang gezogenen Rechtskurve links hoch (Le Resses). Mediterrane Steineichen sind nun die prägenden Bäume. Nach 500 m verlassen wir die Straße rechts in ein Eichenwäldchen. Auf schmalem Pfad überqueren wir den Gipfel. Zwischen Kiefern, Steineichen, Kermeseichen und Wacholder verläuft der prächtige, fast abenteuerliche Gratweg. Achten Sie aufmerksam auf die Markierung oder die Steinpyramiden. An der letzten und höchsten erreichen wir schließlich das Ende des ersten Felspfades. Nochmal müssen wir einen unangenehmen Anstieg emporsteigen. Am großen Holzlagerplatz haben wir es geschafft und es geht endlich bergab. An einer Infotafel des Forstamtes biegen wir links ab. Schilder weisen darauf hin, dass wir durch ein Übungsgelände der Fremdenlegion marschieren und bitten um Verständnis, falls man Soldaten auf den Wanderwegen begegnen sollte. Achtung: Auf dem breiten bergab führenden Schotterweg nach der alten Eisenschranke an einer T-Kreuzung geht es nach links noch mal kurz bergauf in Richtung Le Teule. Wir passieren das

i St-Jean-du-Gard

Am Südende der Corniche des Cevennes, die das Languedoc mit den Cevennen verbindet, liegt das mediterran anmutende Städtchen St-Jean-du-Gard an den Ufern des Gardon. Stevenson verkaufte hier am Tag nach seiner Ankunft Modestine für 35 Franc. Mit der Kutsche fuhr er nach Alès, wo er auf der Weiterfahrt die Tränen über seine Gefährtin nicht mehr verbergen konnte. »Vater Adam weinte, als er sie mir verkaufte. Nachdem ich sie meinerseits verkauft hatte, war ich versucht, seinem Beispiel zu folgen, und da ich allein war mit dem Kutscher und vier oder fünf netten jungen Männern, zögerte ich nicht, meiner Anwandlung nachzugeben«.
Sehenswert ist der romanische Uhrturm aus dem 12. Jh., der nach Zerstörung der Kirche in den Religionskriegen erhalten blieb. Die im 18. Jh. erbaute, sechsbogige Brücke über den Gardon wurde nach einer Zerstörung durch eine heftige Überschwemmung im Jahr 1958 wieder aufgebaut.
Falls Sie etwas Zeit in St-Jean-du-Gard verbringen möchten, bietet sich eine Fahrt mit der historischen Dampfeisenbahn »Train á Vapeur« nach Anduze an (trainavapeur.com). Der antike Bummelzug zuckelt pfeifend und stampfend durch das Tal des Gardon d'Anduze. Näheres im Office de Tourisme in 5, Rue de l'Industrie. Wochenmarkt Di und Do Vormittag, Sa Bauernmarkt.

private Anwesen links und steigen nochmal weiter auf. 10 Minuten danach treffen wir auf den Wegweiser **Sous la Teule** 6, 439 m, und wandern den Hohlweg hinab in Richtung St-Jean-du-Gard (2.9 km). Der Schotterweg mündet auf eine Teerstraße, wo wir geradeaus fortsetzen. Am Wegweiser Chemin d'Arbousse verlassen wir die Straße und gehen geradeaus weiter.
Mit Esel sollte man die Variante nach rechts nehmen, weil der folgende Pfad sehr schmal ist und mit bepacktem Esel kein Durchkommen möglich ist. Wir stoßen auf die Durchgangsstraße, biegen am großen Baumarktgelände links ab und hinter dessen Grundstück wieder nach rechts auf einen Fußgängerpfad, der uns direkt in die Grand Rue im Zentrum von **St-Jean-du-Gard** 7 bringt.

Typischer Kirchturm des Languedoc in St-Jean-du-Gard.

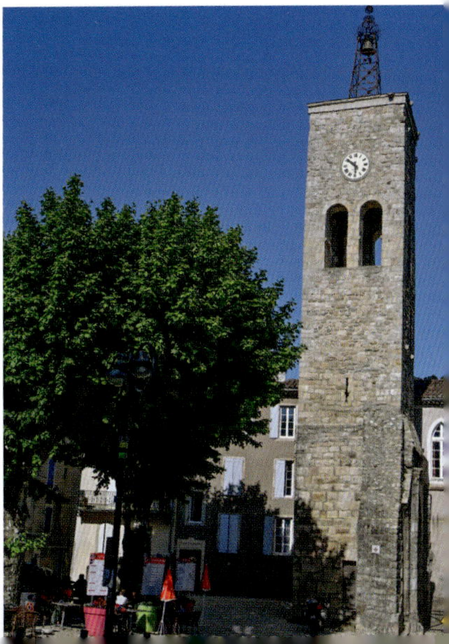

S 14 St-Jean-du-Gard – Alès

7.30 h	23.9 km
↗ 980 m	↘ 1040 m

Unterkünfte: Mialet (179 m, 620 EW): **1.** GE und CdH Le Cambon, 8 B, €€, Tel. 06 61 43 58 07, gitecambon@yahoo.com, HP, Wifi, engl., März–Okt. – **2.** GE Foyer Roland, le Village, 20 B, €, Tel. 06 44 84 30 03, foyerroland.net, Küche, ganzjährig. – **3.** Gîte Lo Maset, 243 Ch d'Aubignac, 6 B, €€, Tel. 06 65 17 30 95, gite.lo.maset@gmail.com, HP, Wifi, Hunde erlaubt, ganzjährig. – **4.** GE Les Hauts du Mazel, 1950 Route de St. Paul la Coste, €, Tel. 06 32 69 32 77, leshautsdumazel.fr, HP, Küche, Hunde und Esel erlaubt, ganzjährig.
Alès (142 m, 41.840 EW): **1.** CdH La Batejade, 854 Rt d'Uzès, €€, Tel. 07 78 26 19 39, labatejade.com, Wifi, engl., Küche, Hunde erlaubt, April–Sept. – **2.** CdH Roman, 8 Av de Stalingrad, €€, booking.com, Wifi, im Zentrum. – **3.** CdH La Belle Epoque, 15 Rt de Pont de Grabieux, 3 Z, €€, Tel. 07 76 84 85 21, labelle-epoque1913@gmail.com, ganzjährig, ca. 1,2 km nördlich des Bahnhofs. – **4.** Hôtel Durand Le Patio, 3 Bv Anatole France, 17 Z, €€, Tel. 04 66 86 28 94 oder 06 03 56 11 07, hotel-durand-ales.com, Wifi, Küche, Hunde erlaubt, ganzjährig, gegenüber Bahnhof. – **5.** Hôtel L'Escale, 5 Rue André Malraux, €€, Tel. 04 66 86 49 49, escale-ales-hotel.com, engl., Wifi, ganzjährig. – **6.** Hôtel Ibis Centre, 18 Rue Edgar Quinet, €€, Tel. 04 66 52 27 07, booking.com, engl., Wifi, ganzjährig.

Die Strecke: Nach anstrengenden Maultierpfaden auf steilen Anstiegen erwarten uns grandiose Höhenwege mit traumhaftem Fernblick, aber kurzen Klettereinlagen dazwischen.

Kritische Stellen: Bei den Kletterpartien zwischen Mialet und Croix de Sauvage sollte man bei Nässe vorsichtig sein. Ab Mialet keine Wasserstelle mehr bis Alès.

Landschaft: Vom Schiefergebirge geht es hoch über den Gardontälern in das

Fröhliches Treffen an der alten Bogenbrücke bei Mialet.

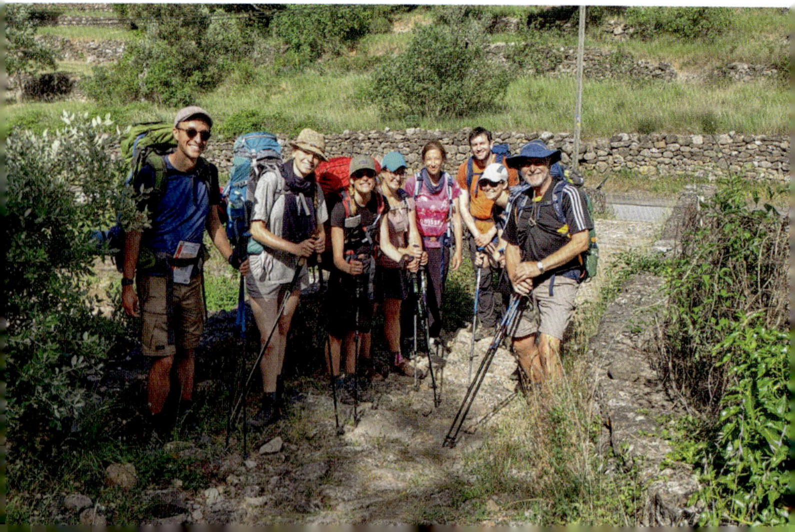

Kalksteinmassiv des Languedoc. Bei guter Sicht kann man tatsächlich bis ans Mittelmeer blicken. Kurz vor Alès hinab ins Tal des Gardon.

Infrastruktur: Mialet; Alès.

Anmerkungen: Die letzte Etappe ist die anspruchvollste des gesamten Weges, mit mehreren Auf- und Abstiegen, teilweise auf felsigen Pfaden. Eine Unterteilung der Strecke in Mialet würde für eine Auflockerung sorgen und sollte bei weniger konditionstarken Wanderern in Erwägung gezogen werden.

Varianten: Die Etappe ist auf dem GR 70 für Esel nicht überall möglich. An drei Stellen müssen alternative Wege beschritten werden, die gelb markiert sind. Zu eng und steil sind die Felsdurchstiege, die durchklettert werden müssen. Die Varianten sind in der Karte ersichtlich und stehen als GPS-Track zur Verfügung. Vermutlich wird sie auch ihr Eselverleiher darauf hinweisen.

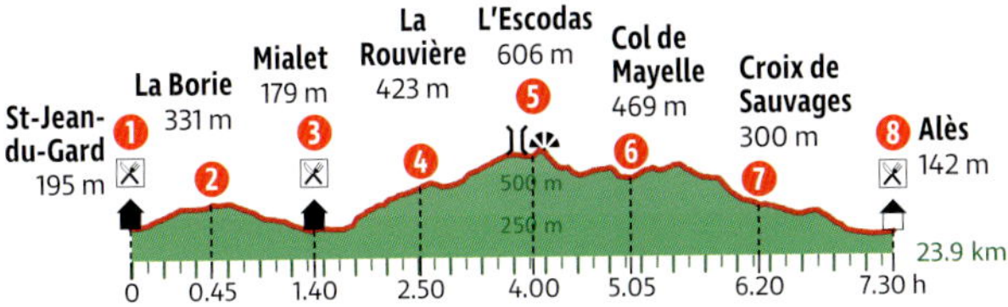

Mialet

*Über die eindrucksvolle **Pont des Camisardes** nähern wir uns dem Örtchen Mialet, das genauso wie manche Orte davor mit dem Schicksal der Camisarden verknüpft ist. Die Brücke wurde im Jahr 1718 errichtet, kurz nach Ende der Auseinandersetzungen. Zuvor war die Überquerung des Gardon nur über Holzplanken möglich. Schon 1720 wurde sie nach einer Überschwemmung stark beschädigt. Dem großen Hochwasser von 1958 hielt sie aber stand. Erst seit 2019 führt der Stevensonweg – den Stevenson allerdings nicht mehr gelaufen ist – durch Mialet. Der kleine Weiler am Gardon beherbergt heute eines der bedeutendsten Museen der Protestanten in Südfrankreich, das **»Musée du Désert«** im Geburtshaus des berüchtigten Camisardenführers Pierre Laporte, genannt Rolland. Der Name »Wüstenmuseum« hat einen Bezug zur biblischen Geschichte. So wie das hebräische Volk die Wüste durchquerte, sahen sich auch die Protestanten damals in den Cevennen, die sich in Höhlen, Schluchten und anderen abgelegenen Orten versammelten.*

Neben Ausstellungen zu den Religionskriegen findet man viele Exponate zum Leben in den Cevennen in früheren Jahrhunderten (museedudesert.com, Juni–Sept. 9.30–18.30 Uhr). Seit 1911 findet in Mialet jedes Jahr Anfang September eine »Wüstenversammlung« statt, wo Tausende Protestanten aus Frankreich und anderen Ländern zusammenkommen. Gemeinsam singen sie am Ende des Tages dann die »Cévenole«, eine heimatverbundene Hymne gegen religiöse Intoleranz.

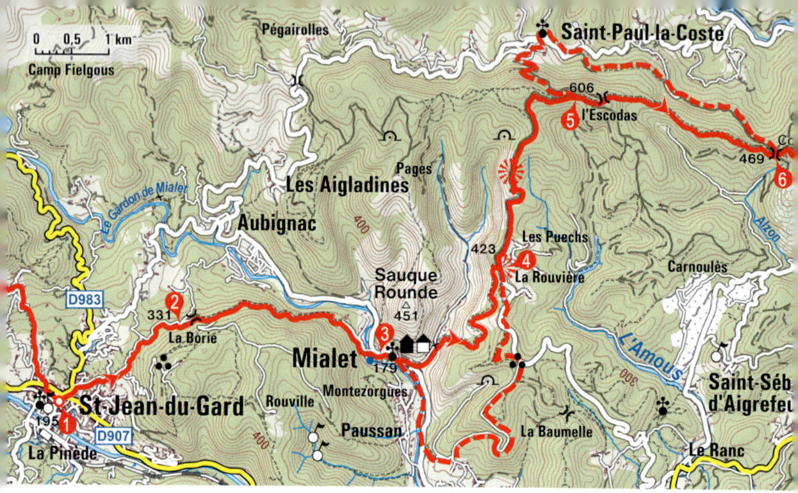

Los geht's an der Mairie von **St-Jean-du-Gard** ❶. An der Ecke zur Grand Rue ziehen wir auf der Av Abraham Mazel in nördliche Richtung. Wir überqueren die D907 und wandern zwischen hohen Mauern bis zur Brücke. Dort, wo die Straße nach links schwenkt, verlassen wir sie nach rechts (Markierung schwer zu erkennen). Wir marschieren geradeaus den Anstieg hoch, der bald nach links schwenkt. Am Wegweiser Chemin de Luc schlagen wir den linken Zweig in Richtung Mialet ein und folgen am nächsten Wegweiser **La Borie** ❷ weiter dem aktuellen GR 70. Kurz nach dem Wegweiser verlassen wir die Teerstraße auf einen anfangs ruppigen Steinpfad (Gîte Le Cambon), der sich aber in Kürze zu einem prächtigen und angenehmen Waldpfad verwandelt – ein typischer Maultierpfad hoch über dem Tal des Gardon de Mialet. Unterwegs treffen wir auf den steilen Abzweig zur Gîte Le Cambon. Nach längerem Abstieg auf dem viel Konzentration fordernden Pfad setzen wir auf einem Asphaltsträßchen fort und sind froh, dass wir einen Moment wieder ebenen Boden unter den Füßen haben. Das Sträßchen

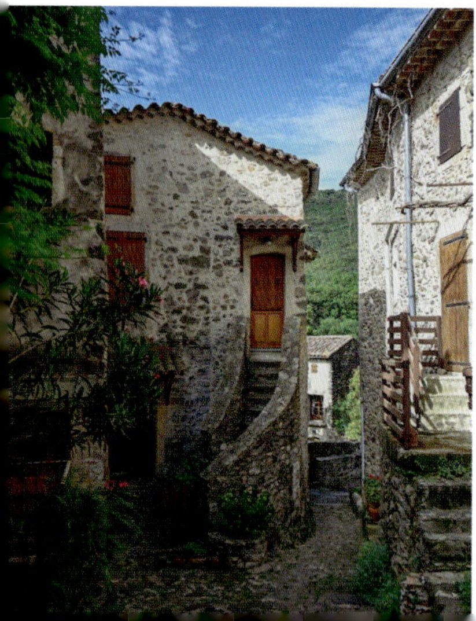

Im Cevennendörfchen Mialet.

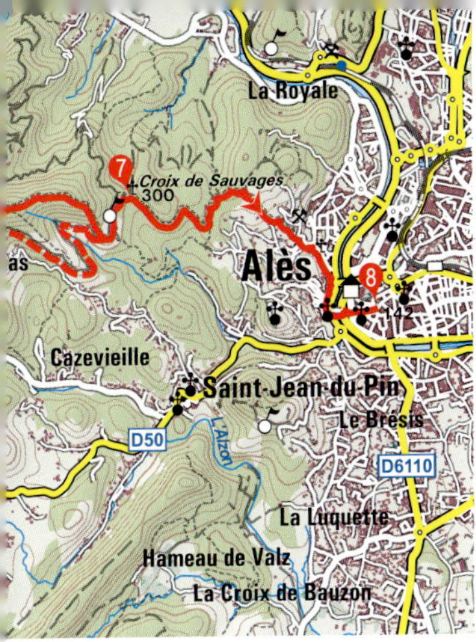

führt an gepflegt sanierten, alten Cevennenhäusern vorbei hinab zum Fluss. Über die alte und mächtige Pont des Camisards, 1718 kurz nach den Kriegen gegen die Camisarden erbaut, überqueren wir den Gardon de Mialet. Unten am Flussufer finden sich schöne Plätzchen für ein Picknick oder sogar ein kühles Bad im Fluss.

Oben im kleinen Örtchen **Mialet** ❸ steigen wir links hoch und finden kurz vor der Kirche eine Trinkwasserstelle. Füllen Sie ihre Wasservorräte gut auf, es liegen noch schweißtreibende Anstiege vor uns und bis Alès gibt es keine Wasserstelle mehr. Wir durchqueren das zauberhafte Bergdörfchen und nehmen hinter der Épicerie links den gepflasterten Durchgang in Richtung l'Escoudas. Oliven, Granatäpfel und Feigenbäume weisen daraufhin, dass wir nun wirklich im Languedoc sind. Wir wandern das Seitental des Roquefeuil hinauf und gehen an der nächsten alten Bogenbrücke nach rechts. Über grobe Kalkschotter steigt der Wanderpfad einige Serpentinen hoch. Oben angekommen bei **La Rouviere** ❹, gönnen

Weite Ausblicke ins Languedoc nahe Montcalm.

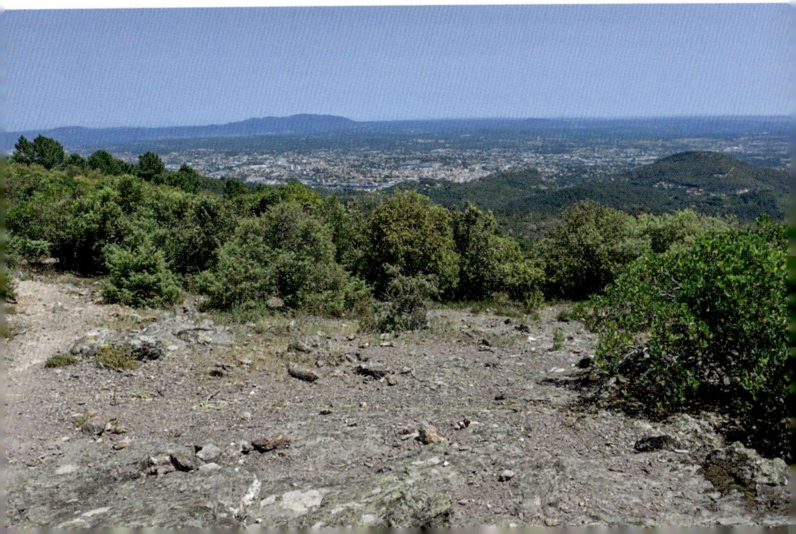

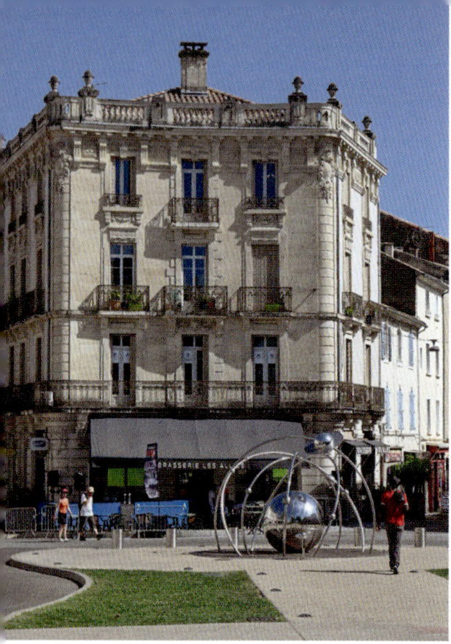

Am Place du Général Leclerc in Alès.

wir uns eine kurze Verschnaufpause und genießen an der Steinmauer den herrlichen Weitblick auf die Höhenzüge gegenüber. Wir halten uns links und ziehen nach einem kurzen letzten Anstieg genüsslich über einen herrlichen Grat, der Ausblicke in alle Richtungen gewährt. Oben, nach der lang gezogenen Rechtskurve, bietet sich ein gigantisches Panorama über weite Teile der südlichen Cevennen. Im Westen ragt deutlich der schon bekannte Mont Lozère im Hintergrund auf.
Achtung: Am Wegweiser **L'Escodas** **5** verlassen wir die breite Piste halb links auf schmalen Pfad in Richtung Montcalm. Mit Esel müssen wir leider einen ersten größeren Umweg über St-Paul-la-Cost machen und hier in spitzem Winkel nach links weitermarschieren. Durch schattige, niedrigstämmige Steineichen und typischen Garrigue-Bewuchs führt uns der Weg in zahlreichen Kurven wieder bergab. Bei der fast alpinen Klettereinlage müssen einige felsige Partien überstiegen werden und wir zwängen uns durch enge Felsdurchlässe. An der großen Kreuzung am **Col de Mayelle** **6**, 469 m, gehen wir auf dem halb rechts leicht bergauf führenden Weg weiter. Oben beim einsamen und umzäunten Anwesen La Cabane biegen wir links ab. An der Wegekreuzung Montcalm können wir linker Hand bei den Orientierungstafeln wieder weite Ausblicke gnießen, bevor wir weiter geradeaus bergauf ziehen. Mit Esel müssen wir hier den GR 70 verlassen und nach rechts marschieren. Nochmal müssen ein paar Felsbrocken überwunden werden. Endlich, nach Durchstieg eines Felstores, haben wir den Gipfel erreicht und blicken hinab in die weite Ebene des Languedoc, im Vordergrund die Stadt Alès und ihr zersiedeltes Umland.
Wenn wir den felsigen Bergpfad hinter uns gebracht haben, biegen wir links ab auf die breite Piste und freuen uns wieder auf einen normalen Weg. Wir passieren den Wegweiser Valmalette, ziehen an der Holzschranke geradeaus weiter und bleiben an der Verzweigung rechts. Am weißen Eisenkreuz **Croix de Sauvage** **7**, 300 m, halten wir uns rechts auf gerölligem Pfad. Achtung: Treten Sie nicht in die Höhle links am Wegesrand, sonst könnte ihre Wanderung ein jähes Ende nehmen! Auch rechts des Weges öffnet sich nach 200 m ein weiterer Schlund – ein Hinweis darauf, dass

wir im Karst des Kalkgebirges unterwegs sind, das vermutlich mit einigen Hohlräumen unter unseren Füßen durchzogen ist.
Am Wegweiser Trépeloup geht es nach links. Nachdem wir das mit Steineichen durchsetzte Karstrevier durchschritten haben, ändert sich an einer Lichtung die Szenerie und wir befinden uns in hochstämmigem Kiefernwald auf weichem Nadelboden. Am großen rundlichen Platz mit dem Strommast zur Rechten biegen wir rechts ab. Nach den ersten Häusern folgen wir der Beschilderung zum Centre Ville. Wir zweigen links ab, wandern am Fluss nach rechts am Gardot d'Alès entlang und über die alte Bogenbrücke nach links Richtung Innenstadt. Nach Durchquerung eines Wohnviertels stoßen wir direkt auf die Tourist Information von **Alès** 8 an der Kirche.

i Alès

Der Ort am Schnittpunkt zweier alter Verbindungswege am Gardon d'Alès war schon in der Frühzeit ein Zentrum der südlichen Cevennen. Eine Nebenstrecke der Via Domitia kreuzte hier die von keltischen Stämmen angelegte Straße der Averner, die von Nîmes nach Le Puy führte. Auch nach der Unterwerfung Galliens war es eine der wichtigsten Handelsverbindungen zwischen dem Languedoc und dem Zentralmassiv (heute die D906). Im Jahr 2008 fand man in Alès eines der größten römischen Mosaike aus der Zeit Julius Cäsars. Auch die mittelalterliche Pilgerroute des Regordaneweges führte durch Alès und machte den Ort bekannt. Handel und Bergbau förderten die Wirtschaftskraft der Stadt. Schon im 13. Jh. gab es die ersten Kohlebergwerke, bis zum Niedergang im 20. Jh. wurde Kohle gefördert. Eine Abraumhalde und ein alter Förderturm mit Besucherbergwerk sind Zeugen.
In der Neuzeit war Alès bedeutendster Umschlags- und Produktionsstandort der Seidenindustrie. Vom Ende des 17. Jh. bis zur Französischen Revolution war die Stadt am Gardon Bischofssitz, was man noch heute an der stattlichen Kathedrale erkennt. Seit dem Untergang von Bergbau und Seidenverarbeitung ist Alès das administrative Zentrum der südlichen Cevennen, das sich auch als innovatives Forschungszentrum einen Namen gemacht hat. Sehenswert sind die Reste der romanischen, aus dem 11. Jh. stammenden ***Église des Cordeliers****. Nach Zerstörung in der Französischen Revolution wurde sie Staatseigentum, heute beherbergt sie ein Theater und das Office de Tourisme. Nicht weit entfernt davon liegt das* ***Fort Vauban****, das Ludwig XIV. nach der Aufhebung des Eiktes von Nantes 1688 errichten ließ und darin königliche Garnisonen gegen die aufrührerischen Protestanten unterbrachte. Die 40 Kanonenscharten sind alle der Stadt zugewandt, um eine Einnahme durch die Camisarden zu verhindern.*
In der ***Halle de l'Abbaye*** *können Sie in regionalen Produkten aus Frankreichs Süden schwelgen. Mit kostenlosen Shuttlebussen, den »navettes centre ville«, die man per Handzeichen anhält, kann man die Stadt erkunden.*

Auf dem GR 736 durch die Gorges du Tarn

Der topaktuelle neue Wanderweg längs des Tarn wurde erst 2022 als GR 736 eröffnet und führt von Le Mas-de-la-Barque am Fuß des Mont Lozère längs des Flusses bis zur historischen Bischofsstadt Albi nordwestlich von Toulouse. Insgesamt beträgt die Länge 300 km, für die 15 Etappen vorgeschlagen werden. Auf der Etappe von Le Pont-de-Montvert verläuft er auf derselben Wegstrecke wie der Stevensonweg. Erst in Florac verabschiedet er sich von diesem und folgt dem Lauf des Tarn durch eine der spektakulärsten Schluchten der Cevennen. Wir folgen dem neuen Fernwanderweg auf dem ersten Drittel, auf 95 km Länge bis Millau, das über gute Verkehrsverbindungen verfügt.
Wer gerne den gesamten Weg wandern möchte, findet mit dem Suchbegriff GR 736 hier nähere Infos: cevennes-gorges-du-tarn.com.
Zusammen mit den umrahmenden Hochflächen der Causses wurden die Gorges du Tarn 2011 zum UNESCO-Weltkulturerbe erklärt und werden demnächst in den erlauchten Kreis der »Grand Site de France« aufgenommen. Der Weg ist teils gelb-grün, teils weiß-rot markiert und verläuft die meiste Zeit mehr oder weniger nah am linken Flussufer. Auftakt ist in Florac trois Rivière am Zusammenfluss dreier Cevennen-Flüsse und am Kreuzungspunkt der Gesteinsformationen von Schiefer, Granit und Kalkstein. Über eine grandiose historische Bogenbrücke im Obstgarten der Cevennen bei Ispagnac geht es am ehemaligen Wallfahrtsort Quézac vorbei. Dahin-

Blick auf die Höhenzüge gegenüber bei La Cresse.

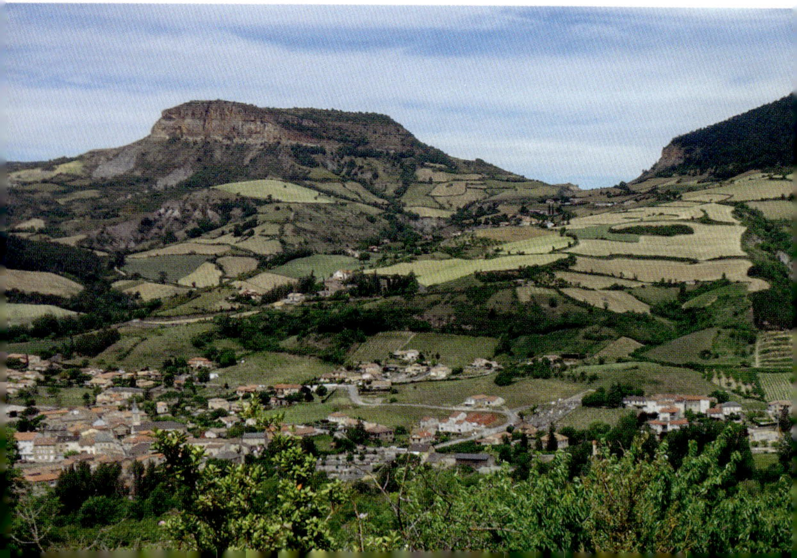

ter rücken die steilen Felsen der Causse Méjean und Causse de Sauveterre immer näher an uns heran und gestalten die wildromantische Schlucht. An der abenteuerlich am Fels klebenden Ruine von Château Castelbouc vorbei, geht es zum touristischen Zentrum im Klosterort Ste-Enimie. Weiter führt der romantische Wanderpfad an verlassenen Cevennendörfern vorbei, deren schiefergedeckte Bruchsteinhäuser noch vor 100 Jahren nur mit dem Boot erreichbar waren. Oft direkt am Flussufer, führt der Weg aber auch auf mittlerer Höhe zwischen Fluss und Oberkante der Causse und gewährt eindrucksvolle Tiefblicke auf das Gewässer mit vielen bunten Kajakfahrern. Im Doppelort Le Rozier / Peyreleau, an der südöstlichen Pforte der Schlucht, wo die genauso spektakuläre Gorge du Jonte auf den Tarn trifft, verlassen wir die Engstellen des Flusses. Der GR 736 zieht nochmal auf einer grandiosen Etappe hoch bis zur Hochebene der Causse Noir, bevor er uns im geweiteten Tal auf breiten Flussterrassen nach Compeyre leitet. Genauso attraktiv ist eine Variante, die – am mittelalterlichen Château de Peyrelade vorbei – ebenfalls über das romantische Bergdorf Compeyre führt. Das hervorragend restaurierte Dorf war im Mittealter bedeutender als das nahe Millau, das zum krönenden Abschluss unterhalb einer grandiosen Hochseilbrücke mit mediterraner Atmosphäre aufwartet.
Auch wenn im Hochsommer zahlreiche Touristen die beliebte Schlucht bevölkern, gibt es auf den Wanderwegen kein Gedränge. Schon nach wenigen Hundert Metern außerhalb der Ortschaften findet man erholsame Stille, da die Mehrzahl der Touristen Wassersport betreibt.

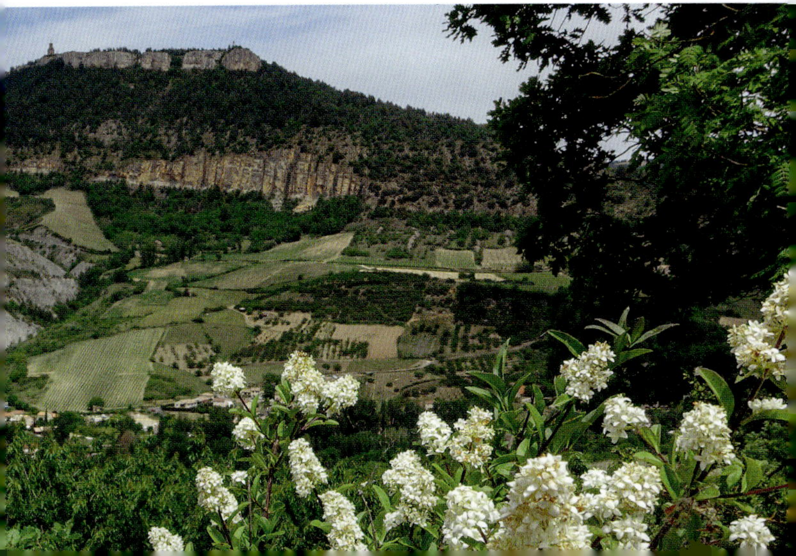

T 1 Florac – Ispagnac

2.45 h | 10.3 km | ↗ 240 m | ↘ 270 m

Unterkünfte: Ispagnac (522 m, 890 EW): **1.** CdH Chez Pierre et Déa Amatuzzi, 37, Route de Salenson, €€, Tel. 04 66 65 00 86, amatuzzi.bdeia@orange.fr, Küche, Mai–Sept. – **2.** Gîte La Vigne, Chemin de la Lèche, 6 B, Tel. 04 67 59 01 54, gitelavigne-ispagnac.fr, kleines Ferienhäuschen, Küche, Wifi, engl. – **3.** Hôtel le Vallon, Route des Gorges du Tarn, €€, Tel. 06 82 86 72 33, hotel-ispagnac.com, Wifi. – **4.** Hôtel des Vignes Rouge, 4, Chemin Royale, €€, Tel. 04 66 44 21 11, hoteldesvignesrouges.fr, Ostern bis Okt. – **5.** Camping le Vieux Moulin, Molines, Tel. 04 66 44 20 67, campinglevieuxmoulin.com, engl. – **6.** Camping du Pré Morjal, 4, Chemin du Beldou, Tel. 04 66 45 43 57 oder 06 81 32 46 23, camping-premorjal.com, engl., April–Okt. – **7.** Camping Les Cerisiers, Rt des Gorges du Tarn, Tel. 06 75 13 75 87 oder 04 66 44 21 24, camping-cerisiers.com, Wifi, engl.

Die Strecke: Gut begehbare breite Naturwege, meist im Schatten von Kastanienwäldern. Weiß-rot markiert. Sehr moderate Anstiege. Man könnte weiter gehen, andererseits ist es bis Ste-Enimie zu weit und ein Aufenthalt im zauberhaften Ispagnac lohnt sich allemal.

Kritische Stellen: Keine.

Landschaft: Noch schlängelt sich der Tarn in einem breiten Flussbett gemächlich dahin. Eingerahmt wird die sanfte Landschaft zur Linken von der Hochebene der Causse Méjean und zur Rechten von den Ausläufern des Lozère Massivs.

Infrastruktur: Ispagnac A € i.

Erste Blicke von oben auf die Tarn.

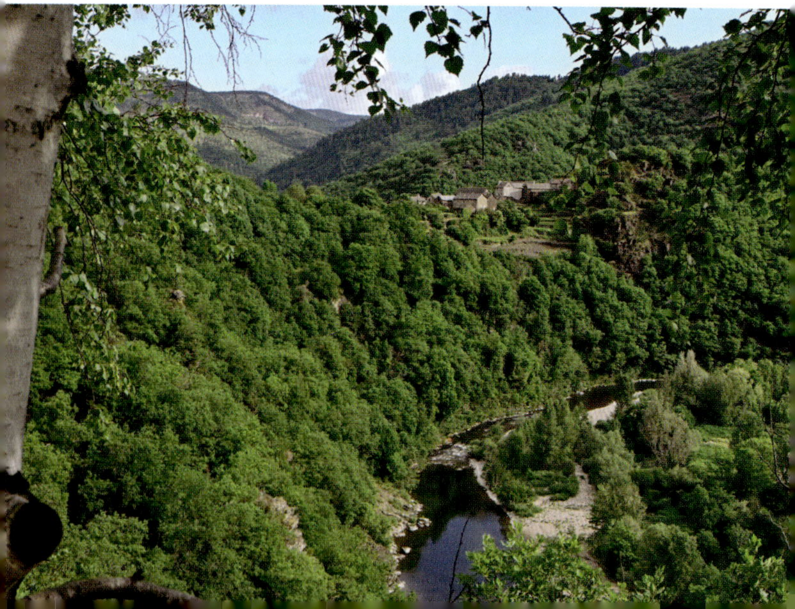

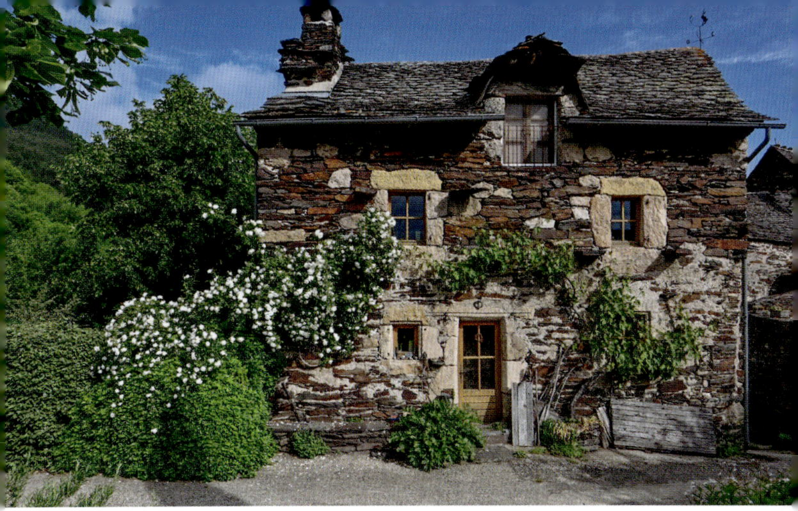

Malerisches Dorfhaus in Biesses.

Am Place du Souvenir, beim Ehrenmal von **Florac** ❶, gehen wir über die Esplanade Marceau Farelle in Richtung Norden und biegen rechts ab in die Rue du Thérond. An deren Ende lassen wir uns nicht von den Zeichen des Stevensonweges verwirren, sondern halten uns am Kreisel links in Richtung Saliѐges, wo wir ebenfalls gleich eine weiß-rote Markierung finden. Unser Weg führt anfangs an der Mauer des Friedhofs entlang, dann durch ein Wohnviertel und später direkt neben dem Tarn durch die grüne Flussaue. Zur Linken begrenzen mächtige Schieferfelsen die Talseite. Schon bald passieren wir den fast verlassenen Weiler **Saliѐges** ❷. An der Verzweigung dahinter halten wir uns rechts und wandern auf geschottertem Weg weiter. Leider stört ein etwas lärmendes Schotterwerk gegenüber die Stille des Tales. Gewaltige Edelkastanien, früher das Brot der armen Leute, werfen ihre Schatten auf uns.

Der Weg schwingt sich etwas in die Höhe und gibt immer wieder zwischen den Bäumen Blicke auf die an dieser Stelle noch zahme Tarn frei. An einer alten Steinscheune vor dem Weiler **Le Fayet** ❸ biegen wir links ab. Wer lieber durch das Dörfchen marschiert, geht geradeaus, hält sich im Ort links und stößt wieder auf den beschriebenen Weg. Die ausgewiesene Route durch den Wald ist etwas weiter von der Straße entfernt und damit ruhiger. In einer Rechtskurve des Weges bei zwei Birken

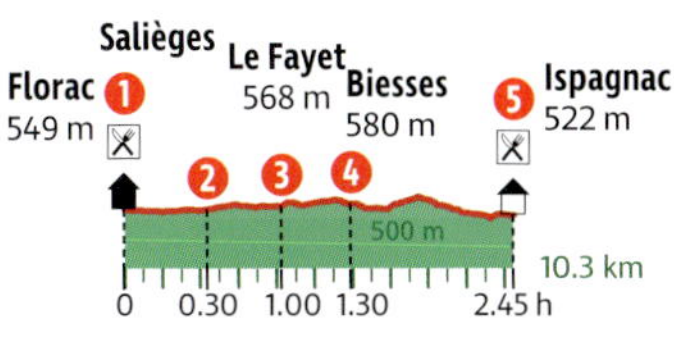

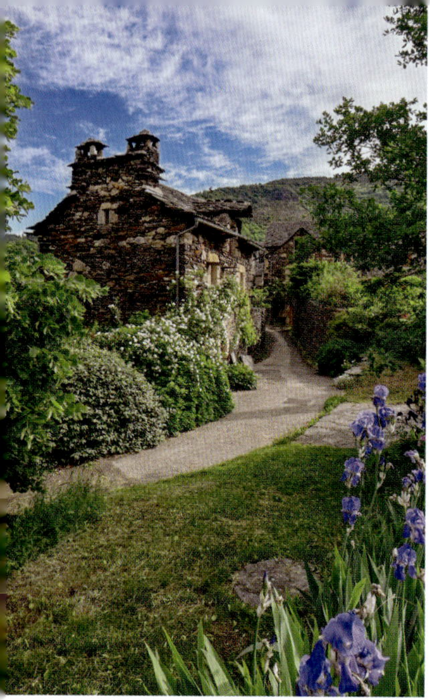

Am Dorfeingang von Biesses.

ergibt sich ein prächtiger Ausblick auf die nächste Siedlung und ein Vorgeschmack dessen, was uns in den nächsten Tagen auf dem Gang durch die Schlucht des Tarn bevorsteht.

Achtung: Fünf Minuten nach den beiden Panorama-Ausblicken verlassen wir den breiten Weg durch ein Viehgatter und wandern nach rechts auf einem leicht überwachsenen Pfad weiter. Er führt uns direkt in den schon von Ferne gesichteten Weiler **Biesses** ④. Wir machen einen kurzen Gang durch das verlassene, aber malerische Örtchen und gehen auf dem Rückweg am wunderschönen Haus am Dorfeingang rechts bergab. In der Kurve des Weges überqueren wir eine tiefe Schlucht, ignorieren kurz darauf den Linksabzweig des GR 670 bei zwei Schieferhäusern und folgen weiter dem Lauf des Flusses in einiger Höhe. Die vielen heute überwachsenen Steinterrassen links des Weges im Wald

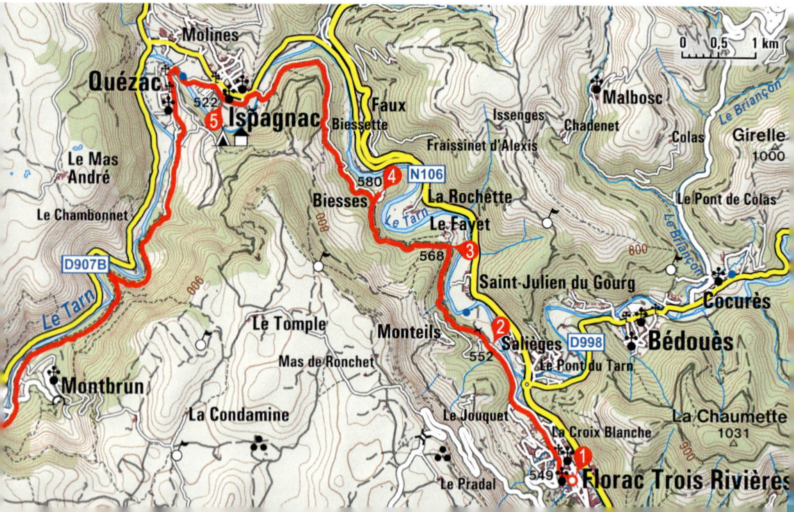

Ispagnac

Die Gegend um Ispagnac war schon seit der Jungsteinzeit besiedelt, wie Dolmen und Menhire in der Umgebung bezeugen. Ab 800 v. Chr. wohnte ein gallischer Stamm der Arverner am Eingang der Tarnschlucht, bevor die Römer in Gallien einfielen und das Zepter übernahmen. Der römische Kolonist Hispanus soll hier eine Domäne gegründet haben, worauf der Ortsname hindeutet (ac von lat. Acum = Domäne). Im 7. Jh. errichteten Benediktinermönche der Abtei von Aurillac ein Kloster. Das Örtchen am Fuß der Causse de Sauveterre und der Causse Méjean zählt zum bedeutenden Kreis der 100 schönsten Dörfern Frankreichs und wird auch als »jardin de la Lozère« (Garten des Lozère) bezeichnet. Im fast mediterranen Klima, geschützt von Nord- und Nordwestwinden, gedeiht Wärme liebendes Obst wie Erdbeeren, Pfirsiche, Aprikosen und Kirschen und sogar Wein. Auf einem ausgeschilderten Rundgang trifft man auf viele Obst- und Gemüsegärten. Versäumen Sie nicht, beim Betreten des alten Ortskerns an der Rue de l'Église ein paar Schritte nach links zu gehen und einen Blick auf die wunderschöne romanische Kirche St-Pierre aus dem 11. Jh. mit ihrem achteckigen Glockenturm zu werfen. In der Hochsaison bieten am Dienstag und Samstag ein paar Marktstände gegenüber der Kirche ihre lokalen Spezialitäten an.

dienten früher zum Wein- und Obstanbau – den schon die Römer hier betrieben – oder auch zum Trocknen der Kastanien. Eine gelb-grüne Markierung lotst uns schließlich nach rechts über die mächtige Bogenbrücke Pont d'Ispagnac. Zwischen 1742 und 1795 erbaut, zählt sie – mit Ausnahme der alten Pilgerbrücke bei Quésac – zu den ältesten Brücken an der Tarn. Wir orientieren uns dahinter an der Straße nach links und biegen nach der Pharmazie nochmal links ab zum wunderbaren alten Ortskern von **Ispagnac** ❺. Am Brunnen vorbei, geht es durch einen alten Torbogen auf der Rue de la Ville ins Innere des Ortes. Dahinter, am Place Jules Laget, befindet sich das Herz des zauberhaften Örtchens, wo man sich gern für einen Kaffee niederlässt.

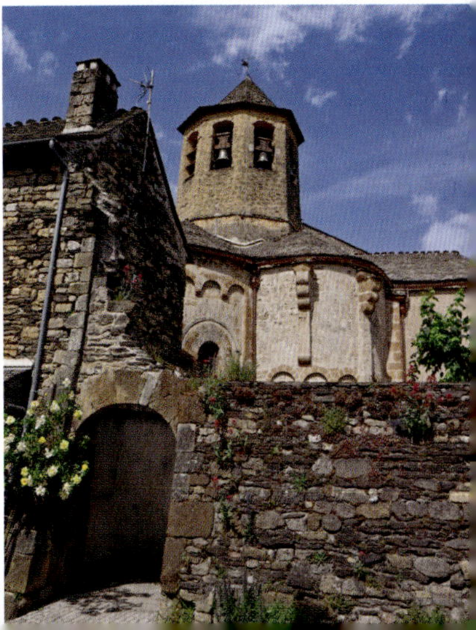

Der romanische Glockenturm von Ispagnac.

T 2 Ispagnac – Ste-Enimie

4.45 h | 18.1 km | ↗410 m | ↘460 m

Unterkünfte: Les Ossierès (500 m): Camping Les Osiers, Mobil-Homes ab 2 Nächte €€, Tel. 04 66 48 45 36 oder 06 75 70 50 79, philippe.monteils@wanadoo.fr, direkt am Weg.
Ste-Enimie (473 m, 980 EW): **1.** Hôtel Auberge du Moulin, Rue Combe, €€€, Tel. 04 66 48 53 08 oder 06 98 64 94 55, DZ €€, booking.com, Wifi, engl. – **2.** Hôtel Bleu Nuit, Route de Meyrueis, 6 DZ, €€, Tel. 04 66 48 50 01 oder 06 62 63 64 74, bleunuit48.fr, Mitte Mai–Sept. – **3.** Hôtel Burlatis, Rue de la Combe, €€, Tel. 04 66 48 52 30, hotelburlatis.com, engl., ab 15 Uhr, April–Sept. – **4.** Gîte La maison de Francois, Rue de la Combe, €€, ab 2 Nächte, Tel. 07 60 88 77 38, severinemalaval@orange.fr, Wifi, Küche. – **5.** CdH Hélène, Rue du Couvent, 2 Z und App, €€, ab 2 Nächte, Tel. 04 66 48 55 03 oder 06 62 16 97 83, laurence.barthomeuf@wanadoo.fr. – **6.** Gîte La cazelle, Place du Plô, Tel. 06 82 35 87 79, gite-la-cazelle.business.site. – **7.** Camping Aire naturelle de Charbonnières, Tel. 04 66 47 44 70 oder 06 74 36 19 57, campingcharbonnieres.com, April–Sept., etwa 500 m hinter Pont de Montbrun den Weg nach rechts verlassen.
Die Strecke: Gut markiert. Breite Naturpfade wechseln sich ab mit schmalen Uferpfaden. Etwa in der Mitte der Etappe gibt es eine längere Strecke auf Asphalt, die allerdings kaum von Autos frequentiert ist. Meist schattig.
Kritische Stellen: Nach Castelbouc wandern wir knapp oberhalb des Flussbettes. Nach Hochwasser sollte man sich sicherheitshalber erkundigen, ob der Weg begehbar ist.
Landschaft: Immer näher rücken die steilen Kalkwände der Causses an uns heran. In sanftem Auf und Ab begleiten wir den Tarn auf seinem Lauf durch das tief ausgehobelte Tal.
Infrastruktur: Les Ossierès; Ste-Enimie (Hochsaison).
Anmerkungen: In der Hochsaison gibt es Donnerstag abends in der Rue Principale in Ste-Enimie 19–23 Uhr einen beliebten Nachtmarkt.

Dorfgasse in Quezac.

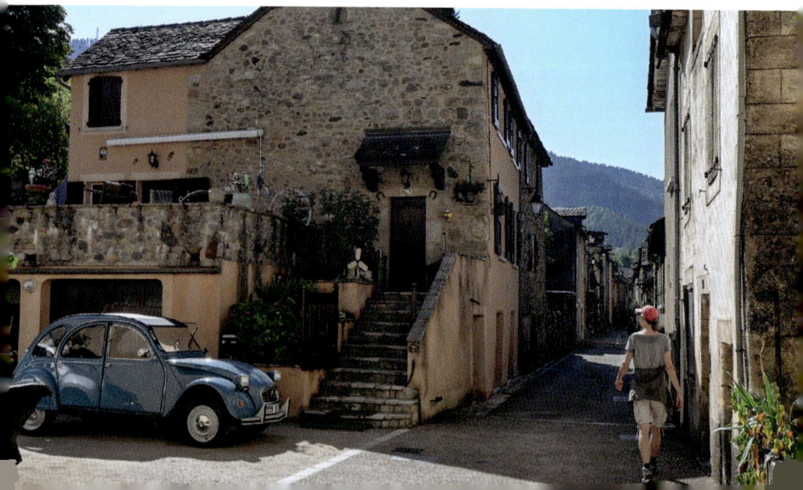

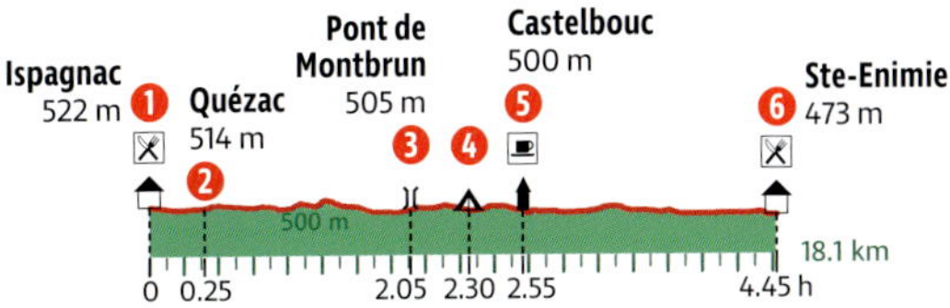

Los geht's in Ortsmitte am Place Jules Laget von **Ispaganac** ❶. Wir orientieren uns an der weiß-rot Markierung, wandern durch die schattige Rue des Barrys in nordwestlicher Richtung bis zum Ortsausgang und halten uns am Kreuz links in Richtung Campingplatz. Kurz hinter dem Platz treffen wir bald auf die behäbige alte Steinbrücke Le Pont de Quézac. Eine Tafel heißt uns im Kanton Énimie willkommen. Weiter geht es durch das beschauliche **Quézac** ❷, das in Frankreich bekannt ist für sein prickelndes Mineralwasser aus den Quellen bei Montbrun. Auf der gegenüberliegenden Flusseite ist das Château Rocheblave aus dem 16. Jh. zu sehen, das an strategisch wichtiger Stelle, am Eingang zur Schlucht der Tarn, errichtet wurde, wo man den Zugang zur Schlucht und zur Causse de Sauveterre kontrollieren konnte.

i ***Quézac***

*Der Ort kann nur über die **Pont de Quézac** betreten werden. Mit 6 Bogen und 113 m Länge ist sie die größte Brücke über den Tarn und stammt aus dem 14. Jh. Da immer wieder Pilger beim Durchwaten des Flusses ertranken, lies Papst Urban V. mit Geldern aus dem Ablasshandel die Brücke erbauen, auf der einst sogar in der Mitte eine kleine Kapelle stand. Sie war lange Zeit der einzige Übergang im ganzen Tal. Eine Anekdote berichtet von jungen Mädchen, die dort beteten, um innerhalb eines Jahres einen Ehemann zu finden. Vermutlich lockte eine schwarze Madonna in der Stiftskirche Notre-Dame die Pilger nach Quézac.*

*In der ganzen Umgebung ist das Mineralwasser von Quézac bekannt, das mineralreich und frei von Nitraten ist. Um die schon in gallo-römischer Zeit bekannte Quelle ranken sich einige Legenden. So soll ein Bauer in der Nähe der Quelle bei der Feldarbeit eine schwarze Madonna gefunden haben, die aber in derselben Nacht wieder auf seltsame Weise auf das Feld zurückkehrte. An dieser Stelle wurde zum Schutz der Madonna schließlich die Kirche **Notre-Dame de Quézac** errichtet. Es währte nicht lange, bis die ersten Pilger eintrafen und hofften, mit dem Wasser der Quelle geheilt zu werden. Das Dörfchen entwickelte sich zu einem der bekanntesten Wallfahrtsorte im Gévaudan. Auf einer geführten Tour erfährt man mehr über die Geschichte der Quelle (Syndicat de l'Eau de Quézac, Mitte Juni bis Mitte Sept., Tel. 04 66 45 47 15).*

Castelbouc

Eine seltsame Legende erklärt den Namen des Ortes Castelbouc (Ziegenschloss). Zur Zeit der Kreuzzüge mussten alle Untertanen außer dem Schlossherrn in den Krieg ziehen. Ihm wurde aufgetragen, die verlassenen Frauen des Dorfes in Abwesenheit ihrer Männer zu beglücken. Da sich aber der Krieg lange hinzog, starb der Schlossherr an Erschöpfung. Seine Seele schwebte am Abend seines Todes in Form einer Ziege über der Burg.

Am Ortsende zeigt die weiß-rote Markierung des GR 670 nach links, wir bleiben aber geradeaus auf der Straße, wo ein Schild uns darauf hinweist, dass wir wieder im Nationalpark der Cevennen sind. Nach gut einem Kilometer, bei einem wunderbar sanierten alten Cevennenhaus, endet der Asphaltweg. Weiter geht es durch kühlen schattigen Mischwald. Und schon bald vernehmen wir das Rauschen des Flusses unter uns, das uns nun für Tage begleiten wird. Die ersten bizarren Felsen geben einen Vorgeschmack auf das, worauf wir uns die nächsten Tage freuen dürfen. Zum Teil finden wir hier auch wieder die grün-gelbe Markierung. Alte, moosüberzogene Feldsteinmauern bezeugen, dass der Weg nicht erst heutzutage für Wanderer angelegt wurde. Allmählich verjüngt sich der Weg und verläuft ähnlich einem Gebirgspfad auf der Hangschulter der Tarn. Der Pfad schlängelt sich nun in vielen Windungen und ständigem Auf und Ab längs des Flusses entlang und passiert dabei auch einige Schotterhalden aus Schiefergestein. Der romantische Pfad unter Buchen, Stieleichen und Kiefern mündet schließlich fast auf Flussebene auf einen Fahrweg direkt neben dem Gewäs-

Zuweilen wandern wir unmittelbar am Flussufer …

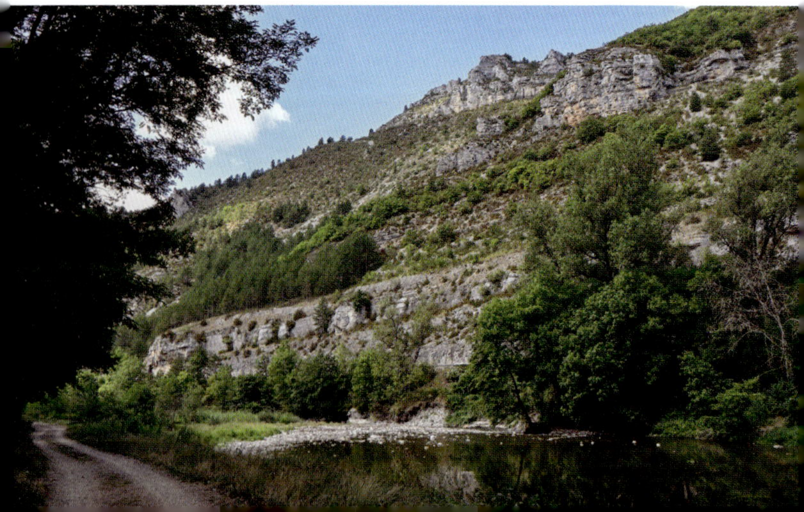

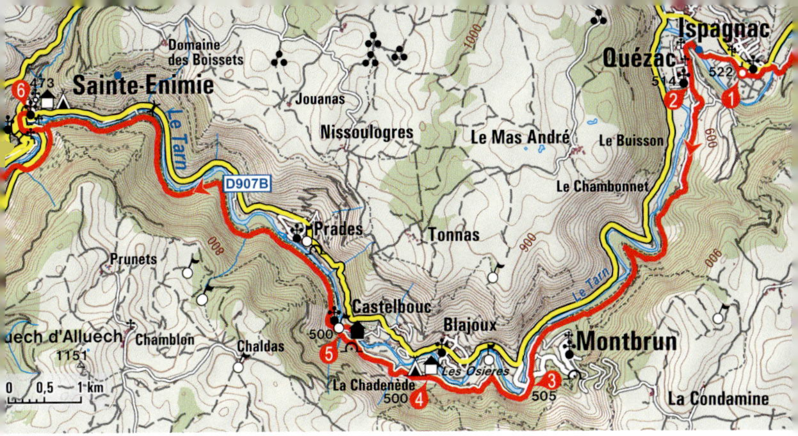

ser. Die **Pont de Montbrun 3** lassen wir rechts liegen und blicken bald auf den gegenüberliegenden Ort Blajoux. Das Tal weitet sich wieder etwas. Auf einem Asphaltsträßchen passieren wir rechts vom Weg den **Camping Les Osiers 4** und einige hübsch geschmückte Cevennenhäuser. Leider müssen wir nun ein paar Kilometer auf Teer wandern. Der herrliche Ausblick tröstet darüber hinweg.

Etwa dort, wo wir die abenteuerlich am Fels klebende Schlossruine von **Castelbouc 5** aus dem 12. Jh. zum ersten Mal vor uns im Blickfeld haben, gibt es unten am Fluss eine nett gestaltete Einkehrmöglichkeit (geöffnet von Juli bis September) und auch Badestellen. Unterhalb der Burgruine schmiegen sich die Höhlenhäuser malerisch direkt an die Felsen. Wir folgen der Markierung durch den zauberhaften Weiler, überqueren eine kleine Steinbrücke und halten uns an der Verzweigung rechts. Auf malerischem Pfad längs alter Lesesteinmauern geht es nun direkt am Flussufer entlang durch die üppig begrünte Flussaue. Gegenüber blicken wir auf das Château de Prades aus dem 13. Jh., das zur Absicherung des Klosters von Ste-Enimie erbaut wurde. Danach zieht sich der Pfad wieder empor durch eine macchia-ähnliche Vegetation. Nach zwei Schleifen des Flusses stoßen wir auf einen Fahrweg

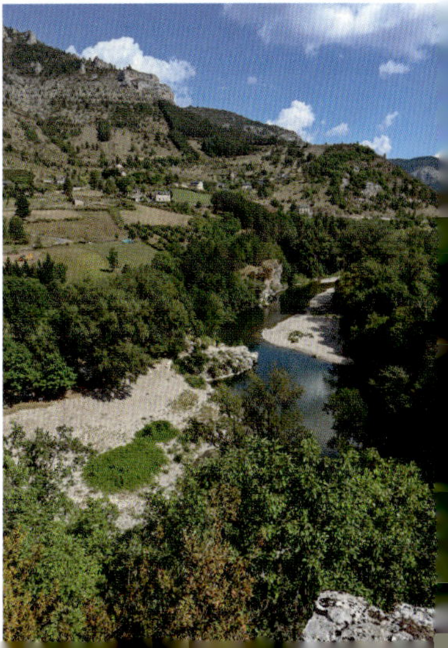

... meistens jedoch oberhalb.

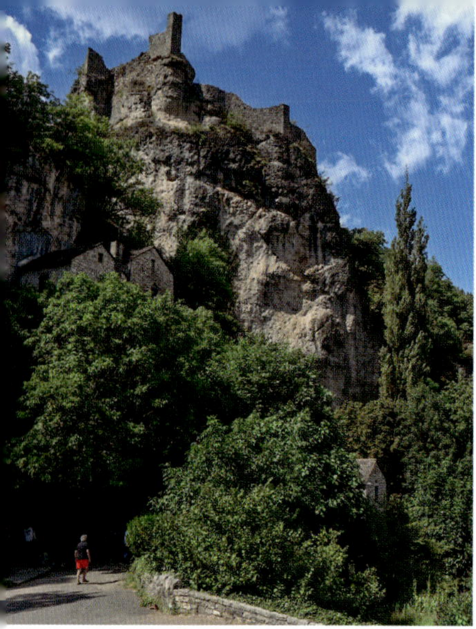

und passieren Unterkunftszelte für Jugendgruppen. Eine Betonbrücke ignorierend, geht es direkt am Fluss entlang. Kurz vor Ste-Enimie rücken die Felsen immer näher zum Fluss. An einem Felsvorsprung genießen wir einen fantastischen Ausblick auf das Städtchen und das darüber befindliche einstige Kloster. Wir stoßen auf die Rue du Bassin, biegen rechts ab, überqueren die Brücke und betreten den malerisch am Tarn liegenden alten Ortskern des touristisch beliebten Örtchens **Ste-Enimie** 6 am Kreuzungspunkt der Straßen zur Causse Méjean und Causse de Sauveterre.

Die Schlossruine von Castelbouc ...

Die Legende der heiligen Enimie

*Der Merowinger König Chlothar II. hatte eine Tochter, deren große Schönheit vom ganzen Hofe bewundert wurde. Gleichzeitig hatte sie auch fromme Tugenden und beschloss, ihr Dasein Gott zu widmen. Ihr Vater jedoch hatte andere Pläne und wollte sie mit einem der größten Barone des Königreichs verheiraten. In ihrer Verzweiflung bat die junge Prinzessin Gott darum, ihr die Schönheit zu nehmen. Kurz darauf wurde sie von schrecklicher Lepra gezeichnet. Nach langer Leidenszeit erschien ihr ein Engel, der sie zur Burl-Quelle am Rande der Causse de Sauveterre schickte, um dort zu baden. Auf der Stelle war sie von der Krankheit geheilt. Als sie die Rückreise antreten wollte, kam die Krankheit zurück. Nach erneutem Bad in der Quelle war sie wieder gesund. Sie verstand den Wink Gottes und gründete an der Quelle ein Kloster, dem der Ort seinen heutigen Namen verdankt. Das Kloster wurde in der Französischen Revolution 1793 aufgelöst. Sie selbst wohnte als Einsiedlerin in einer nahe gelegenen Höhle, an deren Stelle heute die **Chapelle de l'Ermitage** steht (zu Fuß in einer halben Stunde zu erreichen). Weiter berichtet die Legende von vielen Wundern, die sie vollbracht habe und von einem bösen Drachen, den sie zusammen mit Bischof Ilère erlegt habe. Werfen Sie einen Blick in die **Église Notre-Dame-du-Gourg**, auf deren Wände in farbig bemalten Keramikreliefs das Leben der heiligen Enimie nachgezeichnet ist.*

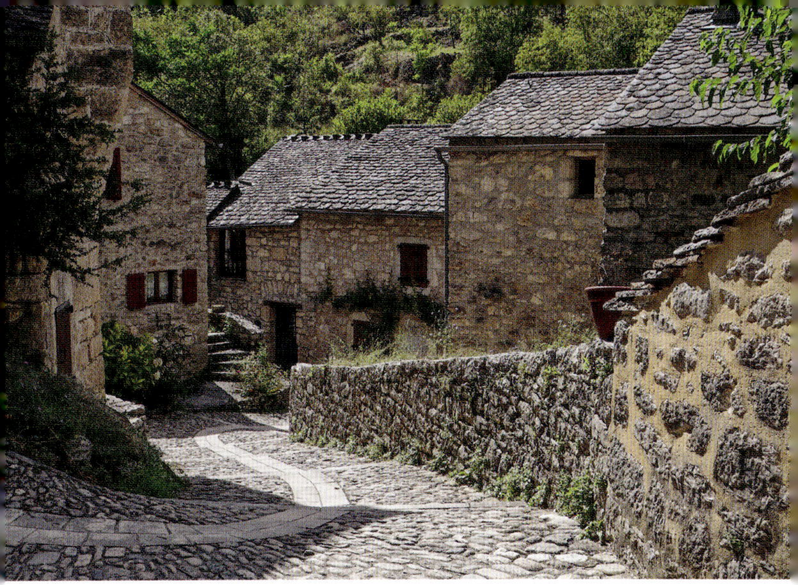

... mit dem gleichnamigen Weiler.
Unten: Château de Prades am gegenüberliegenden Flussufer.

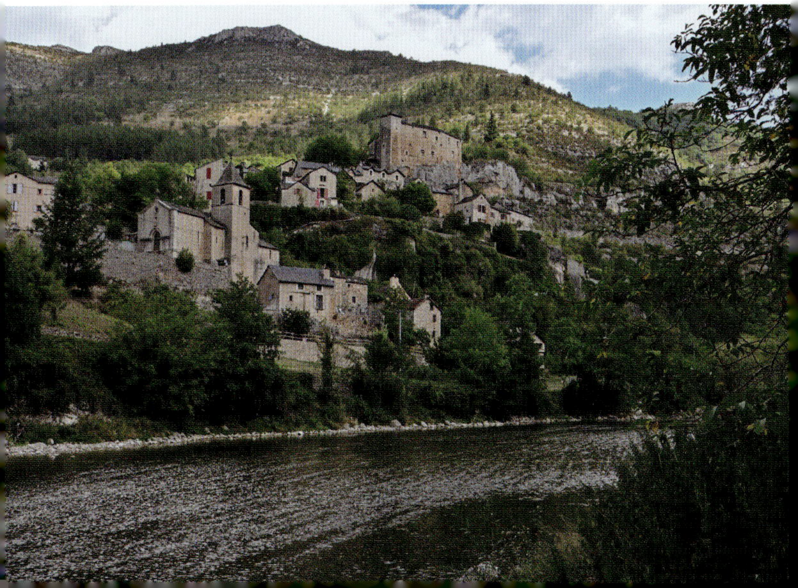

T 3 Ste-Enimie – La Malène

4.15 h | 15.0 km | ↗460 m | ↘480 m

Unterkünfte: St-Chély-du-Tarn: Auberge de la Cascade, €€, Tel. 04 66 48 52 82, aubergecascade.com, engl., Pool, April–Mitte Okt.
La Malène (454 m, 142 EW): **1.** CdH La Treille, Village, 1 DZ, €€, Tel. 04 66 48 50 61 oder 06 78 03 14 02, latreille-lamalene.fr, Wifi, ab 17 Uhr. – **2.** CdH, Le Pigeonnier, Route de la Canourgue, 1 DZ, €€, Tel. 04 66 48 57 51, lepigeonnier-lamalene.fr, Wifi, ganzjährig. – **3.** Hôtel des Batelliers by Azureva, Village, DZ, €€, Tel. 04 66 48 56 50, booking.com, engl., Wifi. – **4.** Hôtel Manoir de Montesquiou, Château de la Malène, €€€, Tel. 04 66 48 51 12, manoir-montesquiou.com, Wifi, engl. – **5.** Hôtel de l'Embarcadere, DZ, €€, Tel. 04 66 48 51 03, aembarcadere@gmail.com, Wifi, engl. – **6.** Camping Le Gabitou, Route de Florac, Tel. 06 95 45 64 88, legabitou.fr, engl., Mitte Juni – Mitte Sept. – **7.** Camping und GE Municipale le Pradet, Route de Millau, 18 B im Dortoir, €, Tel. 04 66 48 58 55, gorgesdutarn-camping.com, Wifi, deutsch, engl., April–Sept. Die Gîte befindet sich direkt neben der Kirche. Anmeldung auf dem Campingplatz.
Die Strecke: Gute gelb-grüne oder weiß-rote Markierung. Anfangs auf geschottertem Weg, später verläuft unsere Route vorwiegend auf schmalen, aber gut begehbaren Pfaden, die immer wieder spektakuläre Ausblicke bieten.
Kritische Stellen: Nach Hochwasser sollte man sich sicherheitshalber erkundigen, ob der Weg begehbar ist.
Landschaft: Wir treten nun endgültig in die atemberaubende Schlucht mit den senkrecht abfallenden Felswänden ein. Der Blick reicht sowohl zur Oberkante, mit der Hochfläche der Causse de Sauveterre, als auch stellenweise in die Tiefe der Schlucht, wo das klare Wasser der Tarn bevölkert ist mit zahlreichen bunten Kajakfahrern.
Infrastruktur: St-Chély-du-Tarn; La Malène (Hochsaison).

Zauberhaftes Ste-Enimie.

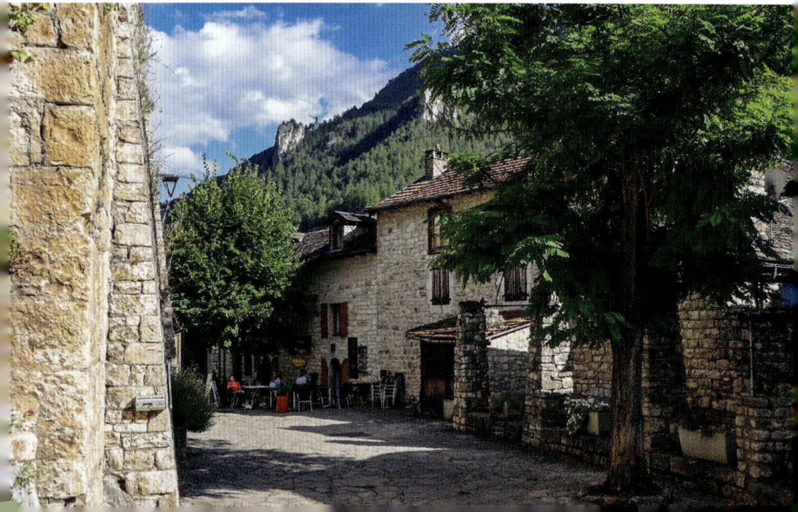

Wir starten an der Brücke über den Tarn in **Ste-Enimie** ❶, halten uns dahinter links und wandern über die Rue du Pont und die Rue du Bassin aus dem Ort. Die Straße geht in einen Wanderpfad über, der auf die D986 mündet. Wir verlängern wenige Meter auf der Autostraße, verlassen sie aber sofort wieder nach rechts talwärts, wo es auf einem Schotterweg weitergeht. Dort, wo rechts ein Betonweg zu einem Haus führt, halten wir uns links und stoßen auf einen von alten Mauern flankierten Pfad, der bald in einiger Höhe aussichtsreich über dem Flussbett verläuft. Am Wegesrand passieren wir alte, verlassene und auch wieder aufgebaute Häuser aus Naturstein mit ihren typischen Schieferdächern. Stieleichen und Buchsbaum sind die vorherrschenden Pflanzen des märchenhaften Pfades mit moosüberwachsenen Mauern. An einem Linksknick des

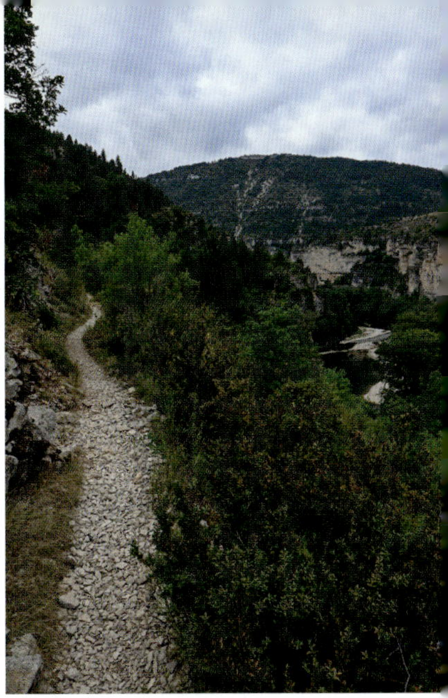

Schmale Pfade schlängeln sich durchs Tal.

i St-Chély-du-Tarn

Der Wanderweg führt eigentlich am Dorf vorbei. Einen Gang hinunter zur großen Bogenbrücke sollte man jedoch keinesfalls versäumen. Bis 1905 war der Ort nur über den Fluss und die begleitenden Pfade erreichbar. Die romanische Kirche mit fünfeckiger Apsis aus dem 12. Jh. und eine Reihe alter, ortstypischer Bruchsteinhäuser bilden ein herrliches Ensemble oberhalb des Tarn. Und falls Sie Badesachen dabei haben, können Sie an einem kleinen Strand unterhalb der Brücke das kühle und klare Wasser des Tarn genießen. Das Strandvergnügen müssen Sie sich in der Hochsaison allerdings mit vielen Kajakfahrern teilen.

Von der Brücke aus sichtbar: die Kaskaden eines Wasserfalls, der sich in den Tarn ergießt. Sie stammen von einem unterirdischen Fluss, der am Mont Aigoual entspringt und sich vor dem Dorf teilt. Ein Arm bildet einen unterirdischen See, vor dem die Kapelle ***La Cénarèt*** *im 13. Jh. errichtet wurde. Heute befindet sich ein Kunstgewerbegeschäft, Le Moulin de Cénaret, daneben in der Höhle. Der andere Arm fließt durch das Dorf und stürzt über eine 10 Meter hohe Klippe in den Tarn.*

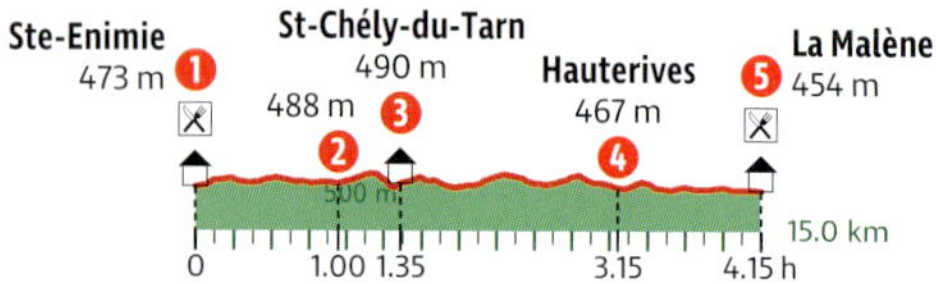

Weges macht uns eine **Infotafel** ❷ auf den gegenüberliegenden Hang Camp de Rose aufmerksam. Nach Aufgabe der Beweidung mit Schafen in den 1960er-Jahren siedelte sich dort eine artenreiche Flora an.

Auf ruppigem Abstiegsweg erreichen wir **St-Chély-du-Tarn** ❸ am Fuß eines hohen Kalksteinfelsens der Causse Méjean. Nach der Besichtigung finden wir wieder eine gelb-grüne Markierung und folgen ihr in Richtung Hauterives. Wir verlassen die Schotterpiste nach rechts auf einen Wanderpfad, der uns aussichtsreich wieder ganz hinunter auf Flussniveau geleitet und sich dort in der schattigen Auenlandschaft fortsetzt. In einem Knick des Flusses blicken wir gegenüber auf das Château de la Caze, ein Lustschloss aus dem 15. Jh. In der französischen Revolution diente es als Gefängnis, heute beherbergt es ein exklusives Hotel. Die Töchter des Schlossherrn Francois Alamand waren einst wegen ihrer außerordentlichen Schönheit in ganz Gévaudan bekannt und wurden auch die »Nymphen der Tarn« genannt. Ein Zimmer im antik eingerichteten Hotel ist ihnen gewidmet.

Auf sehr schmalen, mitunter ausgesetzten Pfaden folgen wir in einiger Höhe dem Lauf des Flusses. Die Abzweigung nach Anilhac, einem Dorf oben in den Causse de Méjean, ignorieren wir und wandern geradeaus

Blick ins Tal auf St-Chély-du-Tarn.

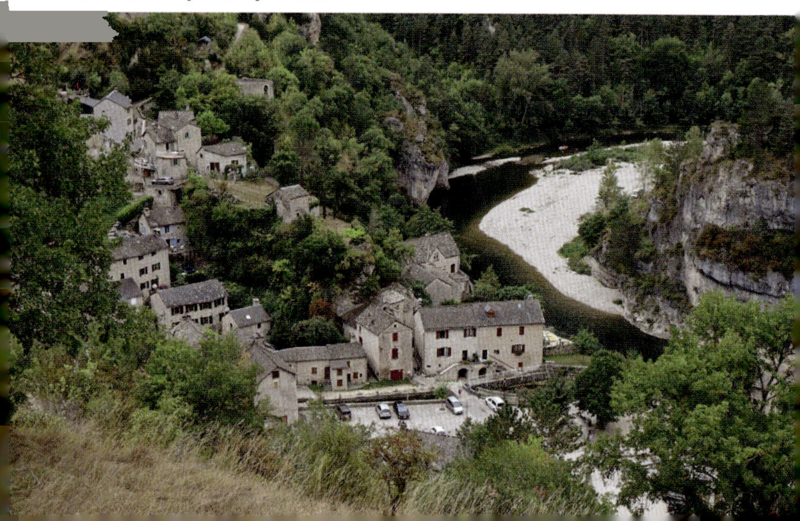

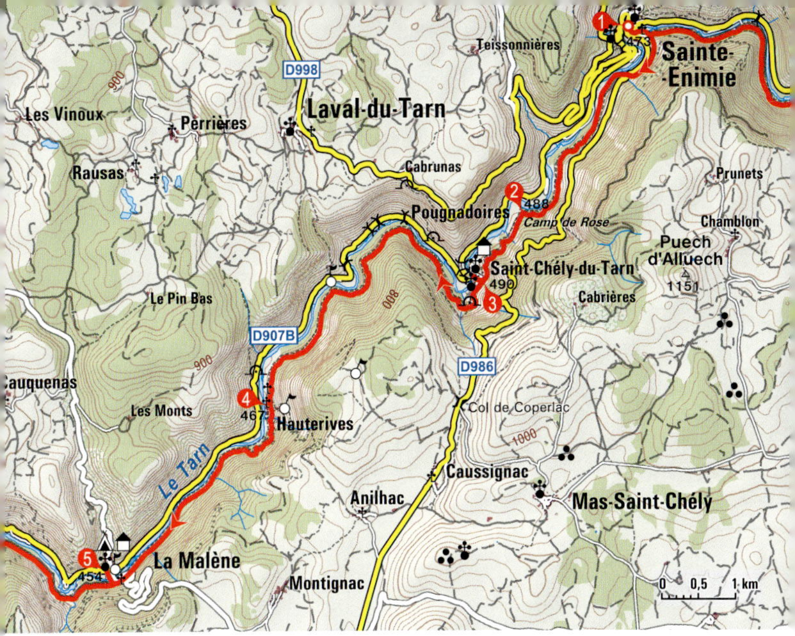

auf gelb-grüner Markierung weiter nach **Hauterives** ❹, das wir kurz darauf erreichen. Das teilweise noch (oder wieder) bewohnte Cevennendorf besitzt keine Zufahrt für Kraftfahrzeuge. Jegliches Material und Lebensmittel mussten und müssen auch heute noch mit der Flussseilbahn vom gegenüberliegenden Ufer oder mit Maultieren herbeigeschafft werden. Die traditionellen Bruchsteinhäuser wurden ohne Holzkonstruktion nach dem Prinzip der Halbrundgewölbe errichtet. Die Häuser sind auf Terrassen angelegt, die von Trockenmauern getragen sind, wobei die Giebel dem Fluss zugewandt sind. Die Lage des Ortes war strategisch günstig und lag zudem außerhalb der gefürchteten

Romanische Kirche von St-Chély-du-Tarn.

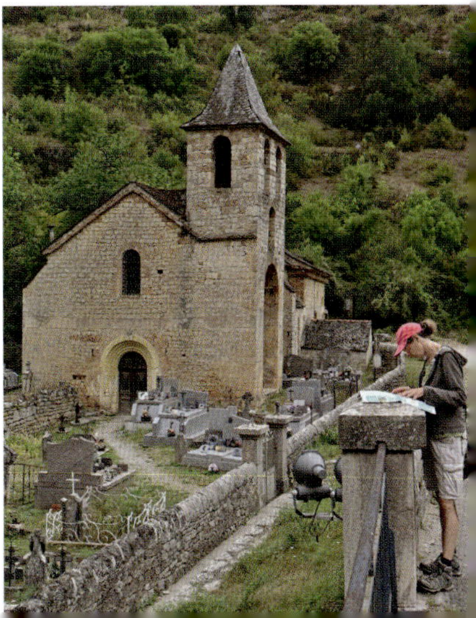

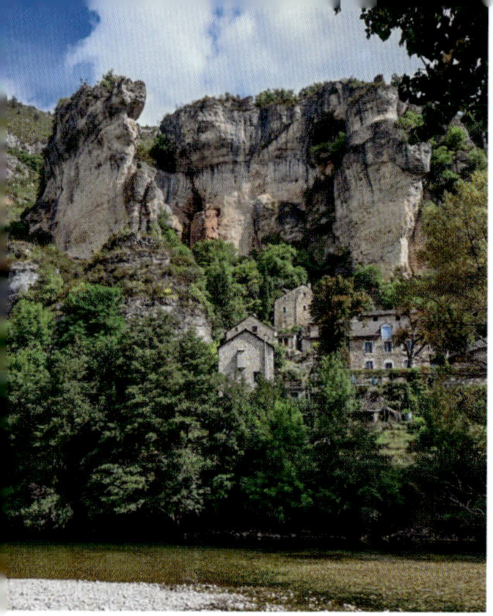

Flusshochwasser. Darüber, auf einem Felssporn, thront das alte Castell aus dem 12. Jh., das im Mittelalter den Zugang zur Causse Méjean schützte. Nach einem kurzen kräftigen Anstieg erwartet uns ein heftiger Abstiegspfad, der zum Teil mit Brettern und Geländern gesichert ist. Wieder unten angelangt, wandern wir anschließend genüsslich fast drei Kilometer in leichtem Auf und Ab auf schattigem Waldweg am Tarn entlang bis zum nächsten romantischen Örtchen an einer Flussbiegung, **La Malène** ❺.

Links: Château de la Caze am anderen Flussufer.
Rechts: La Malène – ein Dorf wie aus dem Bilderbuch.

i La Malène

Das schon in gallo-römischer Zeit besiedelte Dorf La Malène (= das böse Loch) wurde schon im 6. Jh. vom ***Castel Merlet*** *überragt, das zu den ältesten Burgen Frankreichs zählt. Die Tarnschlucht im Gévaudan lag damals zur Zeit Chlodwigs I. an der Grenze zwischen dem Westgotischen und dem Fränkischen Reich. 2007 wurden oberhalb des Ortes die Reste der Grenzsicherung gefunden. Sehenswert sind die romanische Kirche Sain-Jean-Baptiste aus dem 12. Jh. mit einem denkmalgeschützten Gemälde des lesenden Heiligen Hieronymus und das Herrenhaus Manoir de Motesquiou aus dem 15. Jh. Während der Französischen Revolution flüchteten viele verfolgte Adelige in die Höhlenwohnungen der Umgebung. 1793 erschoss eine Abteilung der Revolutionsgardisten 21 Einwohner von La Malène und setzte den Ort in Brand. Die schwarze Schicht des ortsüberragenden Roc de la Barre soll darauf zurückzuführen sein. Für die Transhumance, den Zug der Schafherden hinauf auf die Causse Méjean und Causse de Sauveterre, ist der Ort eine letzte Station vor dem Anstieg. Falls Sie in La Malène verweilen, lohnt sich eine Bootsfahrt mit »***Les Bateliers de la Malène***«. Auf einem 8 km langen Kurs – Rückweg auf der Straße – werden sie zu Orten gefahren, die nur mit dem Boot zu erreichen sind. Spektakuläre Aussichten unterhalb der 500 m hohen, fast senkrechten Klippen und abenteuerliche Flussengen bietet der Trip bis zum natürlichen Amphitheather am* ***Cirque des Baumes****, wo sich das Tal weitet. Seit 1952 veranstalten die genossenschaftlichen Bootsführer die Touren mit ihren grünen flachen Holzbarken, die sie geschickt mit einer Stange manövrieren (gorgesdutarn.com).*

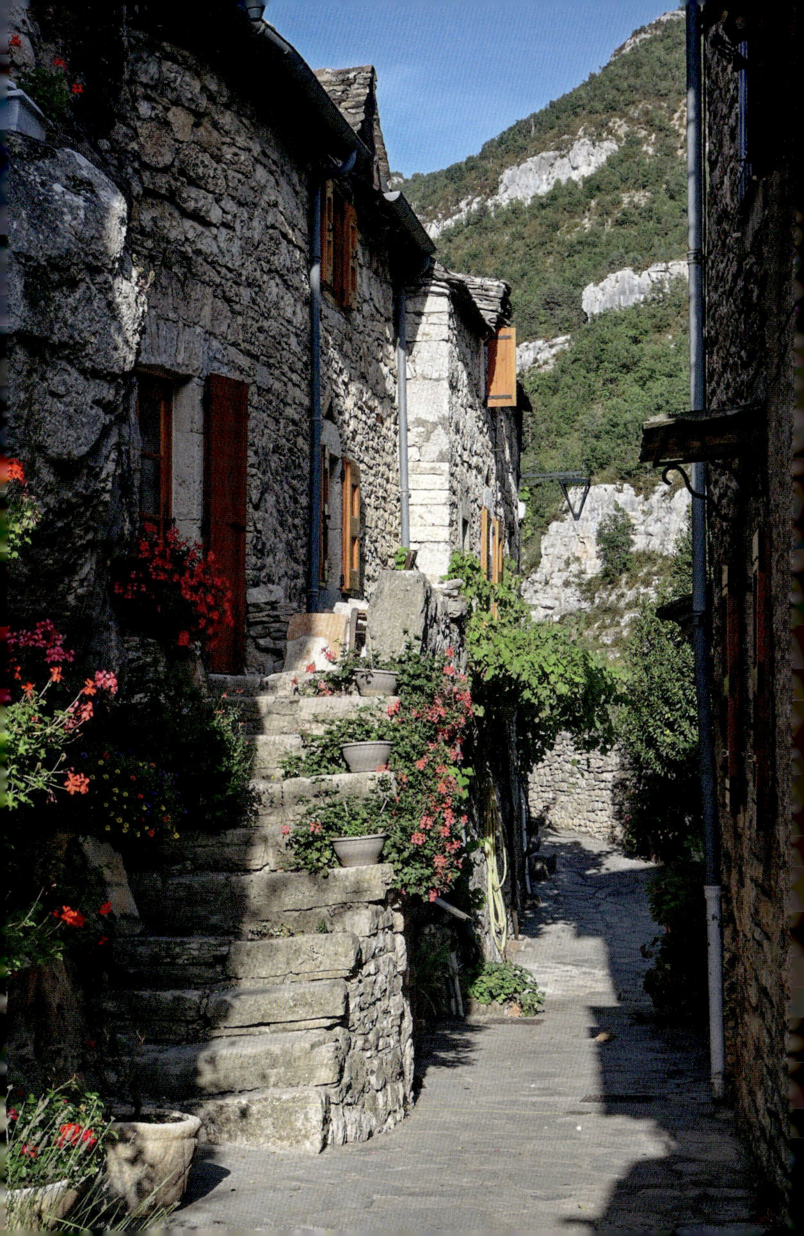

T 4 La Malène – Les Vignes

3.45 h | **13.0 km** | **↗420 m** | **↘450 m**

Unterkünfte: Les Vignes (421 m, 110 EW): **1.** CdH Moulin de Parayre, 1, Rue de la Tieule, 5 DZ, €€, Tel. 06 25 67 01 03, chambres-hotes-gorges-du-tarn.fr, Juni–Dez. – **2.** CdH und GE des Gorges du Tarn, 3, Rue Alexis Solonet, DZ, €€, Tel. 04 66 48 81 77, hebergement-gorgesdutarn.fr, ganzjährig. – **3.** Hôtel Le Parisien, 2, Rue de la Tieule, 10 DZ, €€, Tel. 04 66 41 01 20, leparisiendesvignes.com, Wifi, engl., Mai–Sept. – **4.** Camping Les Terrados, 7 Rt de Saint Préjet, Mobilhomes ab 2 Nächte, Tel. 04 66 49 36 73 oder 06 77 17 72 45, campingleterrados.fr, April–Okt.

Die Strecke: Gut gelb-grün oder weiß-rot markiert. Nach anfänglicher Passage nahe des Tarn ziehen wir weiter hoch in Richtung Causse Méjean und verlieren auf abenteuerlichen Pfaden zeitweise den Fluss ganz aus den Augen.

Kritische Stellen: Der Abstieg oberhalb des Pas du Soucy ist recht ruppig.

Landschaft: Je weiter wir in die Tiefe der Schlucht vordringen, desto bizarrer werden die Felsformationen, die die Natur in Jahrmillionen erschaffen hat. Ein Aussichtspunkt reiht sich an den anderen. Dazwischen finden wir verlassene Natursteinhäuser, oft als Höhlenwohnung an den Fels geklebt.

Infrastruktur: Les Vignes (Hochsaison).

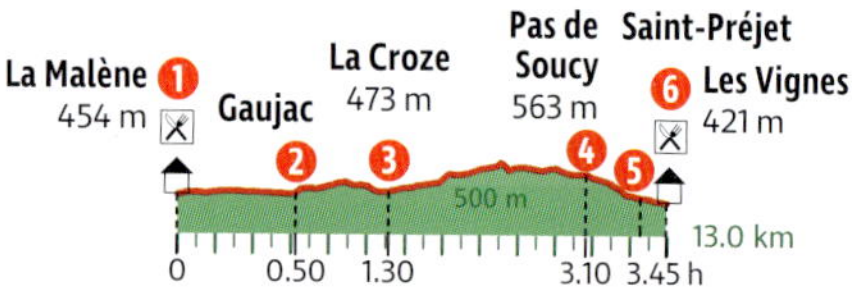

An den Fels geklebte Höhlenhäuser (Troglodyten).

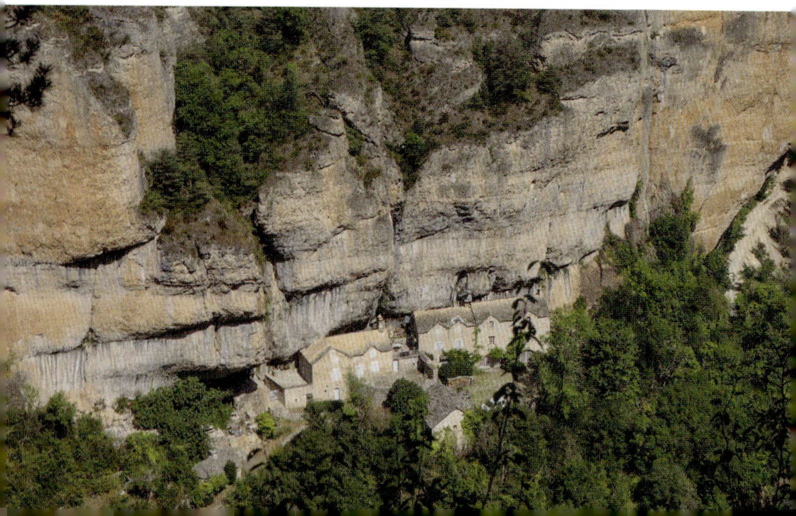

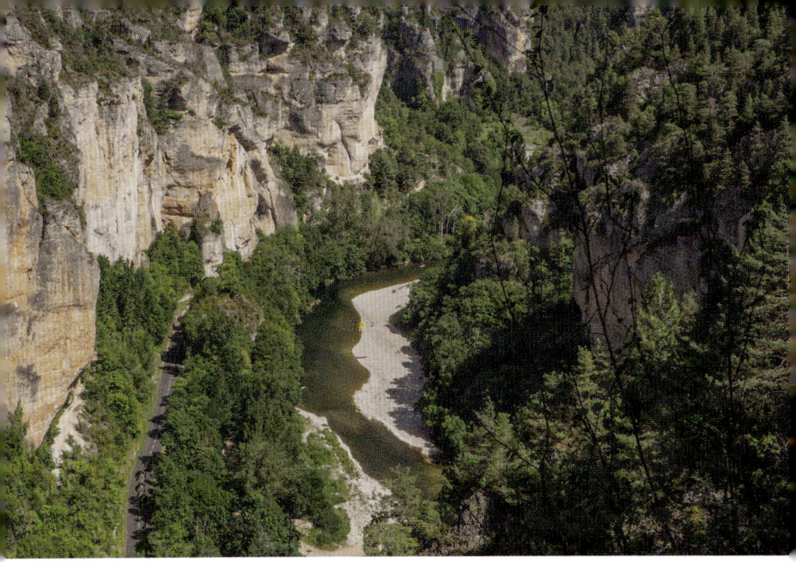

Senkrechte Felswände umgeben den Fluss.

Vom Zentrum in **La Malène** ❶ aus gehen wir über die Brücke und biegen am Wegweiser rechts ab auf den Schotterweg. Nach 150 m zweigt nach links die Variante des Sentier du Roc des Hourtus ab. Wer Lust hat, die karge Kalhochfläche der Causse de Méjean kennenzulernen, geht hier hoch bis Roc de Hourtous und genießt einen gigantischen Ausblick über die Gorge du Tarn. Man hält sich links und nach 400 m wieder rechts und trifft auf den GR du Causse Méjaen, der in Höhe von Pas de Soucy wieder auf den GR 736 trifft.
Wir ignorieren den Abzweig und ziehen geradeaus weiter. Auf fast ebenem Niveau geht es nun fast drei Kilometer in geringer Entfernung zum Fluss weiter. Ständig sind wir umgeben von den fast senkrecht aufragenden Felswänden zu beiden Seiten des Tarn. Nach einem Felsdurchbruch verlassen wir die Piste beim Abzweig nach **Gaujac** ❷, am Schild nach les Vignes und le Rozier, und steigen den Pfad links bergauf. Kurz danach, am Abzweig, gehen wir rechts weiter auf dem leicht bergab führenden, herrlichen Wurzelpfad durch niedrigstämmigen Mischwald mit bemoosten Felsen. Der Tarn entschwindet zeitweise unseren Blicken. Dort, wo der Fluss wieder sichtbar wird, blicken wir auf Schwindel erregende, senkrechte Wände, die der Fluss im Lauf von Jahrmillionen abgehobelt hat. Nach einer Steilpassage bergab geht es in einem düsteren Taleinschnitt wieder links hoch (Wegweiser Les Vignes). Gegenüber schauen wir wieder auf verrückte Felsformationen. Zapfenförmige Kalksäulen krönen das wild zerklüftete

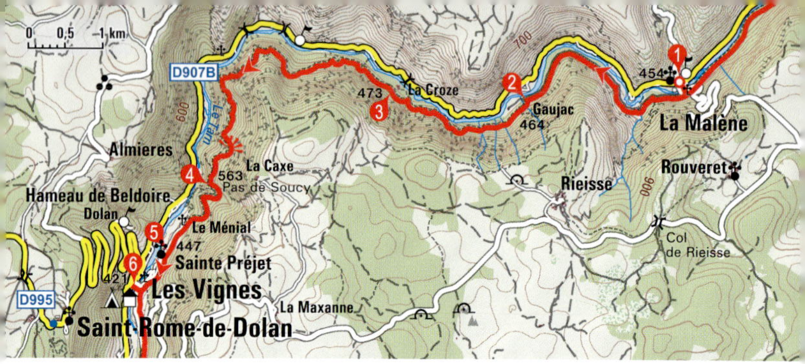

Bergmassiv. Durch die Wipfel der Bäume schimmern die steinernen Dächer des Weilers **La Croze** ❸ hindurch.

Zwar sehen wir auf dieser Etappe selten den Fluss, dafür umso mehr gigantische Felswände. Im letzten Drittel des Weges, beim allmählichen Abstieg, reiht sich nun ein Aussichtspunkt an den nächsten und wir bestaunen das gewaltige Panorama, das die Erosionskräfte von Wind und Wasser geschaffen haben. In den Wänden gegenüber blicken wir auf die Troglodyten-Häuser, atemberaubende Höhlenwohnungen, wie z. B. Les Baumes Hautes, die direkt im und am Fels erbaut sind. Kurz dahinter dürfen mutige Bungee-Jumper 107 Meter in die Tiefen der Schlucht springen (le107.com).

Les Vignes.

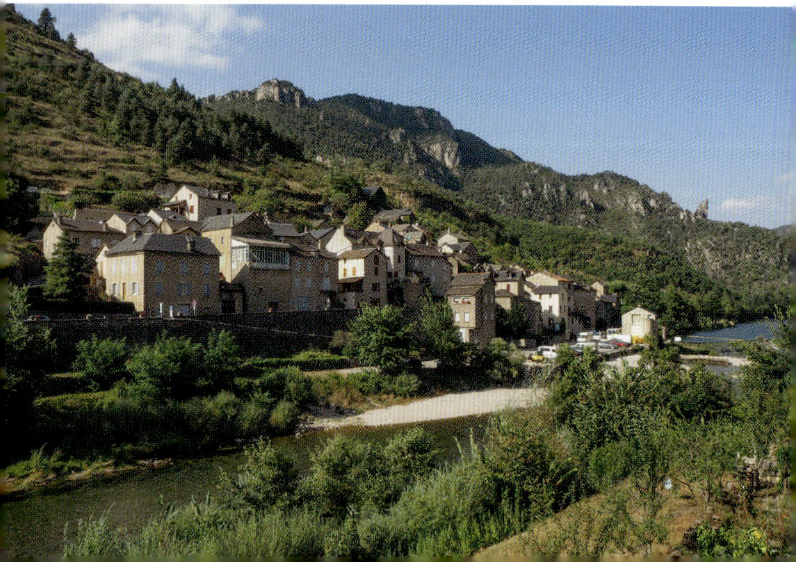

Wir kommen zum Abzweig nach La Caxe oberhalb des **Pas de Soucy** ❹, der engsten Stelle des Flusses. Kanuten müssen hier ihre Boote aus dem Wasser holen und um riesige Felsblöcke im Fluss herum tragen – von oben gut zu beobachten. Der Abzweig nach links führt auf gelb-roter Markierung zur Hochfläche Causse de Méjean. Wir gehen geradeaus weiter und erschrecken nicht, wenn die Markierung plötzlich gelb-rot ist, beide verlaufen auf demselben Weg. Bizarre Wände und Felsvorsprünge werden auf dem ruppigen Abstiegsweg umgangen, dazwischen finden sich immer wieder herrliche Aussichtspunkte. Allmählich verbreitert sich der Weg und führt am Weiler Le Ménial vorbei. Bei der nächsten Ansammlung von ein paar Häusern, in **St-Préjet** ❺, sollten Liebhaber von Sakralarchitektur einen kurzen Abstecher nach rechts zur schiefergedeckten, romanischen Kirche aus dem 12. Jh. machen. Gegenüber blickt man auf die Ruine der Burg Dolan.

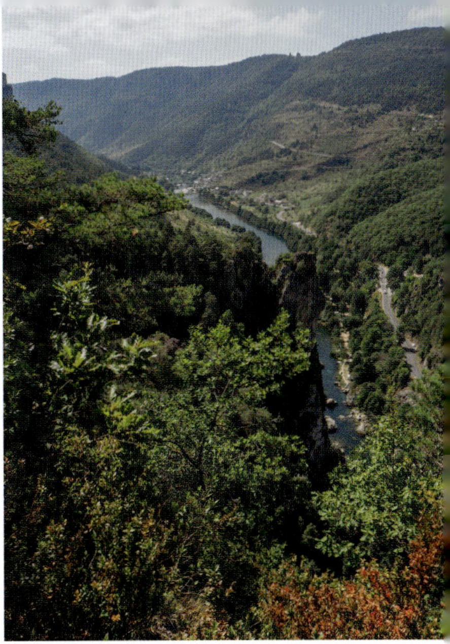

Nach und nach weitet sich das Tal.

Zuletzt am Campingplatz vorbei, biegen wir rechts ab und erreichen nach Überquerung des Tarn das kleine Örtchen **Les Vignes** ❻. Der Name rührt von früherem Anbau von Weinreben her, die an den Flanken der Causse Méjean und Causse de Sauveterre kultiviert wurden. Zu beiden Seiten führen beeindruckende Serpentinen auf die Hochflächen.

> ***i*** ***Pas de Soucy***
>
> *Eine Legende gibt eine romantische Erklärung für das Felsenmeer am Pas du Soucy. Der Teufel, verfolgt von Sainte-Enimie, floh von einem Fels zum anderen. Als die Heilige sah, dass ihr der Teufel entkommen würde, rief sie die gigantischen Felsen zu Hilfe. Ein gewaltiger Erdrutsch erfüllte die Bitte und der gewaltige Roque-Sourde (Felsblock auf der gegenüberliegenden Uferseite) stürzte auf den Satan. Dieser entkam jedoch geschickt durch eine Spalte und kehrte in die Unterwelt zurück. Tatsächlich stammt der Erdrutsch von einem Erdbeben im Jahr 580.*

T 5 Les Vignes – Le Rozier

3.15 h | 11.8 km | ↗ 280 m | ↘ 300 m

Unterkünfte: Le Rozier (399 m, 130 EW): **1.** CdH La Pause, Route de Capluc, 5 DZ, €€, Tel. 05 65 62 63 06, gite-la-tause@orange.fr, Wifi, Hunde erlaubt, engl., Pool. – **2.** Grand Hôtel des Voyageurs, Route des Gorges du Tarn, €€, Tel. 05 65 62 60 09, hotelrestaurant-gorgesdutarn.com, Wifi, engl. – **3.** Hôtel Doussiere, Route de Meyrueis, DZ, €€, Tel. 05 65 62 60 25, hotel-restaurant-gorgesdutarn.com, engl., Wifi, Pool, April–Okt. – **4.** Camping municipal de Brouillet, Mobile homes 48 € ab 2 Tage, Tel. 05 65 62 63 98, camping-lerozier.com, Pool, April–Sept. – **5.** Camping Les Peupliers, Tel. 05 65 62 60 85, Mietwohnwagen ab 23 €, camp-lespeupliers.fr, Wifi, unter Schweizer Leitung, Mitte April–Sept. – **6.** Camping Brudy, Tel. 05 65 62 66 33 oder 06 87 50 65 18, camping-brudy.fr.
Peyreleau (424 m, 70 EW): **1.** CdH Ermitage de Peyreleau, Rue de l'Èglise, 4 DZ, €€€, Tel. 06 08 51 23 65, ermitagedepeyreleau.com. – **2.** GE und CdH Evolutions, Rt de la Cresse, Tel. 07 72 72 37 41, €€, giterandosgorgestarnjonte.com, Wifi, März–Nov. – **3.** CdH Le Roucadel, DZ, €€, Tel. 07 72 72 37 41, le-roucadel.com, Wifi, April–Sept.

Die Strecke: Gut markiert. Wie am Tag zuvor beginnt die Tour auf Schotterwegen und setzt sich fort in schmalen Wanderpfaden durch ein schattiges, macchiaartiges Strauchwerk.

Kritische Stellen: Keine.

Landschaft: Nach der engsten Stelle bei der letzten Etappe weitet sich das Tal nun etwas und gibt prächtige Blicke auf das Flussbett und die umrahmenden Hügel frei. Noch gigantischer ist der Ausblick von der beschriebenen Variante über den Cinglegros.

Infrastruktur: Le Rozier/Peyreleau.

Variante: Für schwindelfreie und trittsichere Wanderer lohnt ein Abstecher

Romanische Église Saint Saveur aus dem 11. Jahrhundert.

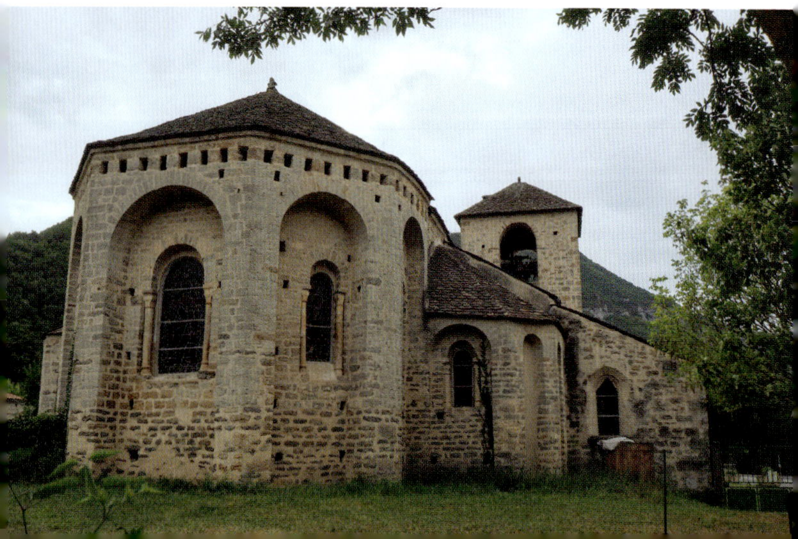

zum Aussichtspunkt auf den Le Cinglegros mit grandioser Aussicht. Achtung: Der letzte Abschnitt des Weges ist als dangereux (gefährlich) gekennzeichnet! Bei Regen oder feuchter Witterung sollte man sich nicht hochwagen. Wer es sich zutraut, geht nach links und sofort wieder rechts die Stufen hoch. Der Pfad zum Gipfel ist mit gelbem Strich markiert. An einer Kehre des Pfades (geradeaus sieht man das durchgestrichene gelbe X, das später unser Rückweg ist), gehen wir in spitzem Winkel nach links weiter. An nächster Gabelung halten wir uns rechts und folgen dem ruppigen steilen Pfad hoch. Etwas Kraxelei ist angesagt, bis wir vor der Eisenleiter stehen, die fast senkrecht hinaufführt. Über weitere Schwindel erregende Leitern erreichen wir den Gipfel des Cinglegros und genießen die spektakuläre Aussicht über weite Teile der Gorges du Tarn und der Gorge de la Jonte. Zurück geht es auf demselbem Weg bis zur oben erwähnten Kehre. Dort biegen wir nun links ab (gelbes, durchgestrichenes Kreuz) und folgen dem Pfad, der wieder auf den GR 736 stößt.

In **Les Vignes** ❶ gehen wir über die Brücke und wandern, rechts haltend, auf der D16 bergauf. Nach gut 500 m, kurz nach einer Ferienhaussiedlung, verlassen wir die Teerstraße nach rechts auf einen Naturweg in Richtung Le Rozier. An der Verzweigung bei **La Jonquière** ❷ nach 40 Minuten folgen wir, links haltend, dem bergauf führenden Pfad. Ein von Buchsbaum gesäumter steiniger Felspfad mit Wildkirschen, Kiefern und Eichen verläuft wieder hoch über dem Flussbett mit herrlichen Ausblicken. Gut gesichert geht es ein paar Meter an einer Steilwand entlang und unter überhängenden Felsen hindurch. Hohe Feuchtigkeit und infolgedessen viel Moos verwandeln Bäume und Sträucher in märchenhafte Gestalten.

Unser Weg führt wieder hinab bis auf Flussniveau. Kurz nach dem Wiederanstieg treffen wir auf das Bergdorf **La Sabliere** ❸, das genauso wie Hauterives (siehe Etappe T 2) nur per Seilwinde vom gegenüberliegenden Ufer aus oder über die Maultierpfade versorgt werden kann. Ein Kloster aus dem 11. Jh. war die Urzelle des Orts.

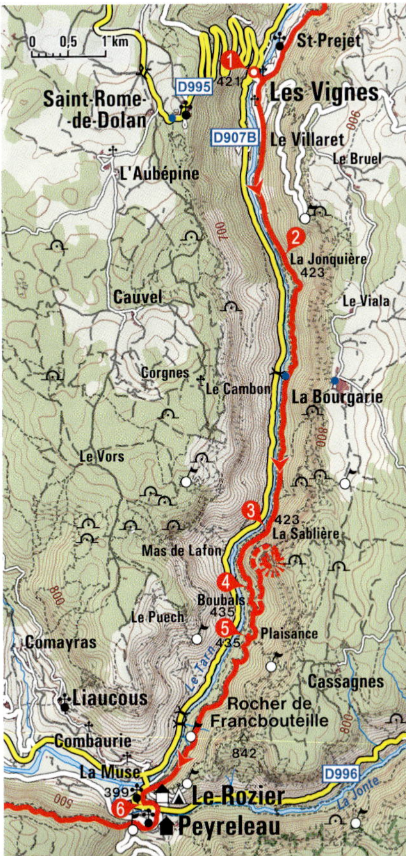

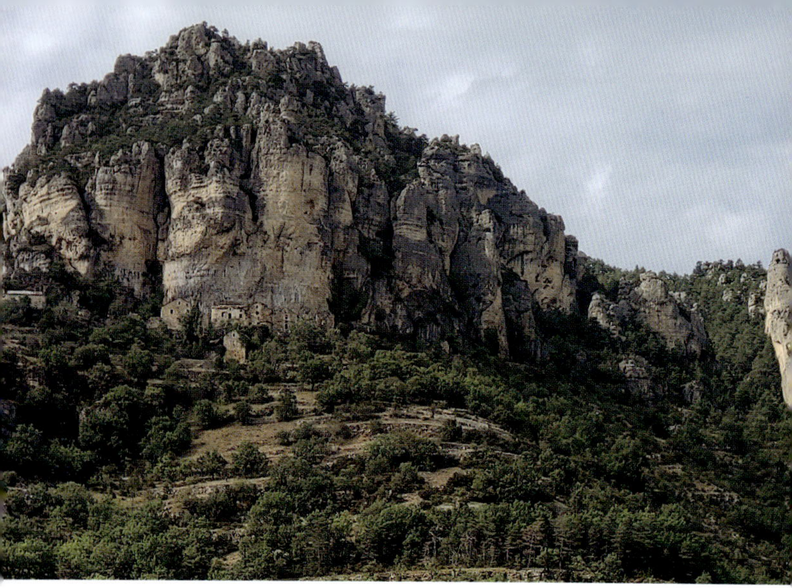

Höhlenwohnungen am Fuß der schroffen Kalkfelsen.

Wir durchqueren das fotogene Dörfchen, das auch von der Straße aus ein beliebtes Fotomotiv abgibt, was an vielen geparkten Fahrzeugen ersichtlich ist. Nach einem Treppenaufstieg vor dem letzten Haus bietet sich uns eine aussichtsreiche Variante (siehe Kurzinfo S. 149) an, die nichts für schwache Nerven ist. Wer die Variante nicht wandert, geht in La Sablière einfach halb rechts weiter und folgt dem Wegweiser in Richtung Le Rozier. Nach einem Kilometer passieren wir am Wegpunkt **Boubals** **4** eine interessante Höhlenwohnung. Leider war der Bewohner zur Zeit meiner Wanderung nicht anwesend. Auf einem Schild kündigt er die Vermittlung von Wissen und Leidenschaft (lieu de transmission et savoin) an. Unter überhängendem Fels befindet sich das mit Decken verhangene Wohnzimmer des Eremiten, der auf einer Schiefertafel auch anbietet, dort zu übernachten oder sich auf einer Freiluftmassagebank behandeln zu lassen. Ausgestattet mit Couch, Sessel und Tisch sieht es sehr originell und gemütlich aus.

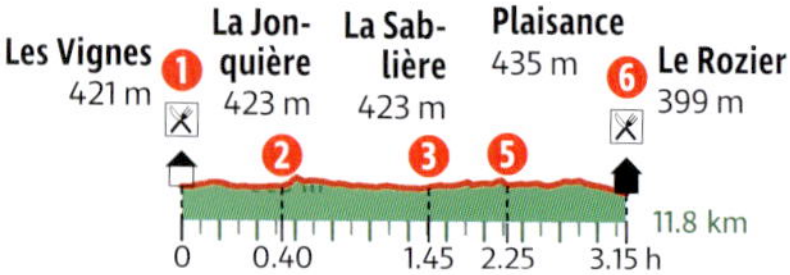

i Le Rozier und Peyreleau

*Am Zusammenfluss und Ausgang der großen beiden Schluchten von Tarn und Jonte liegen die beiden beliebten Ortschaften. **Le Rozier** mit mehreren Campingplätzen am Ufer der Jonte ist eines der Zentren des Outdoor-Tourismus in der Gorges du Tarn und in der Hochsaison entsprechend überlaufen. Mehrere Rundwanderwege führen von hier zu spektakulären Aussichtspunkten der beiden Schluchten. Sehenswert ist die romanische **Église Saint Sauveur et Saint Croix** aus dem 11. Jh. Die benediktinische Klosterkirche ist Überbleibsel eines reich ausgestatteten Klosters, das während der Religionskriege im 16. Jh. zerstört wurde. Die dreischiffige Basilika mit prächtig dekorierter Apsis gilt als eines der bedeutendsten Zeugnisse romanischer Kunst der Region. Zwei Seitenschiffe wurden im 15. Jh. hinzugefügt. Im Presbyterium werden gallo-römische Töpferwaren und ein mittelalterliches Taufbecken aufbewahrt.*

*Im malerischen **Peyreleau** auf der linken Seite der Jonte drängen sich alte Steinhäuser auf einem Hügel aneinander. Darüber thront ein mächtiger zinnenbewehrter Uhrenturm von 1670 auf den Resten einer mittelalterlichen Burg. Am westlichen Ortsrand befindet sich das **Château Triadou**, Ende des 15. Jh. von den Herren von Albignac errichtet und Mitte des 16. Jh. nach dem Überfall auf eine vorbeiziehende protestantische Truppe mit deren Kriegskasse erweitert. Der letzte Bewohner, der Bischof von Angoulême, ging 1792 nach Plünderung des Schlosses durch Millizionäre aus Millau in englisches Exil. Heute ist das Schloss in Privatbesitz.*

Beim Abstieg kurz vor Le Rozier lohnt es sich, einen Blick zurück auf die Felsen der anderen Talseite zu werfen. Unterhalb der Wand sieht man dort wieder an den Fels geklebte Höhlenwohnungen. Geradeaus weiter (die Variante stößt von links wieder dazu), erreicht man den Miniweiler **Plaisance** 5. Allmählich öffnet sich das Tal und wir steigen nach weiterem herrlichem Flussuferweg hinab zur nächsten Brücke über den Tarn bei **Le Rozier** 6, das in der Hochsaison zahlreiche Camper und Kanuten anzieht.

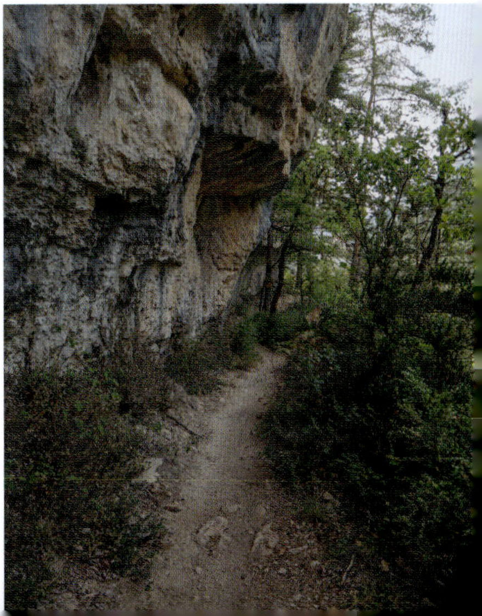

Der Pfad verläuft teils unter überhängenden Felsen.

T 6 Le Rozier – Compeyre (Naturvariante GR 736)

5.00 h | 15.6 km | ↗730 m | ↘670 m

Unterkünfte: La Cresse (412 m, 320 EW): Les Gîtes de la Cresse, La Cressette, DZ, €€€, Tel. 09 80 34 09 47 oder 06 83 17 08 63, lesgitesdelacresse.fr, Wifi, engl. **Compeyre** (463 m, 520 EW): **1.** CdH Chez Marie, 216, Rue du Camp Redon, DZ, €€, Tel. 06 84 45 69 74, chezmarie.gite@gmail.com, Wifi, engl. – **2.** CdH Les Frejals, Pailhas, 5 DZ, €€€, booking.com, nach Campingplatz rechts hoch zum Dorf Pailhas. – **3.** Le Mas Rolland, Pailhas, 5 DZ, €€€, booking.com, Zugang wie bei 2. – **4.** Gîte l'Escaras, Pailhas, 3 DZ, €€, Tel. 05 65 59 09 95 oder 06 25 73 40 27, gite-escaras.com, Wifi, Tiere erlaubt, Zugang wie bei 2. – **5.** Camping Les Cerisiers, RD 907, Pailhas, Mobilhome ab €€, Tel. 05 65 59 87 96, campinggorgesdutarn.com, keine Tiere, Mai–Mitte Sept., 50 m nach der Brücke über den Tarn bei La Cresse die Straße nach links verlassen. Der Naturweg längs des Flusses führt direkt zum Platz. **Aguessac** (370 m, 870 EW): Camping La Belle Étoile, Chemin des Prades, Tel. 05 65 72 91 07 oder 06 63 49 12 22, camping-labelleetoile.fr, Mobilhomes ab 68 €, Mai–Sept.

Die Strecke: Gut markiert. Der Anstieg von Peyreleau bis zur Causse Noir verlangt einiges ab. Schmale, mitunter ausgesetzte Pfade erfordern gute Trittsicherheit.

Kritische Stellen: Der Einstieg zum Wanderweg in Peyrelau zu Beginn ist etwas versteckt. Der Pfad ist schmal und bei Nässe zum Teil rutschig.

Landschaft: Atemberaubende Aussichten sind bei dieser Etappe garantiert. Neben den Blicken in die Tiefe der Gorges du Tarn bekommen wir auch einen Eindruck über die Gorge de la Jonte. Beide Schluchten laufen bei Peyrelau zusammen. Ein kurzer Gang über die Hochfläche der Causse Noir gibt einen Einblick in die karge Welt der Causse Landschaften.

Infrastruktur: La Cresse; Compeyre; Aguessac A €.

Atemberaubende Ausblicke ins Tal der Tarn.

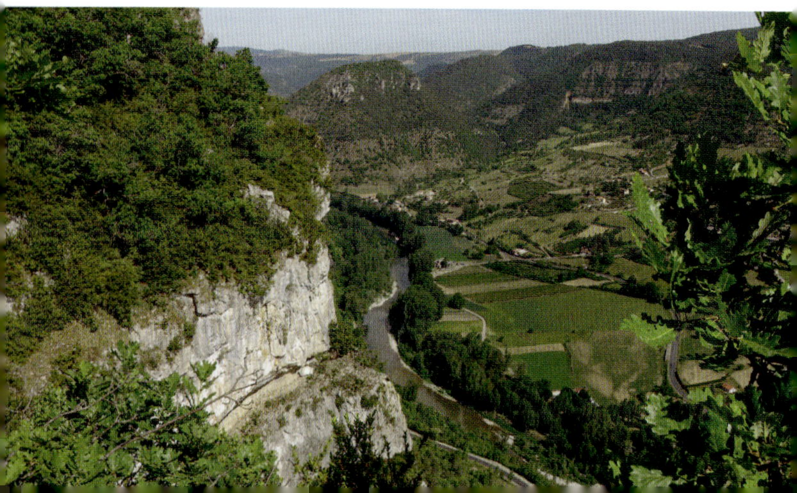

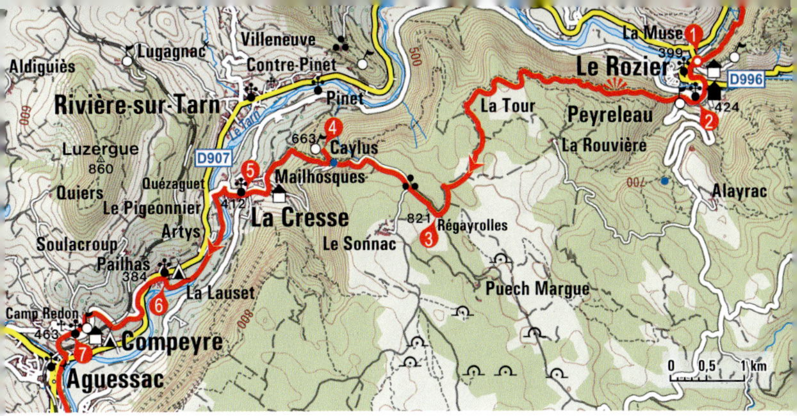

Wir lassen die Brücke über den Tarn rechts liegen, halten uns an der Verkehrsinsel links und ziehen an der Chorseite der romanischen Kirche aus dem 12. Jh. vorbei zum Ortsmittelpunkt von **Le Rozier** ❶. Dort biegen wir links ab, passieren einige Bars und eine kleine Epicerie und wenden uns rechts zur Brücke über die Jonte. Wir steigen geradeaus die Stufen der Éscalier de Cavaleresse hoch, halten uns oben rechts und treten ein in das malerische und historische Dorf **Peyreleau** ❷ (siehe Etappe T 5) oberhalb des Flusses. Über die Rue de l'Église geht es an der Rückseite der Kirche und unterhalb des alles überragenden quadratischen Turms vorbei zur Rue de l'Air Grande, die uns zum gleichnamigen Platz am westlichen Ortsende bringt. Hier heißt es gut aufpassen, da der Einstieg zum folgenden Naturpfad nicht ganz leicht zu finden ist. Am Ende des kleinen Parkplatzes finden wir, die Richtung fortsetzend, einen Mauerdurchbruch, an dem ein paar Stufen (weiß-rot markiert) hochgehen. Das ist unser weiterer Weg. Zuvor lohnt es sich, einen kurzen Gang nach links unter dem Felsdurchgang zu machen, um einen Blick auf das Schloss zu werfen.

Zurück am Platz de l'Air Grand, wandern wir nun den Pfad bergauf und sind sofort umgeben von mediterraner Vegetation aus Steineichen und Wacholder. Der Stein- und Wurzelpfad führt uns aussichtsreich bergauf. Mit zunehmender Höhe werden die Ausblicke auf die Schluchten von Tarn und Jonte immer grandioser. Der Pfad ist schmal und erfordert besondere Konzentration und Trittsicherheit. Gegenüber blicken wir auf das gigantische Schloss von Mostuejouls – ein spektakulärer Weg mit atemberaubenden Aussichtskanzeln, über denen erst in den letzten Jahren angesiedelte Gänsegeier ihre Kreise ziehen. Stets öffnet sich eine neue Perspektive über die Felsblöcke hinab in das breit ausgeräumte Tal des Tarn.

Nach längerem Auf und Ab auf dem schmalen Bergpfad stoßen wir an eine Gabelung. Wir bleiben auf dem rechten Zweig und folgen weiterhin weiß-rot. An dieser Stelle entfernen wir uns nun etwas von der Schlucht

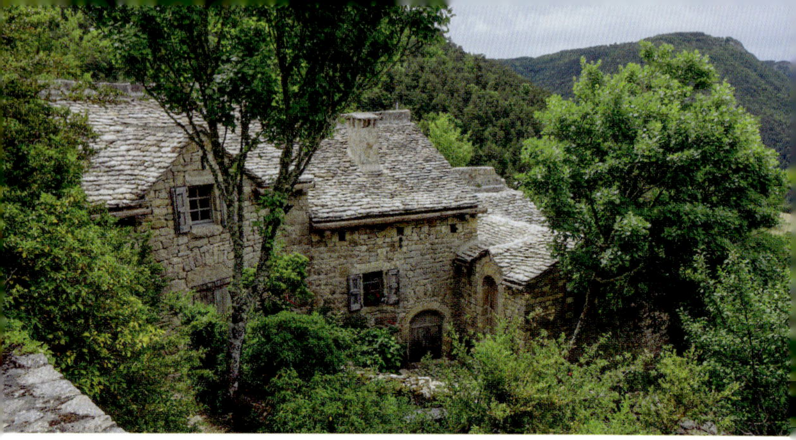

Häuser, die eins sind mit der Landschaft.

und halten uns auch an der nächsten Verzweigung rechts. Wir sind inzwischen im Gelände der Causse Noir, einer kargen Kalkhochebene mit heideähnlicher Vegetation aus Buchs, Steineichen und Wacholder. An einer T-Kreuzung nehmen wir links den etwas breiteren Forstweg und biegen am nächst größeren Forstweg rechts ab; linker Hand des Weges der noch aktive Bauernhof Le Tour inmitten einer Waldlichtung. Dort, wo der Weg auf Asphalt stößt, an der Abzweigung **Regayrolles** ❸, biegen wir rechts ab und wandern nun durch knorrigen Kiefernwald. Rechts haltend geht es auf Asphalt weiter. Ca 300 m nach der zweiten Kehre dürfen wir die Straße nach rechts auf einen steil bergab führenden Pfad verlassen. Achten Sie auf die Markierungszeichen und die weißen Pfeile auf der Fahrbahn! Wir verlängern auf einem Wirtschaftsweg, der uns weite Blicke eröffnet. Links in der Ferne ist zum ersten Mal das Viadukt von Millau zu erkennen. Eine romantisch über dem Tal stehende Gîte, aus traditionellem Bruchstein erbaut, liegt am Wegesrand, genauso wie das zerfallende Bergdorf **Caylus** ❹, auf das wir nach ein paar weiteren Schritten stoßen. Vor den eingestürzten Mauern gehen wir links bergab. Ein Kunstwerk im »Valée des Respirs« des Künstlers Bruno Mercet lädt an aussichtsreicher Stelle ein zur Kontemplation auf einer Yogamatte aus Stahl und einem Sitz aus Kirschholz, in Anlehnung an die zahlreichen Kirschbäume der Umgebung.

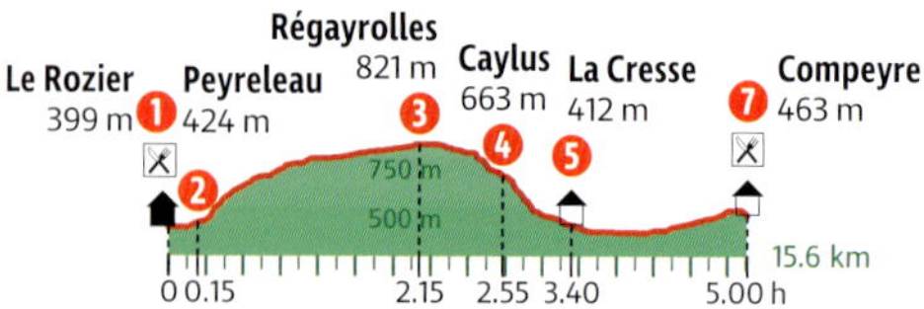

Auf dem alten steinigen Maultierpfad ziehen wir hinab ins Tal. Wir folgen der Beschilderung durch den Ort Mailhosques, biegen vor der Brücke rechts ab und wandern, an den Spielplätzen und einem alten Backhäuschen (erbaut 1649) vorbei, die Dorfstraße von **La Cresse** 5 hinab. Einst war die Stelle, an dem das Brot gebacken wurde, der soziale Treffpunkt der Gemeinde. An der Gîte du Plô halten wir uns rechts und überqueren danach auf einer alten Stahlbrücke den Tarn. Wer Lust hat, nun auf den Panoramaweg oberhalb des Tals umzuschwenken, geht hoch bis zur D907, dort 300 m nach rechts und links hinauf bis zur Bahnlinie. Dort trifft man auf den weiß-rot markierten GR 736. Wer im Tal bleibt, geht direkt nach der Brücke links bergab auf den unbefestigten Weg Richtung Fluss. Durch die üppig begrünte Flussaue führt ein angenehmer Wirtschaftsweg, der in einen Pfad direkt oberhalb des Flusses übergeht. An einer Verzweigung halten wir uns links. Am Terrain des Campingplatzes beschreiten wir halb rechts den durch Thujahecken begrenzten öffentlichen Wanderweg. Hinter dem Platz, nach der Kirschplantage, biegen wir rechts ab und steuern direkt auf den Kirchturm von **Pailhas** 6 zu. Auf der Durchgangsstraße zweigen wir links ab und nehmen nach dem Ortsausgang in der Linkskurve das rechts bergauf führende Sträßchen nach Compeyre. Nachdem wir einige Meter parallel zur Bahnlinie marschiert sind, überqueren wir sie nach rechts. Etwa 50 m nach der Linkskurve biegen wir in spitzem Winkel rechts ab, gehen wenige Meter zurück und finden kurz vor einem Stallgebäude links einen überwachsenen Pfad. Er ist nur kurz und führt uns wieder zurück zum weiß-rot markierten GR 736. Wir wenden uns nach links und erreichen über den Gras- und Asphaltweg das mittelalterliche Bergstädtchen **Compeyre** 7.

***i* Compeyre**

Das Dorf an den südlichen Abhängen der Causse Sévérac war im Mittelalter eine blühende Stadt mit über 2500 Einwohnern und stand in starker Rivalität zum Nachbarort Millau. 1339 wurde Compeyre eine königliche Stadt und damit auch Hauptstadt der Vogtei. Sie wurde von 40 Konsuln, unterstützt von 40 Beratern verwaltet, die sich um die Gemeindeinteressen kümmerten, das Krankenhaus verwalteten und Recht sprachen.

Am alten Brunnen halten wir uns links in den Sortier de la Fontaine und lassen uns beim Gang durch die romantischen Gassen und Treppenstufen verzaubern. Zahlreiche Schilder informieren über die Geschichte von Häusern und deren Bewohnern. Am Aussichtsplatz unterhalb der Kirche mit herrlichem Panorama über das Tal finden wir in der westlichen Ecke noch eine historische Besonderheit: fünf mittelalterliche, in Stein gehauene Kornmaße, mit denen der Getreidemesser das »Setier« (Maßeinheit für das Kornmaß mit etwa 63 Litern) festlegte. Auf der Webseite explore-millau.fr findet sich unter der Suchfunktion (Tradition viticole autour de Compeyre) eine Beschreibung für einen empfehlenswerten Ortsrundgang.

T 6V Le Rozier – Compeyre (Kulturvariante)

5.00 h | 16.6 km | ↗650 m | ↘600 m

Unterkünfte: Rivière sur Tarn (381 m, 1040 EW): CdH Domaine de la Cardabelle, 5, Chemin du Roc de Peyrelade, 5 DZ, €€, Tel. 05 65 59 85 78 oder 06 88 15 33 45, €, domaine-lacardabelle.eu, HP, engl., Wifi, Hunde erlaubt, zwischen Château de Peyrelade und der D907 vor dem Ortszentrum.
Compeyre (463 m, 520 EW): s. Tour T 6.
Aguessac (370 m, 870 EW): s. Tour T 6.
Die Strecke: Gut weiß-rot markiert. Die Etappe verläuft meist auf gut begehbaren Naturwegen. Etwas unangenehm ist der Abschnitt zwischen Mostuéjols und Boyne, wo wir leider mangels Alternativen etwa einen Kilometer neben der Straße auf dem Grünstreifen laufen müssen.
Kritische Stellen: Keine.
Landschaft: Wir wandern durch den lieblichen, leicht hügeligen Ausgang der Gorges du Tarn und durchstreifen dabei herrliche mittelalterlich anmutende Dörfchen. Ein Höhepunkt ist das Château de Peyrelade, das auf einem Felssporn errichtet, das ganze Tal überblickt.
Infrastruktur: Rivière sur Tarn; Compeyre; Aguessac.

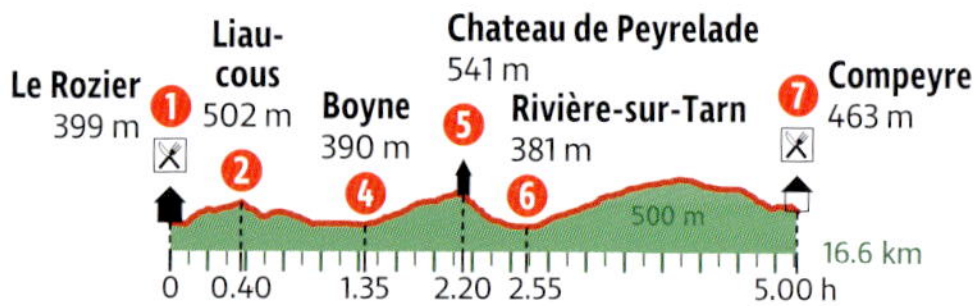

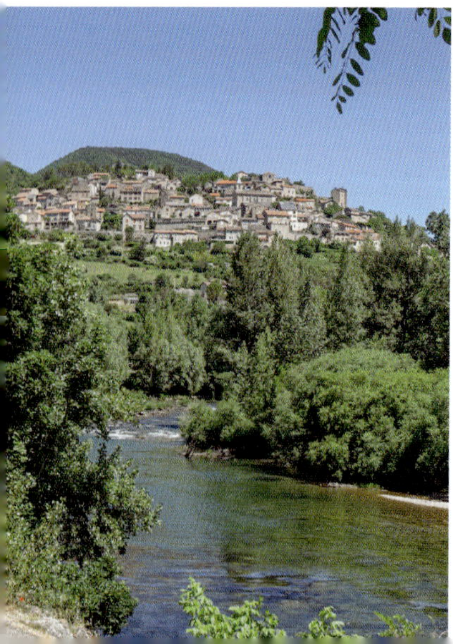

Wir starten unsere Etappe an der Brücke über den Tarn in **Le Rozier** ❶. Für gut 200 m geht es zu Beginn an der D907 in Richtung Millau entlang. Vor einem gepflegten Anwesen, am alten Hydranten neben einer Straßenbeleuchtung, führt rechts ein unscheinbarer, steingesäumter Pfad bergauf. Im Weiler Combaune halten wir uns links, überqueren ein Sträßchen und wandern geradeaus die Betonpiste hoch. Nach einer Rechts- und Linkskehre geht es auf Naturweg weiter, der in eine Fahrstraße mündet, auf der wir nach rechts fortsetzen und das schmucke Bergdorf **Liaucous** ❷ erreichen. Am

Blick auf Compeyre vom Flussufer bei Aguessac.

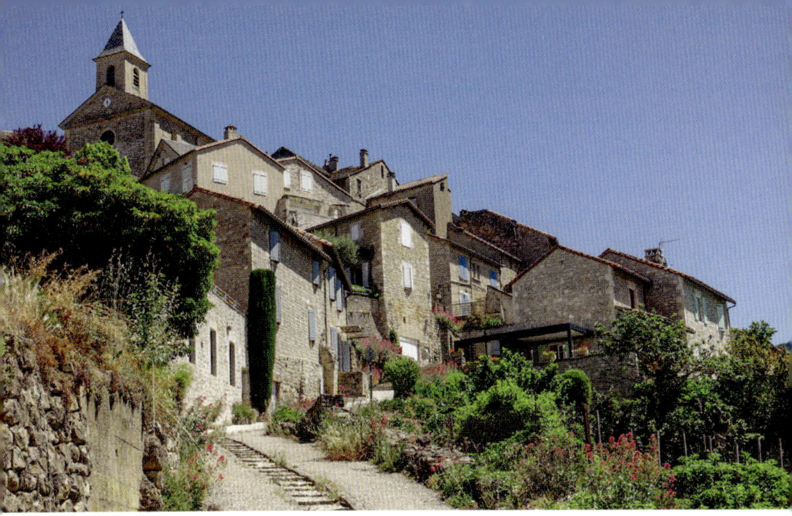

Compeyre.

Ende der Rue Principal, beim alten Steinkreuz, biegen wir links ab und ziehen auf schmalem Pfad linker Hand des Weinbergs talwärts. Nach kurzem Wiederanstieg setzen wir für 200 m die Richtung auf der Zufahrtsstraße nach **Mostuéjols** ❸ fort und verlassen sie an erster Möglichkeit vor dem Feldkreuz nach links. Unterhalb des Dorfes passieren wir einige einzeln stehende Häuser und halten uns am Ende wieder links. Wir treffen auf die D907, biegen rechts ab und müssen nun für gut einen Kilometer auf dem

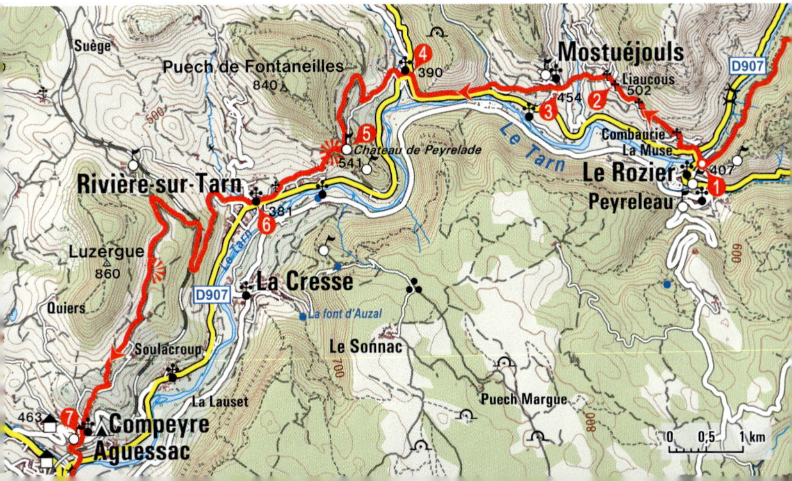

Château de Peyrelade

Die in Teilen erhaltene mittelalterliche Burg wurde zwischen dem 11. und 15. Jh. errichtet und zählt zu den bedeutendsten Festungen der Rouergue (ehemalige große französische Grafschaft zwischen Languedoc und Auvergne). Am Ausgang der Tarnschlucht ermöglichte sie, das ganze Tal zu kontrollieren und hatte damit große strategische Bedeutung. Im Jahr 1480 gab es rund um die Burg 75 Häuser. Ihre Außenmauern waren über 250 m lang, 10 m hoch und 2 m dick. Ein natürlicher Bergfried auf einem Felssockel sorgte für einen Rundumblick über das Tal des Tarn. Bis 1633 war die Burg Schauplatz vieler Schlachten und Belagerungen, bis sie auf Befehl von Kardinal Richelieu zerstört wurde.

Die völlig von der Vegetation verschlungene Burg wurde erst Ende des 19. Jh. wiederentdeckt und restauriert. Der 50 m hohe Bergfried ist zugänglich und bietet eine fantastische Aussicht bis nach Millau. Von Mitte Juli bis Mitte August finden Dienstags und Mittwochs mittelalterliche Aktivitäten statt (Juli und August 10–18.30 Uhr geöffnet, weitere Öffnungszeiten auf seigneurs-du-rouergue.fr).

gemähten Randstreifen der Straße entlangmarschieren. Leider erlaubt die Topografie mit steil aufragenden Felsen an dieser Stelle keine andere Möglichkeit. Im Dorf **Boyne** 4 verlassen wir 100 m nach der Brücke eines Tarn-Zuflusses die Straße endlich wieder nach rechts. Wir orientieren uns an den Schildern zum Château de Peyrelade und wandern das Teersträßchen hoch, das nach 100 m einen Richtungswechsel nach links aufweist. Nach zehnminütigem Anstieg weist uns das metallene Wegzeichen von Monsieur Clapassou in spitzem Winkel nach rechts. Der kleine Umweg, bei dem wir nach 400 m wieder die Richtung nach links wechseln und mit schöner Aussicht wieder auf die Teerstraße treffen, erspart uns einen unangenehmen, extrem steilen Anstieg. Kurz darauf stehen wir vor

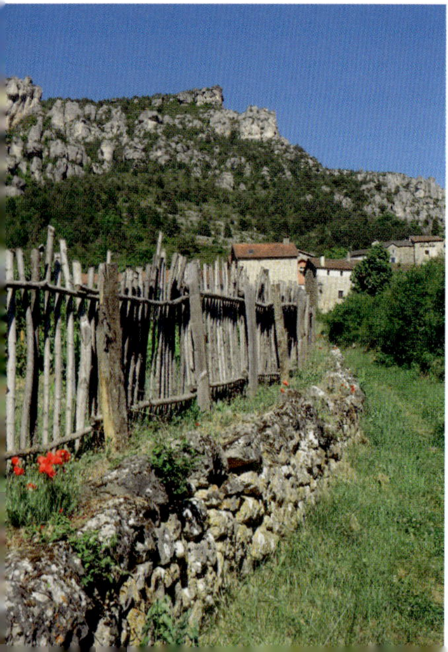

Ein alter Grasweg führt nach Compeyre.

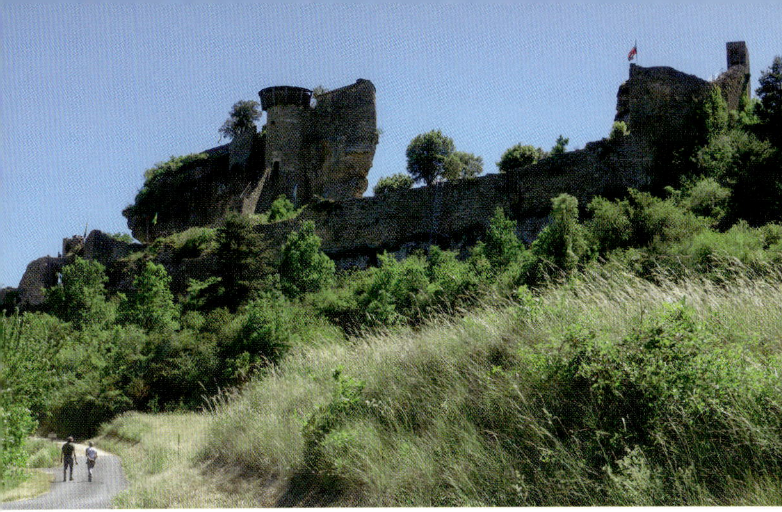

Das bizarre Château de Peyrelade.

der Pforte der einst mächtigen Festung von **Château de Peyrelade** ❺, die abenteuerlich auf einem Felsvorsprung thront.

An den ehemaligen Behausungen der Burgmannen vorbei, zieht sich der steinige Zugangspfad der Burg talwärts. Er mündet auf eine Teerstraße, auf der wir die Richtung fortsetzen. Vorbei am Winzerhof »Domaine de la Cardabelle« stoßen wir auf die D907 und ziehen, rechts haltend, ortseinwärts nach **Rivière du Tarn** ❻. Nach der blumengeschmückten Brücke verlassen wir die Durchgangsstraße nach rechts in die Rue du Palié und orientieren uns vorerst am Schild zum Château de Luganac. An der Rechtskehre des Teersträßchens gehen wir geradeaus auf dem Naturweg weiter und wandern nach der Linkskurve stetig bergauf. An der T-Kreuzung finden wir die weiß-rote Markierung des GR 736 vor, die uns für den Rest des Weges bis Millau den Weg weist. Nach einigen Richtungswechseln geht es nun auf herrlichem Höhenweg weiter. Gegenüber blicken wir auf das Dorf La Cresse, rückblickend auf den markanten Puech de Fontaneilles. Der weithin sichtbare Bergstock ist gekrönt mit einer Kuppel, in der drei Priester umliegender Gemeinden eine Marienstatue aufstellen wollten. Die in Belgien bestellte Figur der Jungfrau Maria kam jedoch aus bis heute nicht geklärten Gründen nie an.

Nach einem großen landwirtschaftlichen Anwesen treffen wir auf ein Teersträßchen, das wir kurz vor einem verlassenen Steinhaus an einem Feldkreuz wieder nach links verlassen. Ein Grasweg leitet uns hinüber in das fast mittelalterliche Bergdorf **Compeyre** ❼, wo wir sorgfältig der weiß-roten Markierung durch das Örtchen folgen.

T 7 Compeyre – Millau

3.15 h | 11.2 km | ↗290 m | ↘370 m

Unterkünfte: Millau (380 m, 22.230 EW): **1.** Cévenol Hôtel, 115 Rue du Rajol, €€, Tel. 05 65 60 74 44, cevenol-hotel.fr, Wifi, engl., ganzjährig. – **2.** Hôtel du Commerce, 8 Place du Mandarous, €€, Tel. 05 65 60 00 56, hotelmillau.com, Wifi, zentral, engl., Tiere erlaubt, ganzjährig. – **3.** Ibis International Hôtel, 1 Place de la Tine, €€, Tel. 05 65 59 29 00, all.accor.com, Wifi, deutsch, engl., ganzjährig. – **4.** Hôtel des Voyageurs, 110 Av Jean Jaurès, €€, Tel. 05 65 60 10 34, hotel-voyageurs-millau.com, deutsch, engl., Wifi, Tiere erlaubt, April–Okt. – **5.** Hôtel La Capelle, 7 Place de la Capelle, €€€, Tel. 05 65 60 14 72, hotel-millau-capelle.com, deutsch, engl., Wifi, ganzjährig. – **6.** Camping Larribal, Av du Millau Plage, Tel. 05 65 59 08 04, campinglarribal.com, engl., Wifi, April–Okt. – **7.** Camping du Viaduc, 121 Av Millau Plage, Tel. 05 65 60 15 75, camping-du-viaduc.com, deutsch, engl., Wifi, Mai–Sept.

Die Strecke: Gut markiert. Zum Ausklang wandern wir auf breiten Naturwegen, oder schmalen Asphaltsträßchen ohne große Steigungen.

Kritische Stellen: Keine.

Landschaft: Die Hügellandschaft rund um den Fluss wird allmählich flacher. Wir tauchen hinab ins Becken von Millau, wo Tarn und La Dourbie zusammenfließen. Alles wird überragt durch die gigantische Hochseilbrücke der Autobahn.

Infrastruktur: Millau 🏠 ⛺ ☕ ✂ 🛒 A € ✉ i ⛽ 🚌 🚆.

Nach der Bar unterhalb der Kirche von **Compeyre** ❶ biegen wir rechts ab und verlassen über die Porte Royale, dem früheren Haupttor, den historischen Ort. Wir treten durch das alte Stadttor und steigen an der Gîte links den Sentier Sainte Claire hinab. Wieder überschreiten wir die Bahnlinie

Auf dem Sentier de la Cerise (Kirschenweg).

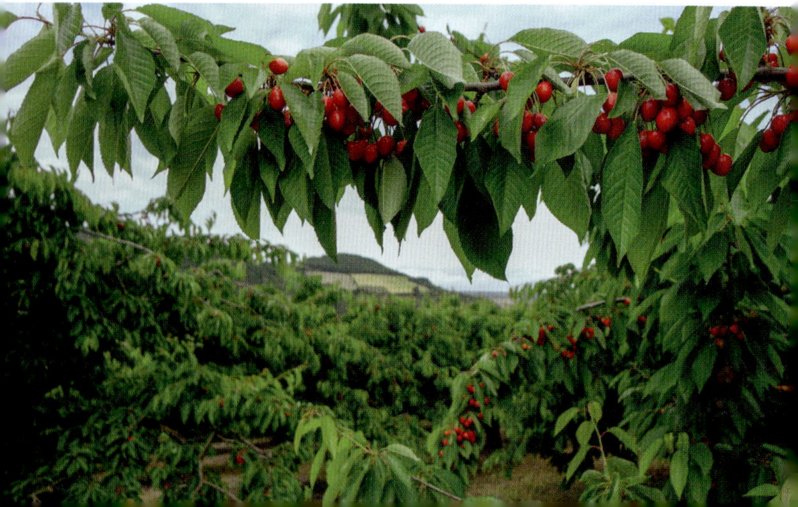

und treffen auf die D907, die wir überqueren. Nach dem Parkplatz und einer Fußgängerbrücke geht es ein paar Stufen hinab zu einer malerischen Flusspromenade mit schönen Picknickplätzen unterhalb des Ortes **Aguessac** 2. Wer sich noch verpflegen muss, geht rechts hoch in den Ort zur Boulangerie. Über die Stahlbrücke wechseln wir die Flussseite (hier gibt es noch mal Picknickplätze). Wir betreten das Kirschendorf **Paulhe** 3 und orientieren uns auch hier wieder an der ausgezeichneten weiß-roten Markierung. Wer Interesse hat, besucht nach der zweiten Kehre das Maison de la Cerise, wo man einiges über den Kirschanbau erfährt und sich mit diversen Produkten aus der roten Frucht den Rucksack füllen kann. Hier dreht sich wirklich alles um die Kirsche.

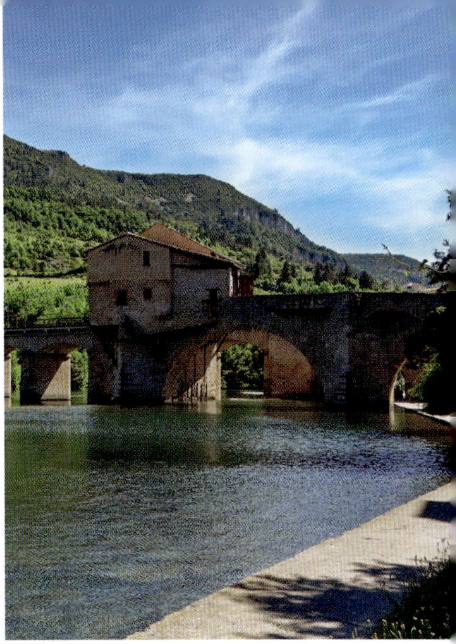

Schleuse an der Tarn in Millau.

Über den Sentier de la Cerise verlassen wir den Ort. Achtung: Die gelbe Beschilderung zieht links weiter hoch, wir gehen jedoch geradeaus weiter. Da wir nun in stärker besiedelte Regionen vorstoßen, ist natürlich auch der Asphaltanteil dieser Etappe größer. Eine riesige Tafel klärt über die verschiedenen Kirschsorten auf und wie sie zu behandeln sind. Kirschplantagen begleiten uns rechts und links des Weges. Im nächsten Dörfchen **Carbassas** 4 gehen wir an der Verzweigung links hoch. Nach dem weißen Kreuz biegen wir rechts ab in die Rue du Ranquet. Im Zickzack geht es durch das Dorf. Wir achten wieder gut auf die Markierung, bis wir oben am aussichtsreichen Place de l'Aire Grande vor der Kirche angelangt sind. Wir lassen die Kirche rechts liegen. Ca 500 m nach dem Dorf halten wir uns am Feldkreuz nach rechts auf einen bergab führenden Schotterpfad. Ein Schild klärt uns darüber auf, dass wir uns auf einem alten Weg befinden, der im Mittelalter die einzige Verbindung zwischen Millau und dem Gévaudan war. Zwei Wegsteine markieren die geografischen Grenzen der Gemeinden Millau und Paulhas.

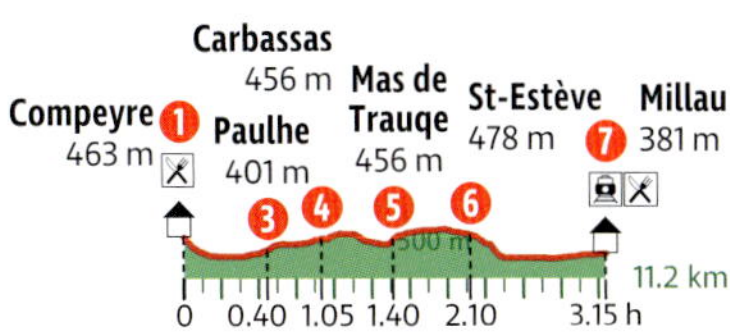

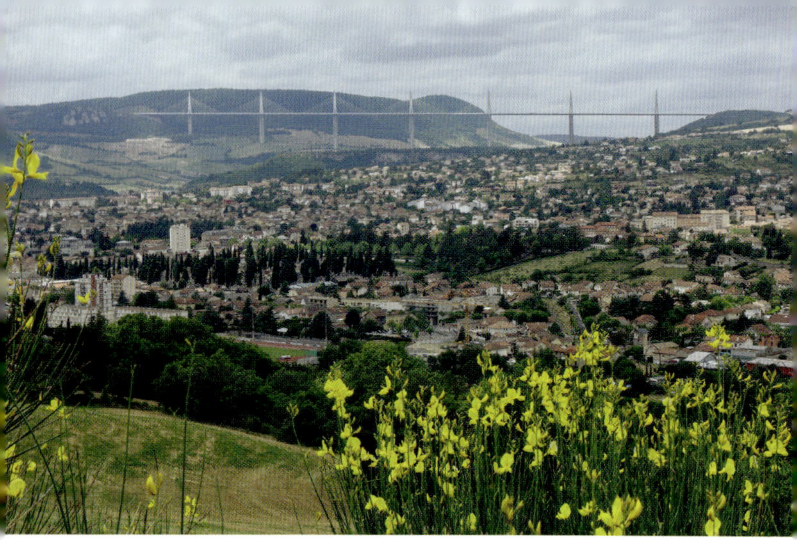

Und immer im Anblick der gigantischen Autobahnbrücke, die das nun weite Tal der Tarn auf über 2 km Länge überspannt.

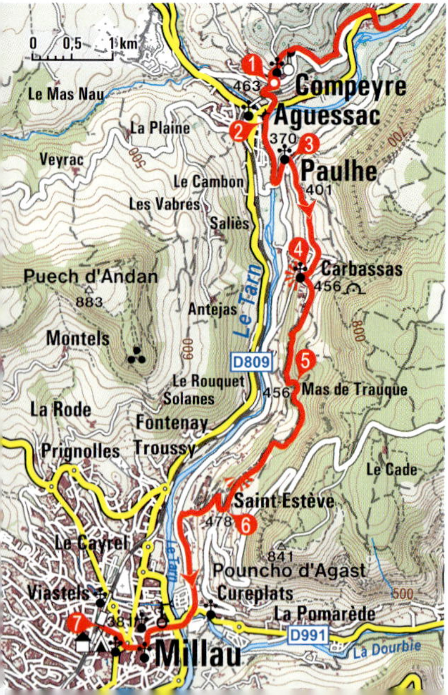

Nach den ersten Blicken auf Millau und seine gigantische Talbrücke überqueren wir einen Weg, gehen geradeaus weiter und ziehen bei **Mas de Trauque** ❺ nach der Rechtskehre bergauf. Nach einem letzten Anstieg nähern wir uns erst auf angenehmen Wirtschaftswegen, später auf schmalem Pfad durch ein Steineichenwäldchen, der Stadt am Ausgang des Tarn. Zuletzt steigen wir kurvenreich über ein paar Kehren hinab ins Tal – vorbei an gelb blühendem Ginster (im Mai)und immer im Anblick des riesigen Viadukts, das mit 2460 m die längste Schrägseilbrücke der Welt ist! Die maximale Pfeilerhöhe der 2004 eingeweihten Brücke beträgt stattliche 343 m.

Bei den Gebäuden von **St-Estève** ❻ ändern wir die Richtung, verlassen vor der Domaine de St-Estève den Waldpfad und ziehen links über die Wiese talwärts. An der Straße biegen wir links ab und marschieren nun einen guten Kilometer stadteinwärts. Am großen Kreisverkehr nach den Campingplätzen gehen wir nach rechts über die Pont de Cureplat und überqueren den Fluss ein letztes Mal. Geradeaus weiter folgen wir der Platanenallee zum Zentrum. Am Place de la Capelle mit dem modernen Einkaufscenter halten wir uns rechts und erreichen, die Richtung beibehaltend, den Bahnhof von **Millau** 7.

***i* Millau**

Das lebhafte, mediterran anmutende Touristenzentrum war schon in der Antike besiedelt. Die Stadt war ein Zentrum für Keramikwaren, die ins ganze römische Reich exportiert wurden. Zu Reichtum kam die Stadt durch ihre Nähe zum Larzac, das durch seine Schafzucht bekannt ist. In den 70er-Jahren des letzten Jahrhunderts ging der Landstrich durch die Presse, als wütende Proteste gegen eine geplante Erweiterung eines Truppenübungsplatzes immense Ausmaße annahmen. Erst nach der Wahl Mitterands im Jahr 1981 wurde das Projekt gestoppt.

In Millau wurden die Produkte der Schäfer verarbeitet. Die Wolle wurde am Tarn versponnen und die Häute wurden zu wertvollem Schafsleder gegerbt. Das Fleisch der Schafe wird in edlen Restaurants verspeist. Mit der Bezeichnung »ville du gant« wurde die Stadt dank ihrer Lederhandschuhe berühmt. In der Rui des Cuirs (Lederstraße) war Karl Lagerfeld Stammkunde und auch das Fürstenhaus von Monaco kam zum Einkaufsbummel nach Millau. In der Manufaktur Causse Gantier am Bv des Gantières können Sie die edlen Lederwaren bestaunen oder erwerben.

*Beim Gang durch die historische Altstadt stößt man unweigerlich auf den 42 m hohen, gotischen Uhrturm **Beffroi**, der früher als feudaler Wohnturm der Grafen von Millau genutzt wurde. Heute kann der Turm bestiegen werden und man genießt eine formidable Aussicht zum Viadukt und zum Eingang der Gorges du Tarn. Daneben befindet sich das Office de Tourisme. Mittwochs und Freitags werden am arkadengesäumten **Place Foch**, dem ehmaligen Waffenplatz, und in **Les Halles** regionale Produkte angeboten – ein Fest der Düfte und Farben. Machen Sie einen Spaziergang zum Ufer des Tarn, wo neben den Resten einer mittelalterlichen Brücke eine Mühle aus dem 15. Jh. erhalten wurde.*

*In der Neuzeit wurde die Stadt schließlich bekannt durch die gigantische Hochseilbrücke über den Tarn, das **Viaduc de Millau**. Das technische Wunderwerk wurde von der Firma Eiffage, die auf den Gründer des Eiffelturms zurückgeht, zwischen 2001 und 2004 erbaut. Mit ihrer Pfeilerhöhe von 343 m ist sie die höchste Autobahnbrücke der Welt und mit 2460 m die längste Schrägseilbrücke. Am Aire du Viaduc befindet sich eine Ausstellung, die täglich von 10–17 Uhr geöffnet ist.*

STICHWORTVERZEICHNIS

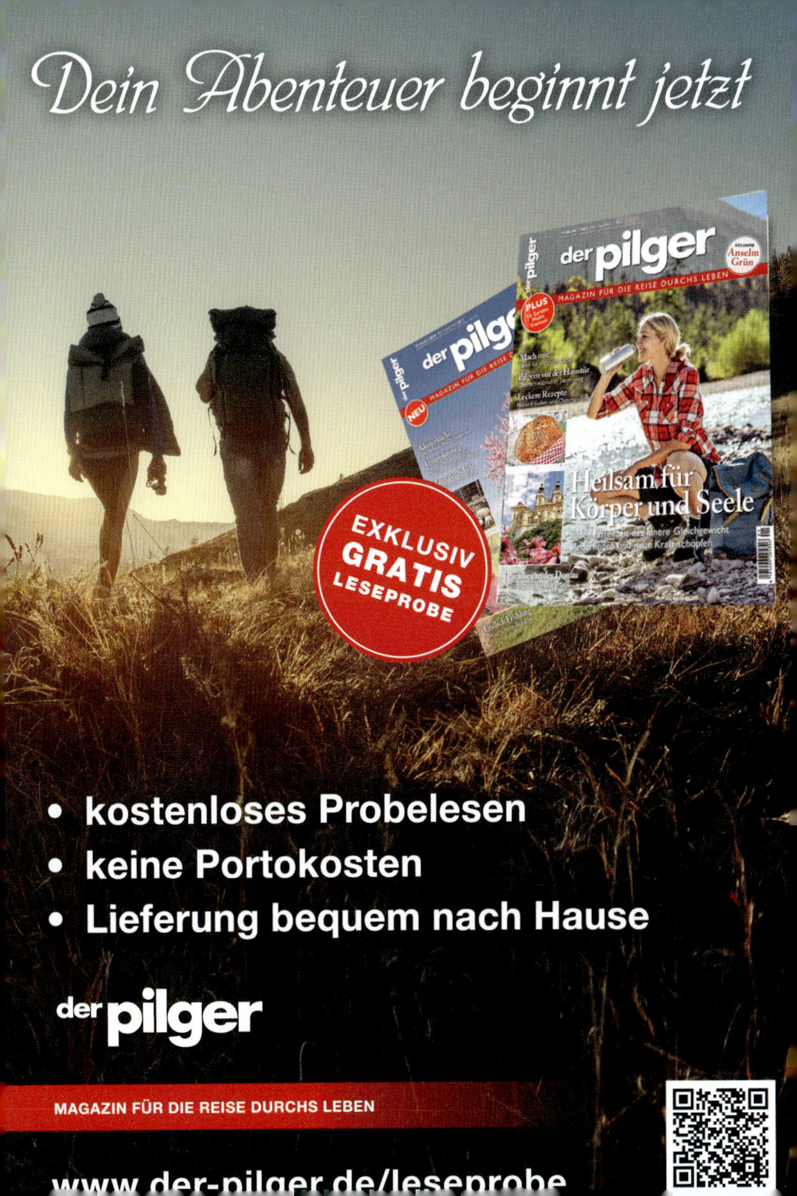
Dein Abenteuer beginnt jetzt
EXKLUSIV
GRATIS
LESEPROBE
der pilger
MAGAZIN FÜR DIE REISE DURCHS LEBEN
Heilsam für Körper und Seele
• kostenloses Probelesen
• keine Portokosten
• Lieferung bequem nach Hause
der pilger
MAGAZIN FÜR DIE REISE DURCHS LEBEN
www.der-pilger.de/leseprobe

Umschlagbild: Wanderglück mit Esel.

Bild im Innentitel: Pradelles – auf einem Höhenzug zwischen Loire und Allier.

Bild Seite 38/39: Das zauberhafte Compeyre an der Tarn.

Bild Seite 72/73: Château de Luc.

Alle Fotos von Albrecht Ritter und Christine Gerbert.

Kartografie:
22 Wanderkärtchen im Maßstab 1:100.000
Geodaten © OpenStreetMap und Mitwirkende
Kartografisches Design: SHOCart (CZ), shocart.cz
sowie zwei Übersichtskärtchen im Maßstab 1:700.000 und 1:1.250.000
© Freytag & Berndt, Wien

Werk-Nr.: 4621

1. Auflage 2024

ISBN 978-3-7633-4621-9

MIX
Papier | Fördert gute Waldnutzung
FSC® C147178
FSC www.fsc.org

Wir freuen uns über jeden Korrekturhinweis zu diesem Wanderführer!
Bitte per E-Mail an: **leserzuschrift@rother.de**

ROTHER BERGVERLAG · Keltenring 17 · D-82041 Oberhaching
Tel. +49 89 608669-0 · rother.de

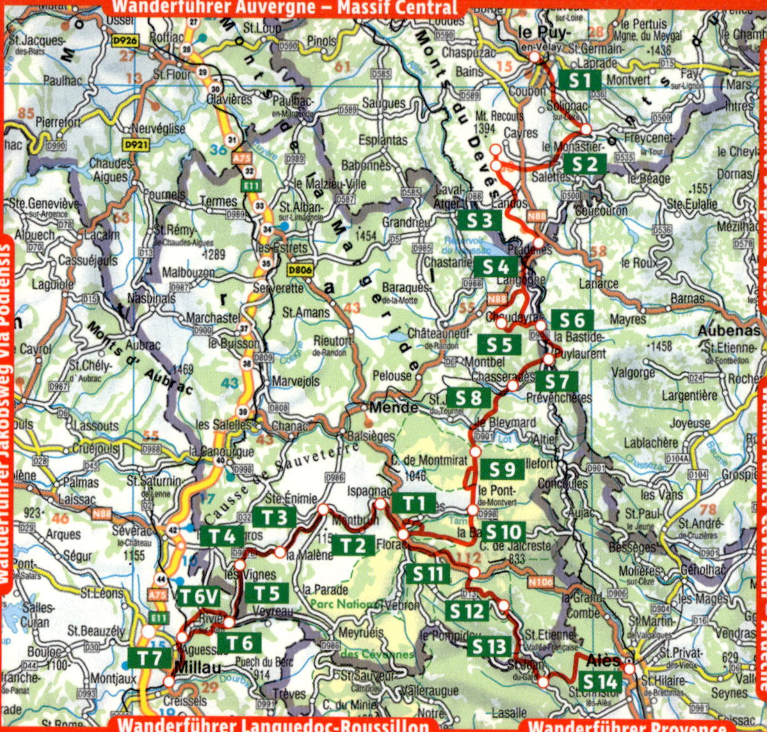

Der Wanderführer beschreibt in 14 Etappen den Stevensonweg GR 70 von Le Puy-en-Velay bis Alès. Die Variante auf dem GR 736 entlang der Gorges du Tarn von Florac bis Millau dauert 6 Tage.

- ausführliche, zuverlässige Tourenbeschreibungen
- detaillierte Wanderkarten im Maßstab 1:100.000
- aussagekräftige Höhenprofile
- GPS-Tracks zum Download

ISBN 978-3-7633-4621-9

€ 16,90 [D]
€ 17,40 [A]

ROTHER.DE

Marco Volken

Zentralschweiz

Zwischen Rigi und Gotthard

54 Skitouren

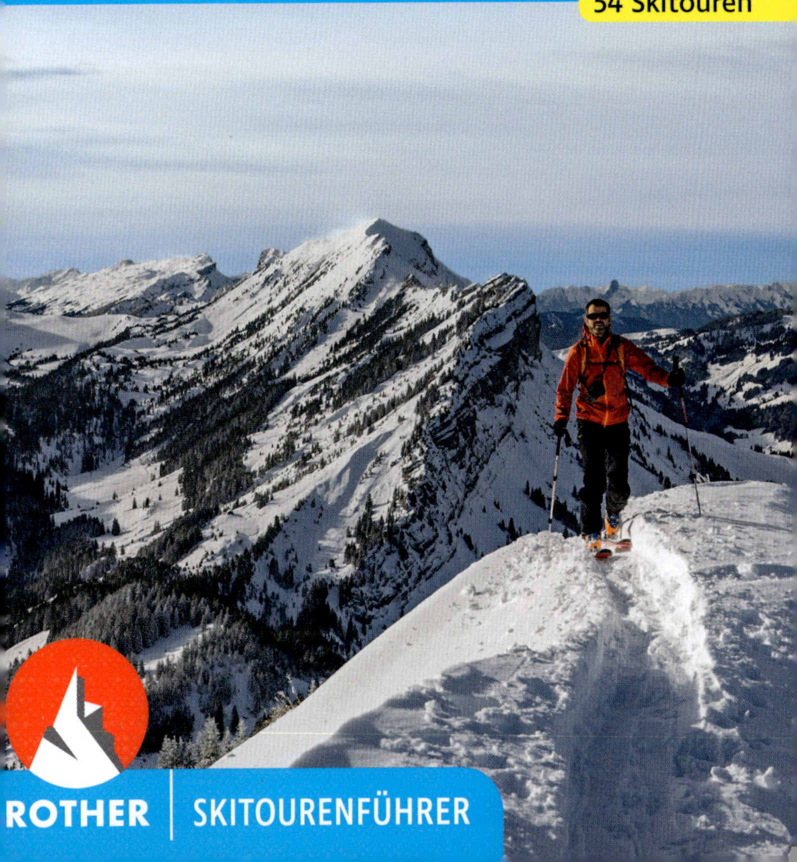

ROTHER | SKITOURENFÜHRER

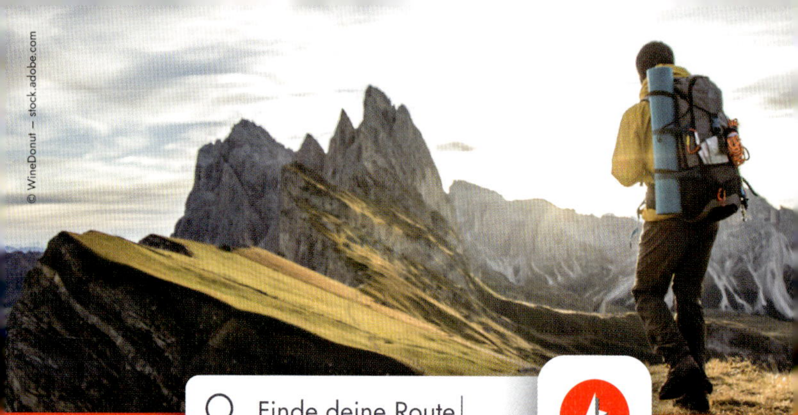
© WineDonut — stock.adobe.com

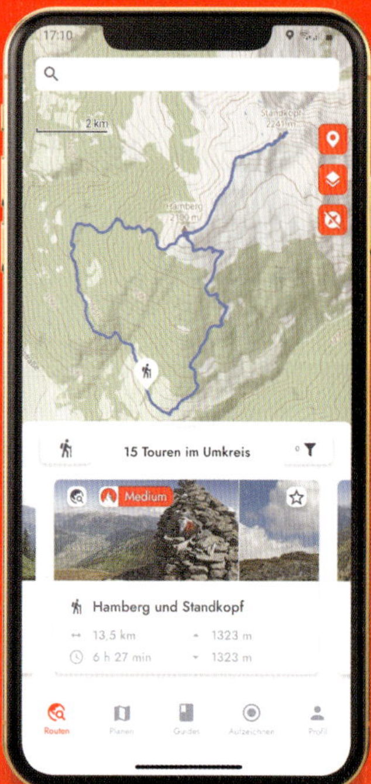
17:10
2 km
Standkopf
2241 m
Hamberg
2100 m
15 Touren im Umkreis
Medium
Hamberg und Standkopf
13,5 km
1323 m
6 h 27 min
1323 m
Routen
Planen
Guides
Aufzeichnen
Profil